U0933316

中国领导力
提升系列

主编 胡月星

领导变革

贺海峰◎著

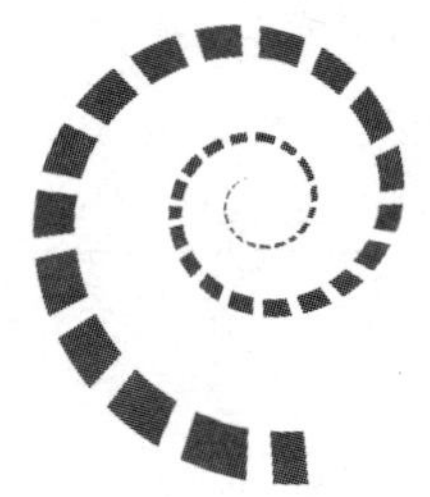

中国出版集团 研究出版社

图书在版编目（CIP）数据

领导变革 / 贺海峰著 . -- 北京 : 研究出版社 , 2017.1

ISBN 978-7-5199-0010-6

Ⅰ. ①领… Ⅱ. ①贺… Ⅲ. ①领导学－研究 Ⅳ. ① C933

中国版本图书馆 CIP 数据核字（2016）第 311114 号

领导变革

作　　者 贺海峰　著
责任编辑 陈侠仁
出版发行 研究出版社
地　　址 北京市东城区沙滩北街 2 号中研楼
邮政编码 100009
电　　话 010-64257481（总编室）010-64267325（发行部）
网　　址 www.yanjiuchubanshe.com
电子信箱 yjcbsfxb@126.com
印　　刷 三河市金泰源印务有限公司
开　　本 710 毫米 ×1000 毫米　1/16
印　　张 18
版　　次 2017 年 1 月第 1 版　2017 年 1 月第 1 次印刷
书　　号 ISBN 978-7-5199-0010-6
定　　价 45.00 元

《中国领导力提升系列丛书》编委会

参与研究单位

国家行政学院

中国人事科学研究院

中组部浦东干部学院

国家税务总局党校

北京市行政学院

上海市行政学院

黑龙江省行政学院

吉林省行政学院

广西壮族自治区行政学院

辽宁师范大学

宁夏回族自治区行政学院

支持协助单位

国家行政学院中国领导科学研究中心

中国人才研究会领导人才专业委员会

西安思源学院新发展理念与领导力研究中心

提升领导力是聚焦点（代总序）

胡月星

领导科学研究告诉我们，组织发展与领导力提升并不是同步的。组织规模增大，并不意味着领导力随之提升。组织规模小，并不代表没有强大领导力。有的组织诞生时规模很小，但能够逐渐壮大，关键就在于其具有强大领导力。我们党诞生之初人数寥寥，但犹如喷薄而出的朝阳，光照四方。成功的秘诀在哪里？就在于我们党拥有强大的领导力，正是这一核心力量使我们党焕发出旺盛的生命力。今天，我们党是拥有 436 万多个基层党组织、8779 万多名党员的大党，但规模越大并不意味着领导力就越强。加强和改善党的领导，必须把提升领导力作为聚焦点。

那么，领导力究竟是什么？以往人们通常把领导力等同于权力，认为有权力就有领导力。这种观点至今还停留在一些人的头脑中，限制了人们探索提升领导力的视野。领导力与权力确实有密切关系，但绝不是对等关系，有权力未必就有领导力，否则就难以解释个别领导“有权无威”甚至“众叛亲离”的现象。权力仅仅是领导力的一种重要资源，而不是领导力的全部。在领导科学研究中，领导力存在于精神信仰、思想观念、规章制度等方方面面，既包括组织领导力，也包括个体领导力。组织领导力是由个体领导力积极作用而成的合力，这就像百川终归大海一样。组织领导力与个体领导力相辅相成、高度融合，共同提升政党的领导力。我们讨论加强和改善党的领导，当然需要从组织领导力角度去分析，但领导科学研究表明，重视个体领导力对于加强和改善党的领导同样至关重要。因为组织领导力最终要具体落实到领导干部行为中，如果各级领导干部缺乏领导力所必需的知识、能力、品质以及积极行为表现等，组织领导力就会失去来源，组织就会变得软弱无力。可以说，领导干部的领导力直接决定着党的领导力。一个政党领导力的缺失，很大程度上是因为领导干部领导力的缺失。当前，从提升领导力入手加强和改善党的领导，需要把组织领导力与个体领导力紧密结合起来，从“领”入手，由“导”贯通，实现“心”与“力”的积极融合。

用信仰目标实现“领”。信仰就是希望，目标就是方向。没有信仰目标的政党是没有希望的，没有信仰目标的领导干部是难堪大任的。成立90多年来，我们党的领导之所以坚强有力，就是因为我们党有信仰、有目标，让广大党员有使命感，让人民群众有方向感。一个政党如果不能让自己的党员有使命感就无异于乌合之众，如果无法让群众有方向感就会失去号召力和凝聚力。新形势下，加强和改善党的领导，尤其需要把党的领导与党所坚守的崇高信仰、党所追求的远大目标紧密结合起来。要让广大党员和人民群众明白我们党究竟从哪里来、往哪里去，信仰什么、追求什么，党对人民群众来说有着什么样的功能和价值。把这些问题讲清楚，人民群众就会拥护党、追随党。

用科学理念实现“导”。信仰的追求、目标的实现都要有科学的理念。一个政党所坚持的科学理念凝聚着政党的智慧，能够引领人民群众的行动。从这个意义上说，理念科学，领导力就强。我们党一直强调用科学理念实现党的领导。习近平同志在党的十八届五中全会上提出的创新、协调、绿色、开放、共享新发展理念，凝聚着全党的智慧，是统一全党思想和行动的指挥棒。领导干部能不能深入贯彻新发展理念，坚决纠正那些与新发展理念不相适应甚至背道而驰的错误观念与行为，直接关系我们党的领导力。领导干部要把学习贯彻新发展理念与提升领导力、加强和改善党的领导紧密结合起来。

用“心”与“力”的融合提升领导力。心为万力之本。提升领导力，从领导干部个体角度而言尤其要注重“心”与“力”的融合，具体而言主要包括以下几个方面：一是强调忠诚。忠诚是对“心”最重要的要求，是“力”的源泉。领导干部要对党忠诚，不论身在何方，不论处于何种境地，都要把对党忠诚作为自己的道德操守和行为准则，这样才能担负起组织重托。二是强调提升能力。有“心”无“力”，最终只能流于平庸。提升领导力，既要有“心”，也要有“力”。这就要求领导干部必须高度重视提升自己的能力。三是强调责任担当。责任是“心”，担当是“力”。当前，加强和改善党的领导特别需要领导干部有责任担当。有了责任担当，就能把“心”与“力”融合后的力量充分发挥出来，不断提升我们党的领导力。

原载《人民日报》（2016 年 04 月 15 日 07 版）

目录

C H A P T E R 0 1

第一章

领导与变革

哲学家们只是用不同的方式解释世界，而问题在于改变世界。

——马克思

中国共产党人和中国人民完全有信心为人类对更好社会制度的探索提供中国方案。

——习近平

改革是中国的“第二次革命”，是当代中国最鲜明的特色。2013 年 11 月，党的十八届三中全会发出全面深化改革的总动员令，提出新一轮改革总目标是“完善和发展中国特色社会主义制度，推进国家治理体系和治理能力现代化”；明确要求到 2020 年，在重要领域和关键环节改革上取得决定性成果。全面深化改革必须加强和改善党的领导，这就要求各级领导干部切实提升变革领导力，善于领导改革、勇于推动改革。

领导学研究认为，领导活动的本质，就是通过主动地引领变革、实现变革，与追随者一起去创造价值、分享价值，并在变革的过程中提升双方的价值。与其他学术观点不同，领导变革理论关注的是“变什么”“为什么变”这些更带有方向性和根本性的问题。因此，在很大程度上可以说，领导与变革是互动的、共生的，有变革才有新锐领导，有领导才能推动变革。

第一节　十八大以来的变革特征

“改革是一场革命，改的是体制机制，动的是既得利益，不真刀真枪干是不行的。”2016 年 6 月 27 日，中央全面深化改革领导小组第二十五次会议强调指出：“形成改革者上、不改革者下的用人导向。”① 此时，距离 2013 年中央启动新一轮改革，已过去两年零七个月；距离本届中央领导集体正式履新，业已过去三年半有余。

党的十八大之后，刚刚履新的习近平总书记首次离京调研，就直奔中国改革的前沿阵地广东深圳，向莲花山山顶的邓小平雕像敬献花篮。随后几天，他接连去了珠海、佛山和广州，郑重宣示“非改不可”的决心。2016 年 4 月，习近平专程赶到安徽凤阳小岗村，重温“中国改革的一声惊雷”，坚定表达“续写新的篇章”的信心。由于契合社会各界对“改革再出发”的期待，这两次“改革之旅”在海内外激起了强烈共鸣。

习近平在接受俄罗斯电视台专访时说，中国改革经过三十多年，“好吃的肉都吃掉了，剩下的都是难啃的硬骨头”。回过头看，十八大以来这几年，一些改革得以破冰前行，给公众带来惊喜；一些改革面临艰难障碍，穿透力尚显疲弱；一些改革遭遇“冰上行车”，亟待寻求新突破。正如吴

---

① 习近平：《聚集改革资源激发创新活力　更加富有成效抓好改革工作》，《人民日报》2016 年 6 月 28 日。

力量在市场，企业和民众才是创造财富的主体，政府应该是创造环境的主体。所谓市场起“决定性作用”，归根结底就是让市场说了算；所谓“更好发挥政府作用”，就是着力解决政府职能的“缺位”“错位”“越位”问题，使之转到为市场主体服务、创造良好的环境上来，通过保护市场主体的合法权益和公平竞争，让市场的决定性作用能够得以充分发挥。

（二）法治引领改革

习近平在主持召开中央全面深化改革领导小组第二次会议时指出：“凡属重大改革都要于法有据。”此后，他在不同场合均多次强调，“改革必须在法律的框架内进行”。党的十八届四中全会更是以“依法治国”为主题，明确提出了全面推进依法治国的指导思想、总体目标、基本原则和重大任务。

改革开放初期，我国法治体系尚不完善，改革的推进主要依靠政策驱动和行政动员，往往采取“先破后立”的方式，先有了突破性改革之后，再进行立法来确立新的秩序。而到了现阶段，法治体系已日臻完善，必须尽快改变过去单纯依靠政府权威推动改革的局面，同时进一步减少“违法式改革”带来的种种弊端。也就是说，迫切需要通过立法和遵循法律程序，使改革从经验、试验、无序型过渡到理性、规范、有序型的新阶段。用法学家的话说：“改革是奔流不息的滔滔江河，法治就是约束河水流向的堤岸。这种约束，是保护而不是阻碍。”

（三）反腐助力改革

党的十八大以来，中央打出一系列反腐“组合拳”，空前的反腐力度深得民心。一方面，通过出台“八项规定”、实施群众路线教育实践活动等形式，使党风政风得到了明显改观，党群干群关系更加密切；另一方面，在惩治腐败方面保持高压态势，坚持“老虎”“苍蝇”一起打。根据媒体统计，截至 2015 年年底，十八大以来中纪委已查处的副部级或军级及以上“老虎”多达 138 名。省市县各级纪委也敢于动真碰硬，查处了一大批贪腐分子。

总体上看，反腐败斗争削弱了既得利益集团对改革的阻挠，在推进垄断行业改革等领域初步形成了“深化改革、反腐先行”的态势。同时，全社会更深切地体认到，正是由于此前改革严重滞后、监督惩处不力，才导致了制度漏洞和腐败土壤的长期存在。因而，反腐败有助于凝聚改革共识，为深化改革奠定群众基础和民意保障。

三、改革方法论：过河需要桥和船

对于改革来说，方法问题从来都不是一个小问题。改革方法决定改革的质量和效率，在很多时候甚至直接决定改革成败。正如毛泽东所言：“我们的任务是过河，但是没有桥或没有船就不能过。不解决桥或船的问题，过河就是一句空话。”

（一）强化问题导向

“问题是时代的声音，人心是最大的政治。”改革只有一个指向，为人民而改革，这是改革的唯一价值；改革只有一个标准，尊重人民意愿，这是改革的唯一立场。因此，必须积极回应民众对深化改革的强烈呼声和殷切期待，让他们享有更多改革获得感。进而言之，从民众反映最强烈的问题入手、从社会发展凸显最突出的矛盾入手，来决定哪些改革要小步走、稳步走，哪些改革要不停步、迈大步，哪些改革需稳中有进，哪些改革要惊险一跃。

（二）把握五大关系

2013 年，习近平在湖北调研时强调，必须从纷繁复杂的事物表象中把准改革脉搏，把握全面深化改革的内在规律，特别是处理好“五大关系”：解放思想和实事求是的关系、整体推进和重点突破的关系、顶层设计和摸着石头过河的关系、胆子要大和步子要稳的关系、改革发展稳定的关系。此外，他还提出亟待研究的“六大问题”，涉及市场体系、经济制度、宏观调控、社会活力、公平正义、党的建设。海内外舆论普遍认为，这是中央为新一轮改革定位导航。

（三）关键在于落实

“一分部署，九分落实。”改革要坚持从具体问题抓起，着力提高改革的针对性和实效性，着眼于解决发展中存在的突出矛盾和问题，把有利于稳增长、调结构、防风险、惠民生的改革举措往前排，聚焦、聚神、聚力抓落实，做到紧之又紧、细之又细、实之又实。要建立全过程、高效率、可核实的改革落实机制，抓主体责任、抓督办协调、抓督察落实、抓完善机制、抓改革成效、抓成果巩固，推动改革举措早落地、见实效。

（四）重用改革人才

政治路线确定之后，干部就是决定的因素。当前，国际国内形势云谲波诡，利益关系愈加错综复杂，“改革促进派”行动的难度更大。改革者承受的压力和风险，外人往往难以体会，稍有不慎就可能成为“谢罪天下”的祭品。因此，十八届三中全会以来，中央领导多次强调，“要引导大家争当改革的促进派和实干家”，“把想改革、谋改革、善改革的干部用起来”“要保护作风正派、锐意进取的干部”，释放了明确的选人用人新信号。

（五）激发社会活力

从改革开放的实践来看，改革要真正成为整个民族的自觉，必须培养内生动力，必须依靠亿万群众的力量。缺少群众基础、没有人民支持，再好的改革也不过是空中楼阁。公众参与热情是否高涨、参与渠道是否通畅、参与机制是否健全，直接关乎改革方向、改革效果、改革成败。因此，要通过制度创新和顶层设计，最大限度吸纳人民群众参与改革，最大限度促进共建共享，才能保证深水区的改革始终有众志成城的民意支撑，始终有破浪前行的不竭动力。

四、进展与前瞻：不畏浮云遮望眼

党的十八大以来，全面深化改革取得了良好开局，特别是在简政放权、惩治腐败等领域取得突破性进展。但同时还必须承认，与愿景目标、民众诉求相比，新一轮改革依然任重而道远。

政策的生命力全然在于实施。2015 年下半年以来，不少学者开始注意到，改革出现了一种值得警惕的“空转”倾向。中国财政科学研究院院长刘尚希在“2015 中国改革论坛”上说：“近两年光我知道的财政方面发的文件，国务院和财政部发了将近 40 个，平均每一个月差不多发 2 个。还有诸如教育、卫生等各个部门，他们发的文件可能不比财政部门少。这么多文件发下去了，下面的反映是这个文件还没消化，新的文化又来了，更谈不上执行和落地了。按照现在的方式，大家忙于发文件，忙于传达文件，忙于监督，下面忙于汇报，那么改革很可能就出现了在冰上开车的现象，轮子在转，车不往前走，出现了改革打滑、空转的现象。”

“改革空转”并非杞人忧天。国务院发展研究中心研究员魏加宁也表示，新一轮改革在执行过程中，出现了八个方面的新问题：一是宣传与改革“两张皮”，舆论氛围不利于推进改革；二是关起门搞改革、中央部门主导改革，改革易被部门利益所左右；三是破坏政府公信力的事件时有发生，影响民众对改革的信心；四是改革全面出击，突破口选择不当；五是顶层设计不顶层、基层创新放不开，导致地方协调中央；六是反腐败深得民心，但制度建设有待加强；七是改革缺乏明确受益群体，影响推动改革的积极性；八是人事制度升迁未与改革绩效挂钩，缺乏有效激励机制。

对于这些新矛盾、新问题，中央很早就有清醒的预见与判断。2013 年，习近平总书记在十八届三中全会上指出："改革是由问题倒逼而产生，又在不断解决问题中得以深化。在认识世界和改造世界的过程中，旧的问题解决了，新的问题又会产生，制度总是需要不断完善，因而改革既不可能一蹴而就，也不可能一劳永逸。"李克强总理在会见采访十二届全国人大一次会议的中外记者时表态："改革中触动利益往往比触及灵魂还难。但是，再深的水我们也得趟，因为别无选择，它关乎国家的命运、民族的前途。这需要勇气、智慧、韧性。所幸的是，这些可以从我们的人民当中去汲取，来使改革迈出坚实的步伐。"

毫无疑问，要推动改革举措落地生根，就必须解决以下几个问题：一是改革压力问题，如果缺乏内在动力，就得靠外部压力来倒逼；二是改革能力问题，这是技术层面的问题，但如果能力不足、操作不当，有可能会使改革误入歧途；三是改革资源问题，这将影响到改革执行过程；四是激励兼容问题，只有官员切实认识到"搞改革有好处，但不改革党就会有危险"，才会发自内心地争当改革的促进派和实干家。

改革是一场革命，更是一种使命，必须毅然决然地勇闯"地雷阵"。国际货币基金组织预测，改革的成功推进才是经济增长的关键所在，全面深化改革可能有三种前景：其一，改革迅速推进；其二，处于中间状态；其三，不改革或进展缓慢。由此可见，能否有效消解改革带来的伴生风险，将成为新一轮改革面临的重大考验。

从全球范围看，世界经济复苏乏力，去全球化浪潮迭起，贸易保护主义抬头。在古老的东方，中国经济多年保持中高速增长，改革创新正激发出巨大潜能。作为世界经济的强力引擎，中国持续为世界提供强大能量，“发动机”“稳定器”的地位无可替代。2016 年 9 月，习近平在 G20 杭州峰会上说：“因循守旧没有出路，畏缩不前坐失良机。中国改革的方向已经明确、不会动摇；中国改革的步伐将坚定向前、不会放慢。”[①] 此前，他在“七一”讲话中则强调，中国要“为人类对更好社会制度的探索提供中国方案”。

放眼 2020 年，如何平衡改革、发展与稳定的关系，进而做到多点突破、纵深推进、蹄疾步稳？这将成为执政党引领变革的主要挑战，也是领导学界必须作答的关键命题。

第二节　西方领导变革理论

20 世纪 70—80 年代以来，世界进入风起云涌的大变革时代，很多人甚至形容“唯一的不变就是变”。戴维·奥斯本、特德·盖布勒富于洞见地指出：“我们生活在一个变化令人吃惊的时代。我们生活在全球化市场的时代，我们的各种经济组织受到巨大的竞争压力。我们生活在一个信息社会里，普通老百姓取得信息的速度几乎同他们的领导者一样快。我们生活在一个以知识为基础的经济中，受过教育的职工只会感到反感，要求有自主权。我们生活在微型化市场的时代，顾客们习惯于高质量和广泛的选择机会。”[②]

---

① 习近平：《在二十国集团长商峰会开幕式上的主旨演讲》，《人民日报》2016 年 9 月 4 日。

② 戴维·奥斯本、特德·盖布勒：《改革政府——企业精神如何改革着公共部门》，上海译文出版社 2006 年版，第 13 页。

在这场前所未有的世纪大变革中，领导变革实践的发展、领导变革理论的创新、领导变革人才的培养，从来没有像今天这样紧密地交织在一起，成为事关国家兴衰、民族存亡的重大课题。领导者怎样在全球化、信息化时代进行有效领导？如何才能形成适合时代要求的变革领导力？让我们先从西方的领导变革理论说起。

一、改革实践催生变革理论

“问渠那得清如许？为有源头活水来。”实践是认识的源泉，是检验认识的标准，也是认识发展的动力和最终目的。变革的世界一直存在着对变革理论的需要。从泰勒提出的科学管理（约 1911 年后）到马克斯·韦伯建立的官僚模型（约 1920 年后），从戴明等人提出的全面质量管理（约 1949 年后）到迈克尔·哈默、詹姆斯·钱皮掀起的企业流程再造革命（约 1993 年后），几乎每一种管理理论或指导思想，都与控制变革的速度、方法和变革对机构的影响有关[①]。

从政府变革实践看，无论中国还是西方都意识到，变革特别是政府变革对国家发展具有重要推动作用。1978 年，邓小平在中国启动了波澜壮阔的改革开放，开创了具有世界意义的“中国经济奇迹”。巧合的是，发轫于英国撒切尔政府、美国里根政府时期的政府改革，逐渐演变成一场波及世界大部分国家和地区、影响深远的“新公共管理”运动，迄今为止仍方兴未艾。

道格拉斯·诺斯指出：“国家的存在对于经济增长来说是必不可少的，但国家又是人为地经济衰退的根源。”改革的实质是对现有利益格局的调整、对既有利益的挑战，改革从来不会自动发生，更不会自动取得成效。变革是一柄“双刃剑”，既可以给组织带来蓬勃生机，也可能变为加速组

① 大卫·弗斯：《变革管理》，上海远东出版社 2002 年版，第 22—23 页。

织死亡的催化剂；既可以构建一个更紧密、更具想象空间的组织，也可能触发一种对混乱和动荡的强烈抵制。毫不夸张地说，变革不是直线的、平滑上升的过程，而总是危机四伏、布满陷阱的过程。

在这种情况下，包括政府在内的每一个组织，都必须主动顺应变革的大趋势，积极迎接变革的挑战，以主动变革应对环境变化的挑战和带来的危机，在挑战中发现机会，在危机中转危为安。这种挑战和变革，不分国家和地区，不分官方和民间，也不分种族和性别。任何一位领导者或追随者，都必须用变革的态度和思维去面对共同的、剧烈变化的外部环境。改革的发起和推动，首先取决于领导者的魄力、胆识与决断力，综合判断形势的洞察力，以及权衡利弊、妥协说服的影响力。改革越是艰难，越需要变革型领导；改革实践在催生变革理论的同时，也会反过来需要变革理论的指导。由此应运而生的领导变革理论，特别是"崇尚创新""以人为本""共享领导""追求价值"等内核观点，具有很强的现实针对性、规律性和普适性。不同文化背景下的领导变革实践，都可以从中找到相应的变革路径和变革步骤。

二、领导变革理论的演进

（一）从管理理论到变革理论

传统的管理理论，主要是与工业化相适应。各国工业化的模式和目的都不同。在英国和美国，工业化由追逐利润最大化的商人阶层发起；在德国和法国，工业化主要由政府发起，为政府的经济、军事目标服务。因此，美国的泰勒、法国的法约尔和德国的马克斯·韦伯，从自己独特的时代背景出发，形成了当时普遍运用的管理蓝图或理论。这些理论的共同特征，是偏好定量化和工程化，追求秩序、偏好保守，排斥变化和不确定性。

组织变革则是一种破旧立新的活动，可能是对组织内部的环节进行更动，也可能是对一个组织的彻底再造。当世界更息息相关、复杂多变时，普遍主义的管理理论已经明显滞后，特殊主义的领导变革理论随之兴起。与信息化时代相适应，领导变革理论更加重视知识、能力和人才，强调人性化、个性化和艺术化的领导；更加重视顺应、推动和引领变化，主张善于从变化中寻求机会。

（二）从权变理论到变革理论

20 世纪 60 年代之前，组织往往被看作是一个封闭的、与环境隔绝的体系，由一组很容易确认的因素构成。但是，伴随经济和技术的飞速变化，组织开始面临更多外部竞争压力，权变理论由此应运而生。权变意味着“视具体情况而定”，这一理论认为，组织是一个开放的系统，它的运转和有效性，依赖于其在某一时间面对的情境变量，且这些变量随着组织的不同而不同。因此，变革的要核在于从复杂情境中寻找到关键性变量，然后找出变量与变量之间的因果关系，进而针对一定情境适用相应的变革对策。

由于并不存在最佳的方法，一旦领导环境发生显著变化，权变理论就显得消极和被动了。与此形成强烈对比的是，领导变革理论则是积极的、主动的变革，“在被迫变革之前就进行变革”，是更深层次、更有远见的变革。这就要求领导者具有超人的魅力，要求更加关注追随者个人价值、思想境界的提升，要求进一步推动社会的发展和进步。总之，变革领导更加富于创造性，领导的目的也更为明确。

（三）从交易理论到变革理论

1978 年，政治社会学家詹姆斯 · 麦格雷戈 · 伯恩斯试图将领导者与追随者的角色相互联系起来，提出了两种基本的领导类型：交易型领导和变革型领导。他认为，大多数领导者和追随者的关系是交易型的。领导者接近追随者，是着眼于以物易物：以工作换选票，或以补助换竞选捐助。诸如此类的交易则构成了领导者和追随者之间关系的主流，特别是在各种群体、立法机构和政党中。

变革型领导，虽然更为复杂，却更为有效。变革型领导者确认并利用潜在的追随者现有的需要或要求。但不仅如此，变革型领导者对追随者的需求与动向十分敏感，还能够发掘追随者潜在的动机，试图去满足其更高的需要，并且使追随者成为全身心地为己效劳的人。变革型领导的结果，就是形成一种相互激励和提高的联系，“领导者与追随者彼此提升，使动机和士气达到更高层次”。这种联系会使追随者转化为领导者，也可能使领导者成为道德的代言人。在伯恩斯看来，毛泽东和甘地深得变革型领导之精髓[①]。

三、领导变革理论的内核

领导变革是最重要和最艰难的领导责任之一。部分学者甚至认为，这才是领导的本质，其他事务都是次要的。总体上来看，相关研究主要基于两大路径展开：其一，关注“是什么”，即变革型领导的定义、特征、维度、价值等；其二，关注“怎么变”，即变革型领导怎么实施、如何实现，包括变革的战略、战术、步骤、技巧等。

（一）变革领导的界定

伯恩斯领导学理论的核心，就是变革型领导的理念。该理论包含了三

① 詹姆斯·麦格雷戈·伯恩斯：《领袖》，常健、孙海云等译，中国人民大学出版社 2016 年版，第 3 页。

个主要支点。其一，他将“领导”解释为领导者与追随者之间的关系。“领导者诱导追随者为了某些特定的目标而行动，这些目标体现了领导者和追随者双方的价值观念和动机——欲求和需要、渴望和期望。领导的天才体现在领导者察觉他们自己的和他们追随者的价值观念与动机并据此采取行动的那种方式。”其二，他区分了交易型领导与变革型领导。前者是指“为了交换有价值的东西而主动联系他人”；后者是指“领导者与追随者以互相提升动机和道德水平的方式而彼此结合”。虽然变革型领导者的最初动力，仅仅是追求个人得到承认，但最终由于其与追随者的渴望结合在一起，而促进了集体目的的达成。其三，他强调变革型领导将会成为道德型领导。“它提升了领导者和被领导者双方的人类行为及道德理想的层次，因此，它对双方都会产生一种变革性的影响。在现代社会中，最佳的典范也许就是甘地，他唤醒并鼓舞了数以百万计的印度人民的希望和要求，而他的生命和人格也在此过程中得到了升华。”①

伯纳德·M. 巴斯认为，变革型领导有四个维度：一是理想化影响。这些领导者一般被公认具有较高的伦理道德标准和很强的个人魅力，深受被领导者的爱戴和信任，大家认同和支持他所倡导的愿景，并对其成就一番事业寄予厚望。二是智力的激发。鼓励被领导者勇于创新、挑战自我，包括向他们传授新观念，启发他们发表新观点，使用新方法破解难题。目的是在意识、信念以及价值观的形成上产生激发作用并使之发生变化。三是个性化关怀。耐心细致地倾听关心每一个人的个性化需要、能力和愿望，区别性地培养和指导每一位被领导者，以帮助他们应对和迎接成长中的挑战。四是心理的激励。向被领导者表达对他们的高期望值，激励他们加入团队，并成为团队中共享梦想的一分子。运用团队精神和情感诉求，凝聚

① 詹姆斯·麦格雷戈·伯恩斯：《领袖》，常健、孙海云等译，中国人民大学出版社 2016 年版，第 12 页。

被领导者以实现团队目标，从而使获得的工作绩效远远高于他们为自我利益奋斗时所产生的绩效。

（二）变革领导的实施

沃伦·本尼斯、伯特·纳努斯运用访谈法，总结出变革型领导者所采用的四种普遍战略：其一，对未来要有明确的愿景，描述的是一个有吸引力的、真实可信的未来，而且必须源自组织的需求并由成员提出。其二，在组织中扮演社交建筑师的角色，这意味着领导者要向下属传达组织价值和规范转变的方向。其三，在组织中建立信任，让下属清楚地知道自己的立场，并得到下属的支持。其四，会积极地自我肯定，以便创造性地调配自己的能力，从而全力以赴地完成自己的任务以及组织的愿景，能把工作和自己融合在一起。

库尔特·卢因提出了"解冻—变革—重新解冻"的三阶段变革过程模型。该理论用立场分析法来解释组织变革现象。他认为，组织中的环境条件和组织的表现水平是两种力的平衡，一种是驱动力，另一种是阻力。驱动力推动组织变化并达到预期的条件和表现，阻力则限制这种变化。要使组织变革顺利完成，就要增加驱动力、减少阻力。这一模型奠定了组织变革理论的基石，并被很多管理学家继承、修正和发展。一般认为，组织变革模型由三个部分构成：选取有缺陷的组织；让它通过艰难的过渡阶段；最终沉淀于富足的理想状态[①]。必须指出，该模型并不是孤立静止的、一劳永逸的，而是"解冻—变革—再冻结—再解冻—再变革—再冻结"不断循环往复的过程。

约翰·科特认为，领导关注变革，是领导与管理的根本区别。他提炼

---

① 德博拉夫·安科拉等：《组织行为与过程》，东北财经大学出版社2000年版，第610页。

出领导变革的八个步骤：产生紧迫感；建立强有力的领导联盟；构建变革愿景；有效沟通愿景；授权他人实施变革；计划并夺取短期胜利；巩固已有成果，深化变革；使新的工作办法制度化。其中，员工的紧迫感是领导变革和持续变革的催化剂，领导者既要在成功中预见危机，又要在危机中找到机遇。他还认为，最为核心的问题就是改变人们的行为。组织变革中最为核心的问题不是战略，不是系统，也不是文化。尽管这些因素都非常重要，最为关键的问题还是行为，亦即如何改变人们工作的内容和方式。正因如此，“目睹—感受—变革”模式，远比“分析—思考—变革”模式更为有力[①]。

当然，这里仅仅列举了部分代表性观点。总体上看，西方的领导变革理论，大多侧重于某一方面、某一个“点”，诸如战略变革、结构变革、文化变革等。在全球化和信息化时代，在治理现代化的实践中，这种局部的、单一的变革，成效已越来越受到局限。未来一段时期，势必将转向集成式的变革创新。

四、超越西方领导变革理论

美国前总统理查德·尼克松在其名著《领袖们》中写道：“一个领导人跻身伟大领袖之列的可靠公式有三个要素：伟大的人物、伟大的国家和伟大的事件。我们通常给予战时领袖的地位比和平时期领袖的地位要高。这部分是由于战争所固有的戏剧性，部分是由于历史书中对于战争总是大书特书。但是，这也是因为，只有当一位领袖的能力受到最大限度的挑战时，我们才能充分地衡量其伟大的程度。在我颁发荣誉证书的时候，经常

① 约翰·科特、丹·科恩：《变革之心》，刘祥亚译，机械工业出版社 2014 年版，第 188—193 页。

想到那些勋章获得者中间一定有不少人，是以极大的勇气奋起对付十分复杂的局面的，他们原来肯定是相当平凡的人。没有那样的复杂局面，他们的勇气就显示不出来。”

由此可以看出，领导变革理论有其适用条件：当组织处于初创阶段、困难时期或危机情境等特殊时期，运用领导变革理论指导领导实践往往会更为有效。尼克松说：“我们更多的是谈论这样一些领袖，他们能在如此宏大的规模上有效地行使权力，以致能大大改变他们国家以及整个世界的历史进程。”对于变革型领导者而言，必须具备强大的感染力和领导力，能够进行有效的社会沟通，动员并说服广大追随者，凝结共识、形成愿景；必须精力充沛、智慧过人，具有远见卓识，具有超凡的使命感和道德意识；必须拥有较高的威信和较强的魅力，追随者能够热情回应、深刻认同并积极追随。

但在现实的政治生活中，如此富有魅力的领导者可遇而不可求，往往较多地体现于“时势造英雄”。而且，一些富有魅力的变革型领导者，更加推崇雷厉风行、霹雳手段，容易导致“个人崇拜”现象，逐渐形成一种“强势领导”，身边不断吸引和聚集“唯命是从”的追随者。这种领导者习惯于自我欣赏、自我陶醉，进而忽略现实发展、忽略自身进步、忽略他人感受，最终不由自主地脱离追随者。更为致命的是，他们还容易脱离外在的制度约束，脱离内在的道德束缚，最终既毁灭了组织也毁灭了自己。以苏联领导人戈尔巴乔夫为例，他上任后一再宣称要实行民主化改革，特别强调要尊重公民的权利和价值。这个主张引起了民众极大的兴趣与热情。但是，在改革之前，并未启动相应的修法、立法等工作，整个过程缺乏严密的规划和论证，随性而为、四面出击、朝令夕改。原本举国上下皆拥护的改革，很快落得众叛亲离、苏联解体、苏共垮台的结局。

更重要的是，西方的领导变革理论，更多是基于对私人企业的实证研究。例如约翰·科特的“变革八大步骤”，就是在研究 100 家美国企业之后，抽象和提炼出的成功的组织变革规律。企业变革与政府变革，二者间无疑具有显著差异；中西方国家的政体、实力、习俗等，也都千姿百态、各不相同。萧功秦指出，西方这些制度之所以好，是因为它们经过长期集体经验的磨合，有各种外部条件和资源的支持，一旦引进到其他国家，就会淮橘成枳。中华民国初期，政党多如牛毛，一度超过 300 多个。每逢议员选举之时，大大小小的政党为了拉票，纷纷派出大批人员奔赴火车站，争相拉拢议员入住本党招待所①。今日之中国是拥有近 14 亿人口的超巨型国家，执政党是拥有 8779 万多名党员的超级大党。如果生搬硬套西方领导变革理论，那就无异于“取骥之四蹄，以附牛之项领，从而责千里马，固不可得，而田陇之功又以废也”②。这一“严复悖论”，生动揭示了社会经济、民族习性、政治文化与思维方式，对于现代化转型的制约作用。正因如此，我们有必要超越传统的领导变革理论。

第三节　中国化的变革领导力

超越西方领导变革理论，必须深深地扎根中国这块土地，注重与改革开放的伟大实践紧密结合，与卓越领导活动的伟大实践紧密结合。1978 年 12 月，党的十一届三中全会拉开了改革开放的序幕。短短 30 多年，中

① 萧功秦：《中国的大转型：从发展政治学看中国变革》，新星出版社 2008 年版，第 321—322 页。

② 严复：《与外交报主人书》，《严复集》（第三册），第 560 页。

国从一个典型的低收入国家成长为低中收入国家，再进一步进入高中等收入国家的行列。2010 年，中国经济总量超过了日本，跃居全球第二大经济体。这场史无前例、令人惊讶的伟大转型与变迁，为研究中国化的领导变革理论，提供了独一无二、取之不竭的本土资源。正如邓小平所言："我们的改革不仅在中国，而且在国际范围内也是一种试验，我们相信会成功。如果成功了，可以对世界上的社会主义事业和不发达国家的发展提供某些经验。"①

一、中国共产党的实践创新

中国共产党的领导是中国特色社会主义最本质的特征。作为唯一的执政党，中国共产党牢牢掌握着中国的核心政治权力和经济权力，是中国改革开放事业和现代化事业无可争辩的领导核心。做好中国的事情，关键在党；中国未来的前景如何，关键也在党。美国乔治·华盛顿大学政治学教授沈大伟认为，中国共产党之所以能够领导中国取得巨大成就，原因恰恰在于对改革的坚持："中国共产党发现她必须处在一个永恒的循环中：改革—调整—再改革—再调整……对于中国共产党来说，最重要的是保持调适性和灵活性。"②

中国共产党启动改革的第一个行动，是党的十一届三中全会发动解除"极左"思想束缚的"思想解放运动"。1978 年 5 月，《光明日报》发表特约评论员文章《实践是检验真理的唯一标准》，震动了全国理论界和思想界，吹响了第一次思想解放的号角，为反思"文革"和推动改革开放奠定了思想基础。此后 30 多年，中国又相继发生"姓资姓社"（1992）、

① 邓小平：《对中国改革的两种评价》，《邓小平文选》（第二卷），人民出版社 1993 年版，第 135 页。

② 沈大伟：《中国共产党：收缩与调适》，中央编译出版社 2011 年版，第 5 页。

“姓公姓私”（1997）、“郎顾之争”（2004）和“中国模式”（2008）等思想交锋。从某种意义上来说，一部改革开放史，就是在执政党领导下、新旧思想观念持续碰撞的过程，是一个新思想战胜旧观念从而推动社会进步的过程。

回过头看，这几次思想交锋都与市场化转型密切相关。1958 年至 1978 年，计划经济体制弊端日益显现，使社会主义失去了生机与活力。改革开放之初，执政党意识到，市场经济是中国发展的活力之源，必须充分发掘人追求利益的本性，靠市场化改革来实现财富增长和国力增强。在思想和理论准备不足的情况下，“摸着石头过河”成了改革的重要策略。例如推行农村“包干到户”、设立沿海经济特区，都是先局部试点，再整体推进。1992 年，党的十四大明确了社会主义市场经济体制的改革目标；1997 年，党的十五大启动了国有经济有进有退的布局调整；2001 年，中国正式加入世界贸易组织，与世界经济进一步深度融合。由此释放出的改革红利，为之后十多年的繁荣奠定了坚实基础。

与此同时，中国政治领域也发生了一系列的变革。邓小平指出：“经济体制改革每前进一步，都深深感到政治体制改革的必要性。不改革政治体制，就不能保障经济体制改革的成果，不能使经济体制改革继续前进”；“不搞政治体制改革，经济体制改革难以贯彻”[①]。1987 年，党的十三大部署了以党政分开为重点的政治体制改革；1997 年，党的十五大提出了“建设社会主义法治国家”的口号；2002 年，党的十六大提出了建设民主政治和提升政治文明的愿景；2004 年，中央提出加强党的执政能力建设，实现从革命党向执政党的转变。展望未来，尽管改革任务异常艰巨繁重，但深层次变革正在有序推进。

---

① 邓小平：《关于政治体制改革问题》，《邓小平文选》（第三卷），人民出版社 1993 年版，第 176—177 页。

表 1—1 中国改革的“顶层设计”（1978—2013 年）

	第一次	第二次	第三次	第四次	第五次
中央全会	党的十一届三中全会	党的十二届三中全会	党的十四届三中全会	党的十六届三中全会	党的十八届三中全会
时间	1978 年 12 月 18—22 日	1984 年 10 月 20 日	1993 年 11 月 11—14 日	2003 年 10 月 11—14 日	2013 年 11 月 9—12 日
决定名称	中共中央关于加快农业发展若干问题的决定（草案）	中共中央关于经济体制改革的决定	中共中央关于建立社会主义市场经济体制若干问题的决定	中共中央关于完善社会主义市场经济体制若干问题的决定	中共中央关于全面深化改革若干重大问题的决定
框架和内容		10 部分	10 部分，50 条	12 部分，42 条	16 部分，60 条
基本依据		党的十二大报告第二部分；在公有制基础上的有计划的商品经济	党的十四大报告第二部分；社会主义市场经济体制	党的十六大报告第四部分	党的十八大报告；社会主义现代化“五位一体”总体布局
阶段	发动阶段	全面开局阶段	建立新体制阶段	完善新体制阶段	全面深化改革阶段

（资料来源：胡鞍钢等著《中国国家治理现代化》）

二、中国思想界的理论创新

思想界最能敏感地反映社会变革。过去 30 多年，对于如何领导变革、推动改革，海内外各领域学者充满热情地进行探讨与争鸣，有的甚至深度参与和影响了中国改革的重大决策。例如 1981 年成立的“中国农村发展问题研究组”，聚集了一批思维活跃的上山下乡青年，他们对农村有深刻关怀、热衷于三农问题调研，在中央领导和学界权威的支持下，持续地参与农村改革大政方针的酝酿和文件起草，其中就包括影响深远的5个“1号文件”。

从目前的研究进展看，关于领导变革的理论与方法，经济学界、政治学界和社会学界做出了独特贡献。尽管鲜有系统性、综合性的成果，但在个案分析或某一理论中，对改革实施的必要性、可行性以及产生的影响等都进行了广泛讨论。代表性的观点大致分为三类：第一类是“谁来推进改革”。吴敬琏、周其仁等教授认为，改革需要顶层设计与摸着石头过河相结合。孙立平、华生等教授提出了“改革断裂论”和“改革共识论”。刘纪鹏教授则认为，改革应由内部主体主导，在稳定中实现改革和转型。第二类是“如何认识改革”。俞可平教授认为，中国政治最明显的特征，就是通过增量改革来逐渐推进民主治理，扩大公民权益。李文钊副教授提出，基于自主治理的多中心逻辑，或许是改革的最佳方案。田国强教授则主张向西方学习、向历史学习。第三类是“怎样推进改革”。张路雄教授认为，改革要理顺发展与改革的关系、“破”与“立”的关系、“放权”与“收权”的关系、“自发”与“引导”的关系。经济学家成思危认为，改革需处理好法治和人治的关系、公平和效率的关系、政府和市场的关系、集权和分权的关系。郑永年教授提出，改革要体现阶段性，中国改革可实施“三步走”：用30年推动经济改革，再用30年推动社会改革，最后用30年推动政治改革。

值得注意的是，不同学科背景的研究者，都对变革心理给予了特别的关注。胡月星教授（1988）引入了西方的“心理冲突”概念，提出中国现代化的变革之所以引起民众内心世界的极大反响与冲突，根源乃是人们在目标选择上的困惑、观念上的对立和价值心理取向上的矛盾。他认为，人的改变进步是现代化变革的核心，个体要想从心理冲突走向心理适应，必须有“乐于变迁的心态”、宽容的态度、较高的成就需要和创造欲望，以及清醒的自我认识。王沪宁教授（1991）以上海住房改革为例，认为任何改革政策要从观念变为现实，关键在于民众能否接受，从心态上认同新的体制。否则，就无以有效实施，甚至可能引起社会紊乱。他提出，应发动民众作为主体参与改革，在参与中实现自我调适，转换心理定式。当然，参与是必要的，控制也是必要的，应该使二者达到最佳平衡。中央财经领导小组办公室主任、经济学家刘鹤（2013）基于对两次全球大危机的比较研究，发现民粹主义政策通常是危机的推手。西方政府为了安抚社会公众的不满情绪，往往做出超出自身能力的福利承诺。过度承诺改变了大众的福利预期，加大了对政府的依赖，也放松了个人奋斗的决心。致命的问题是，一旦大众的福利预期得不到满足，社会心理很快发生逆转，并形成蔑视权威、拒绝变革和仇视成功者的强烈氛围。他提出要树立底线思维方法，对危机可能出现的最坏场景做出预案，才能使变革立于不败之地。

三、领导变革理论的中国化

理论必须联系实际。离开中国特点谈论领导变革理论，不过是生吞活剥地照搬，充其量起到“留声机”作用，无助于解决任何的现实问题。推动领导变革理论的中国化、本土化，必须以“中国话语”和中国文化为根基，以国际的视野、历史的眼光和战略的思维，深刻洞悉和把握中国大转型大变革的趋势走向，着力解决“踢好中国改革的下半场”这个关键命题。

（一）踢好中国改革的“下半场”

过去 30 多年，中国共产党领导改革开放，创造了举世瞩目的“中国奇迹”。但“上半场”结束后，形势并不完全乐观。清华大学教授孙立平描述说，改革开放之初，我们设想的改革，是从旧体制走向新体制，要么成功，要么失败。“但是，其实还有第三种可能性，就是走到半路的时候，它不走了，不动了。它不但不动，还把这种状态定型为一种相对稳定的体制。”改革出现了停滞，“有人不愿意往下走了”。

党的十八大以来，中央反复强调，改革开放是决定当代中国命运的“关键一招”。党的十八届三中、四中全会，分别推出 336 项、180 项改革举措，可谓紧锣密鼓、直指要害。在 2014 年省部级主要领导干部专题研讨班上，习近平总书记特别强调：“从形成更加成熟更加定型的制度看，我国社会主义实践的前半程已经走过了。……后半程，我们的主要历史任务是完善和发展中国特色社会主义制度，为党和国家事业发展、为国家长治久安提供一整套更完备、更稳定、更管用的制度体系。”①

这是在下一盘很大的棋。用著名中国问题专家、新加坡国立大学东亚研究所所长郑永年的话说，“考虑未来 30 年的事情”。《说文解字》认为：“三十年为一世，而道更也。”所谓“道更”，就是大道理、大规则发生变化。近现代以来的中国历史，充分印证了这一点。1919 年五四运动到 1949 年中华人民共和国成立，1949 年到 1978 年改革开放，1979 年到 2012 年党的十八大，每一时段大体都是 30 年左右。那么，下一个 30 年的主题是什么？的确需要从长计议、周密擘画。

变革型领导最显著的特征，就是崇尚创新、追求变革；尤其是通过明确目标、共建愿景，激励士气、激发活力，提升组织的凝聚力和竞争力。新一届中央领导集体勾画的愿景、方向，是“两个一百年”奋斗目标和中华民族伟大复兴“中国梦”，从而赋予团队和追随者使命感、归属感和成就感。习近平多次重申，要把改革的促进派和实干家用起来。未来 10 年甚至 30 年，这个超巨型国家的大变革之旅，在人类历史上是罕见的，必将面临无数的惊涛骇浪。如何踢好中国改革的“下半场”？如何化解前进途中的矛盾和

① 习近平：《完善和发展中国特色社会主义制度　推进国家治理体系和治理能力现代化》，《人民日报》2014 年 2 月 18 日。

阻力？如何激发市场和社会的活力？……亟待领导者和领导学者探索解答。

（二）把握领导变革活动大趋势

国家行政学院中国领导科学研究中心主任刘峰教授认为，传统的领导变革是刚性的、强制性的，主要依靠约束、控制，依靠行政命令（硬权力）来达到领导目的。而现代的领导变革将是柔性的、隐性的，更多依靠引导、疏导，依靠协同、治理，依靠非权力的影响力（软权力）来达到领导目的。具体来说，应当认清和把握以下几大趋势。

价值领导。拿破仑说："这个世界上有两种力量，一种是利剑，一种是思想。从长远来看，利剑的力量，终究抵挡不过思想。"所有的文明价值观都面临着转型问题，当下的中国也不例外。基于价值的领导理论认为，领导者与追随者的关系不是基于交易而是基于价值。领导者通过与追随者一起共建愿景，激发追随者对愿景、价值观的认同，并一起创造新的价值，实现领导者与追随者的同步提升。价值领导有两层内涵：一是就领导活动的根本目的而论，应当以人为本，关注人的尊严、人的发展、人的解放。二是就领导方式而论，应当在组织文化、规章制度和组织氛围中体现价值，并使之内化为领导者与追随者的理念和行为准则，把价值观落实到领导活动的每一个环节。

共享领导。个人领导强调领导者个体在领导活动中的作用，共享领导则强调领导者与追随者一起在领导活动中发挥作用。共享领导有三个特征：一是领导者与追随者共同参与决策，共享决策权力。二是领导者与追随者之间相互依赖、相互合作，相互激发彼此的心智，创造出"1+1>2"的价值。三是领导者与追随者可以相互转化，谁能在具体的领导活动中展现出领导力，谁就是领导者。公共组织中的领导力共享，在形式上表现为向市场分权、向社会分权。领导过程的决策、执行、监督与评估都需要组织成员的参与，必要时甚至需要引入组织以外力量的参与。在这个过程中，政府让渡了部分领导力给市场和社会，但仍然作为领导力的主导力量存在；市场和社会则与政府共同分享领导力，实施领导行为。

隐性领导。老子把领导分为四种境界：一是“侮之”，统治者通过强迫命令来实施高压统治，被统治者当面只好屈从，但背地里对其恨之入骨。二是“畏之”，管理者依赖行政命令和惩罚来实施领导，被领导者对其心存畏惧，敬而远之。三是“亲而誉之”，领导者通过柔性引导和激励凝聚，与被领导者建立彼此信任的关系，大家感到领导者可亲可近，人前人后对其赞不绝口。四是“不知有之”，领导者提供服务、提供环境、提供平台，被领导者感觉不到被领导，功成事遂后皆谓“我自然”。这种隐形领导，无疑就是领导艺术的最高境界。因此，应当少一些行政干预和管控命令，多一点法治方式和法治引领，多一点领导服务和情境营造，放手让企业、让民众来变革创新。

（三）融通古今中外的变革智慧

清末思想家龚自珍有云：“欲知大道，必先为史。”当代中国的改革大业，无论是发动时机、战略选择、机会把握，还是难点阻力、改革哲学等各方面，都能从古今中外的变革实践中找到相应的影子。只有将视野拉得更远一些，融通古今中外的变革智慧，才能精准地把握大势、从容地引领未来。

在中国浩瀚五千年的历史上，曾发生过无数次以救亡图存、富国强兵为目标的改革运动。例如春秋的管仲变法、战国的商鞅变法、西汉的汉武帝改革、唐代的唐太宗改革、北宋的王安石变法、明朝的张居正改革、清朝的雍正改革、清末的洋务运动与维新变法、孙中山领导的辛亥革命、毛泽东领导的民主革命、邓小平领导的改革开放……这部惊心动魄的中国改革史表明，不论处于什么时代，改革的方向和进度都取决于改革动力与阻力之间的力量对比。明乎此理，有助于我们增强改革定力、保持改革韧劲。

放眼世界，自19世纪30年代起，在经历宗教改革、文艺复兴、英国光荣革命、法国大革命所带来的人文、政治与科技大变局之后，欧洲特别是英国的经济发展突飞猛进。此后，日本、俄国、美国主动变革，相继成为大国崛起的新典范。20世纪80年代，世界主要国家相继开启了市场化取向的改革。英国撒切尔夫人、美国里根通过大刀阔斧的改革，成功走出“滞胀”的泥潭；而苏联戈尔巴乔夫领导的改革，则成为“20世纪最严重的地缘政治灾难”。这些案例的差异，不仅体现为变革结果的迥异，更体现于改革方法论的高低。

此外，构建中国化的变革领导力，还应着重强调以下几个方面：一是基于批判之上的吸收借鉴。要时刻保持清醒的批判意识，既用批判的眼光审视自己，也用批判的眼光观察世界。二是要有清晰的本土问题意识。要坚持“以中国为中心”的独特视角，结合中国优良传统文化与执政党改革新理念，对古今中外的变革案例进行创造性思考，进而上升为一般性理论和新分析框架。三是与西方领导学界平等对话。要全方位、深层次拓展对外交流渠道，在引进、吸收的同时讲好“中国改革故事”，推动中国领导变革理论的原创乃至出口。

案例

邓小平与中国改革[①]

如今的改革，已经跨过20世纪80年代“有人受益、无人受损”的帕累托改进 Pareto Improvement 阶段。步入深水区的改革，不可避免要涉及

① 刘胜军:《邓小平的改革领导力》,《金融时报》中文网 2013 年 6 月 28 日。

利益格局的调整。说得直白一些：领导者要有勇气动一些人的奶酪。领导力的关键要素在于敢于担当、言行一致、赏罚分明。如果不敢动真格，就难免出现政令不畅的局面，最终改革只能不了了之。

何处寻求改革领导力？邓小平作为改革开放的总设计师，在当时复杂的社会局面下，大刀阔斧推动了改革，展现了令人敬佩的领导力，为中国过去 30 年的发展奠定了基础。

“抓大放小”

领导力的本质在于选择做正确的事情（do right things）而非把事情做到位（do things right）。领导者的精力是有限的，必须高度聚焦于具有全局性、根本性意义的大事。邓小平非常善于区分大事小事，将精力集中到关键任务上：制定长期战略；评价可能决定长期目标成败的政策；争取下级干部和群众的支持；宣传能体现他想实行的政策典型。面对当今错综复杂的社会局面，领导者应该心无旁骛地推进改革，切不可在细节问题上耗费太多精力。

顺应民意

1992 年的邓小平南方视察，成为中国改革进程中的关键转折点。邓小平彼时虽已退休，但他的言论依然引发神州激荡，关键还是因为顺应了民众对加快改革的心声。20 世纪 90 年代初民心渴望改革，是因为市场经济的热情长期被计划经济体制束缚。如今，民众改革呼声强烈，是因为贫富差距、国进民退、腐败、环境污染、食品安全等引发的严重社会焦虑感。

重用改革人才

改革是复杂的系统过程，必须由兼具能力和勇气的人才去推动。用人不疑、疑人不用。邓小平选拔了胡耀邦、朱镕基等改革能人，迅速打开了改革局面。胡耀邦通过真理标准大讨论，推动了思想大解放，开启了改革开放之门；朱镕基雷厉风行推进了国企破“三铁”、挽救技术性破产的银行体系、财税改革、加入世界贸易组织，为21世纪第一个十年的经济增长开辟了广阔空间。

敢于触动利益

利益格局调整，是改革中最惊心动魄的环节。1985—1987年，在时任中央军委主席邓小平的领导下，中国人民解放军减员100万，世称“百万大裁军”。改革难度之大，可想而知。邓小平深知，臃肿的官僚队伍将消耗现代化所需的大量资源。邓小平为减少军队和党政官僚的规模耗费了大量精力。在推进党和国家领导人任期制度改革时，邓小平知道，强迫那些老干部退休会遇到广泛的抵制，他引入了过渡性的“中顾委”制度，为同意退休的人提供优厚的待遇。完成了这些困难的转变之后，他才开始建立法定退休年龄的正常制度。20世纪90年代，朱镕基在打破国企“铁饭碗、铁工资、铁交椅”的过程中，遭遇了包括工人上访等严重社会阻力，但还是依靠强大的领导意志实现了国企体制和机制的革新。

巧妙处理意识形态阻力

意识形态阻力是最为敏感的改革难题之一。对“傻子瓜子”是否属于资本主义的问题，邓小平并不与人争论，他只是说“你解决了一个‘傻子瓜子’，会牵动人心不安，没有益处”。20世纪80年代，邓小平最著名的一句话是“不管白猫黑猫，捉住老鼠就是好猫”。这为减少意识形态的重要性赢得了广泛支持，它意味着干实事要比遵循某种意识形态更重要。但如果他直接说“意识形态不重要”，将会引起极大争议。在90年代初，吴敌琏等力主市场经济，结果被保守势力批评为背离社会主义。关键时刻，邓小平掷地有声地说：“为什么一谈市场就说是资本主义，只有计划才是社会主义？计划和市场都是方法嘛。只要对发展生产力有好处，就可以利用。”[①] 此言一出，那些“扣帽子”的人没有了声音。现在，在围绕宪政的大讨论中，依然不时有人喜欢“扣帽子”，让理性的辩论无法进行下去。我们再次面临思想解放的考验。

反对官僚主义

邓小平说：“开会要开小会、开短会，不开无准备的会。……赞成或反对，讲理由，扼要一点；没有话就把嘴巴一闭。不开空话连篇的会，不开离题万里的议论。”[②] 尽管中共中央三令五申反对官僚主义、形式主义，但不解决任何问题的文山会海依然随处可见。根据《解放日报》报道，上海某副处级干部“吐槽”：“我一个月有二十几天要去开会。遇到一些会议正职因故不能参加，我还要代为参加，平均下来基本每天开会。这意味着我处理其他本职工作的时间被大大侵占了。其实在信息社会，相关精神和指示我们已经通过媒体、内部网站和内部邮件的方式获悉，但还是要分别通过开一次区级大会、一次部门会议、一次条线系统会议、一次街镇级别的会议来层层开会传达，传达的内容都是一模一样的，甚至与会人员也都是同一批。而在另一些区级会议上，大家围桌而坐，也规定了每个人都有发言时间，但所有处级干部发言的目的只是为区级领导最后做重要讲话做铺垫。在这样的一些会议中，充斥着自上而下的‘指导’‘强调’和‘指出’。

---

① 邓小平：《计划和市场都是发展生产力的方法》，《邓小平文选》（第三卷），人民出版社1993年版，第203页。

② 邓小平：《坚持党的路线，改进工作方法》，《邓小平文选》（第二卷），人民出版社1994年版，第283页。

你可以感受到背后的逻辑预设：与会者都是缺乏经验的、亟待获得指示的。久而久之，我也明白，其实只要我‘到会’‘听会’，而无须真正‘参会’。我常常觉得自己就是一块背景布，任务是来填满座位，适时鼓掌、制造效果而已。”严重的官僚主义，降低了政府效率，浪费了官员大量时间，甚至导致了很多官员的人性压抑与性格扭曲。

敢于担当的魄力

1977年8月4—8日，邓小平主持召开的科学和教育工作座谈会。会上，专家们建议党中央、国务院下大决心，对现行招生制度来一个大的改革，宁可今年招生晚两个月。如果不实行高考，今年又要按推荐的方法招来20万人，好多不合适的，浪费就大了。专家们的一致意见使邓小平受到很大震动。他问坐在身边的时任教育部部长刘西尧：“今年就恢复高考还来得及吗？”刘西尧说：“推迟招生，还来得及。”邓小平听了，当场决断：“既然今年还有时间，那就坚决改嘛。”1977年恢复高考，改变了无数国人的命运。

1977年，时任安徽省委书记万里，拍板出台的“省委六条”提出，“允许生产队的社员种自留地，在当地集市出售自己的产品。”1978年年初，饥荒严重的凤阳县，实行了包产到户。时任国务院副总理陈永贵，指责万里是搞资本主义复辟。此后，争论持续升温。反对之声不仅来自意识形态之争，同样有既得利益群体。1979年，邓小平告诉万里：“不必陷入争论，你这么干下去就是了，就实事求是地干下去。”此后，农业部一位副部长批评包产到户时，万里反唇相讥：“看你长得肥头大耳，农民却饿得皮包骨，你怎么能不让这些农民想办法吃饱饭呢？”

明确目标和愿景

改革是复杂而充满挑战的旅程，它同企业的变革一样，需要明确的目标和愿景的指引。1980 年 1 月 16 日，邓小平发表重要讲话《关于目前的形势和任务》，这是他关于未来十年的“国情咨文”。他说：“核心是现代化建设。这是我们解决国际问题、国内问题的最主要的条件。二十年，时间看起来长，一晃就过去了。必须一天也不耽误……我们不是反对特殊化吗？这是一场严肃的斗争。特殊化不只是部分高级干部，各级都有，各个部门都有。总之，我们一些干部成了老爷就是了……关于改善党的领导，现在需要解决的问题很多。比如，我们历来说，工厂要实行党委领导下的厂长负责制；军队是党委领导下的首长分工负责制；学校是党委领导下的校长负责制。如果今后继续实行这个制度，那么，工厂的车间是否也要由党总支领导？班组里边是否也要由党支部或者党小组领导？同样，大学的系是否也要由党总支领导？这样是不是有利于工厂和大学的工作？能不能体现党的领导作用？如果这个问题解决得不好，可能损害党的领导，削弱党的领导，而不是加强党的领导。”①诚然，改革不可能进行完美的设计，但领导者必须对改革的愿景进行认真的思考；否则就容易为既得利益集团所绑架而迷失改革方向。

当下的改革，其难度比起当年有过之而无不及。新一届领导要“把权力关进制度的笼子里”，需要突破意识形态阻力；要推进国企改革，需要触动很多人的利益；要推动行政审批权改革，需要关羽刮骨疗毒的勇气……改革能否冲破重重包围，驶出历史的三峡，端赖于邓小平式的领导力。

① 邓小平：《目前的形势和任务》，《邓小平文选》（第二卷），人民出版社 1994 年版，第 239—273 页。

CHAPTER 02

第二章

变革型领导者

古之立大事者，不惟有超世之才，亦必有坚韧不拔之志。

——苏 轼

没有一点闯的精神，没有一点“冒”的精神，没有一股子气呀、劲呀，就走不出一条好路，走不出一条新路，就干不出新的事业。

——邓小平

领导者始终是领导问题的中心环节。进入全球化、信息化时代，唯一的不变就是变。快速转型与剧烈变革的外部情境，公共组织和企业组织之间的激烈竞争，必然对原有的组织结构、组织传统和领导方式构成严峻挑战。组织变革的兴衰成败，在很大程度上取决于变革型领导者，取决于他们超乎寻常的胆略和智慧。特别是在全面深化改革的语境下，作为组织“头雁”的领导者发起并主导变革，更是变革取得成果的重要前提和根本保障。

但是，正如华伦·本尼斯所言，在多数工业化国家，组织陷入了领导不足、管理过度的困局，他们对做正确的事情关注不够，却对正确地做事关注过多。实际上，变革型领导者的真正贡献，在于领导整个动态的组织系统，使变革所释放出的能量与期望保持一致，进而使组织产生更高的效率、更强的竞争力。因此，“重塑管理者”，促使他们从按部就班者向时代引领者转变，从纯粹的管理者向变革型领导者转变，也就成为现代组织变革管理的迫切需要。

第一节　角色定位与行为模式

尼采说过，伟大的人是自己理性形象的扮演者。社会是一个大舞台，社会中的人都是这一舞台上的角色。“角色”（Role）本是戏剧中的专有名词，用来特指演员所扮演的剧中人物。20 世纪 20—30 年代，R. 林顿、欧文·戈夫曼等知名学者将其引入社会学，进而角色理论逐渐成为社会学的基本理论之一。

从社会行为看，角色是指符合一个人的社会地位和义务要求的行为模式。领导角色则是指一个领导者在社会组织体系中，从事各种活动时的立场、行为、价值等一系列特性的归纳。可以说，变革型领导者之所以独树一帜、与众不同，是由其独特的历史背景、扮演的社会角色以及产生的社会作用所决定的。

一、从伯恩斯的理论突破说起

研究变革型领导者，必然要追溯变革型领导理论。这是继领导特质论、领导行为论、领导权变论之后，由美国政治社会学家詹姆斯·麦格雷戈·伯恩斯提出的一种新的领导类型。20 世纪 70 年代，伴随着经济的迅猛发展、科技的惊人进步，各类组织面临的不确定性和潜在风险也在急剧增加。而变革型领导理论的横空出世，使整个领导学界发生了一次革命性的跃迁，成为此后数十年内学界、商界和政界共同关注的焦点。

1978 年，伯恩斯在他的经典著作《领袖论》中，首次将领导活动区分为交易型领导和变革型领导。交易型领导，仅仅关注领导者与追随者之间的交易关系；变革型领导，则强调领导者要对追随者的需求和动向保持高度敏感，尽力帮助追随者发挥其最佳潜能，二者“彼此提升，使动机和士气达到更高层次”。伯恩斯认为，以往的领导理论模型大多属于交易型，领导者透过满足追随者的利益要求来实现价值观等方面的交换。与此不同的是，变革型领导强调的则是领导者与追随者之间的相互影响、相互作用过程，双方通过建立默契关系来提高彼此的热情、价值信念和道德意识。

但是，伯恩斯只是提出了变革型领导的概念，并没有给出明确的定义。1980 年，伯纳德·巴斯在组织情境中发展了伯恩斯的研究成果，明确界定了变革型领导的独特内涵：“变革型领导通过让员工意识到所承担任务的重要意义，激发下属的高层次需要，建立互相信任的氛围，促使下属为了组织的利益牺牲自己的利益，并达到超过原定期望的结果。”他还进一步指出，变革型领导者具有一些具体特征，例如在危机来临之时能够保持冷静和幽默，在关键抉择时刻能够保持耐心和负责等品质。

在此基础之上，巴斯发展了多因素领导问卷（MLQ），将变革型领导的内容划分为四个维度：理想化影响力、鼓舞性激励、智力激发、个性化关怀。巴斯认为，变革型领导通过这些行为方式影响追随者，从而使追随者超越个人利益的局限，提升自身的需要层次，最终实现超越预期的高绩效。

关于变革型领导的研究，也引起了中国学者的浓厚兴趣。中央党校教授冯秋婷认为：“变革型领导是改变和变革个体的过程。它关心的是价值观、社会准则、规范和长期目标等，它包括评价追随者的动机、满足他们的需求、视他们为完整的人。”中国人民大学教授李超平、中国科学院教授时勘提出了中国情境下变革型领导行为四维度模型：愿景激励、领导魅力、德行垂范和个性化关怀。其中，德行垂范是具有中国特色的维度。在西方文化中，领导者和下属一般仅限于工作的往来；而中国非正式的人情关系对正式的组织行为影响甚大，因此领导者必须率先垂范、以德服人，潜移默化地影响下属、带动下属，共同为实现组织目标和使命而努力。

二、变革型领导者的角色定位

在大变革的时代背景下，组织的领导者所能扮演的最重要角色，就是要成为一个卓有成效的变革型领导者。无论采取何种方式，作为变革型领导者，都必须能够有效引领组织成员按照变革的目标和使命前进。对于这一独特的角色定位，我们可从以下几个层面来深化认识：

从组织面临的宏观环境看，这是一个充满了组织之间的竞争甚至拼杀的战争时代。要笑到最后，就必须变革，特别是你的奶酪在一点点消失的时候。变革时代唯一至关重要的事实是持续不断的变革。组织及个人迎接这种机关枪式变革的唯一途径，就是不断将变革引入自己的生活，不断地寻求不同的工作环境、职业和组织。

从变革的决策和运行上看，任何组织变革的决策和运行都需要控制，这就要求各级管理人员善于领导。也就是说，管理人员对自己的能力要有非常清醒的认识，特别是如何区分领导力、影响力、权力，否则极有可能给工作带来混乱。

从变革型领导者的认同看，领导力的来源，绝不是仅仅依靠组织赋予的职位、权力，而是更多地来源于被领导者的心理认同。被领导者认为你有能力领导我，我才诚心诚意地接受你的领导，这时才会在一个群体中产生真正的领导。我们常常看到这样一种现象，即使有的人在组织中不担任领导职务，但能够对其他成员的思想与行为产生极大的影响力、控制力。

从领导者影响力的评估看，很多领导者在推行变革中之所以四处碰壁，根源就是对自身影响力评估失当。他们不清楚自己在下属眼中是什么形象、处于什么状态，想当然地认为自己是领导力、权力、影响力的“三项全能”。事实上，领导者在刚刚得到一项任命时，仅有管理等级序列授予的权力。而“权力”如果不与“影响力”相加相乘，如果加乘的效力不被下属从内心所认同，那就谈不上赢得追随者，更不要说引领变革了。

由此可见，变革必须加强领导，重大变革是领导出来的。今天的变革正呼唤着新时代的变革型领导者。只有卓越的变革型领导者，才能推动组织变革取得成功。

就其本质而言，与传统领导者相比，对变革型领导者的要求更高：前者遵循命令链，后者则与任何可能将工作完成的人交往；前者做重复性工作，后者则学习新的方式；前者要求长时间工作，后者则要求结果；前者独占信息，后者则分享信息；前者试图掌握一个主要领域，后者则试图掌握更宽的管理领域；前者更多单独做决策，后者则邀请别人参与决策；前者向上看，寻求指令与答案，后者则与他人合作，发现解决方案；前者认为其他人是竞争者，后者则在相互尊重信息之上建立关系；前者认为自己是管理者或领导者，后者则认为自己是支持者或内部咨询者。

罗伯特 · E. 奎因进一步认为，组织管理者要充当四种主要竞争角色，即谋略家、宣传鼓动家、分析家和工头，这些角色是一种更大模式的组成部分。这种更大模式包括四个领域：机构、未来、运行机制和市场。以这四大领域为基础的模式表明，所有上层管理人员都必须关注四种需求：对人的需求、对创新的需求、对效率的需求和对业绩的需求。这些需求又引出组织管理者的四方面期望或希望他们担当的四种竞争角色。

一是变革型角色。作为谋略家，组织管理者关注未来，了解最新的发展趋势，强调目的和方向，描绘组织发展愿景、蓝图；作为宣传鼓动家，组织管理者关注人们的奉献，强调组织的价值，以新的目标和抱负激励员工，创造振奋人心的氛围。二是务实型角色。组织管理者关注组织的运作效率，评估拟议中的计划和项目，协调相互抵触的看法和需求；作为工头，组织管理者关注业绩，强调结果，解决问题，影响下属决策。

众所周知，传统的管理理论将管理者定义为务实型角色，而且组织的逐级晋升制度使组织的各层管理者，都是从解决实际问题的工头与分析家角色上得到提升，因此他们更擅长务实型的角色。实际上，组织管理者除了扮演务实型管理者角色外，变革型角色也是其不可缺少的一部分。根据奎因的调查，那些经常扮演四种不同角色的领导者往往能取得最好的成绩。当然，对领导者来说，该分类的指导意义在于使领导者意识到四种角色的不同价值，而不仅仅局限于其中之一或之二。

还有学者研究发现，变革领导者扮演的角色，应当是理性分析的变革管理者、思路清晰的宣传鼓动者、考虑周全的组织联络人、深思熟虑的文化传播者和理解生命的基因改良者。麦肯锡公司顾问迪克欧德则说，每一次变革都是对一系列具体问题和机会的唯一反应，在领导者看来只是“敲击一个深藏于组织中的密码”，结果能量得到了释放，改善业绩的渠道被打开。柯林斯还提出“第五级领导人”的体系，认为推动伟大的变革，领导者首先要实现心灵上的超越，领导人自我价值的完善和内心世界的修炼是领导变革的力量源泉。

总之，发动对组织的主动变革，首先就要将核心的价值追求诉诸变革之中，向组织员工及其利益相关方提出变革的主张，并身体力行地向变革的目标迈进。一是变革型领导者必须有一种“带人们去他们应该去的地方”的坚定信念。只有内心深处有异常强烈的信念，才能成为组织变革的领路人。二是不断发出与信念相一致的声音。不发出声音就不可能产生震荡、回响，组织的活力也不可能激发出来。三是身体力行，而且务必要和所发出的声音一致。行动是挑战现状的直接表达，应当从最易于突破的地方入手，尽快引起员工共鸣。

三、变革型领导者的行为模式

变革领导力开拓者约翰·科特指出，在进行大规模变革时，核心问题绝对不是战略、结构、文化或系统，而是改变组织中人们的行为；在改变人们行为的过程中，目睹所带来的感受上的变化，要远远大于分析所导致的思维改变。显而易见，领导者的行为更是重中之重。

在分析变革型领导者的行为模式之前，必须首先厘清领导行为、管理行为的区别，以及二者对组织变革的不同影响。

过去，我们常常把领导行为与管理行为混为一谈。但是，如果忽视了两者在功能和形式上的差异，就会导致一种尴尬的结局：在需要加强领导之时，却加强了管理；在需要加强管理之时，却加强了领导，最终使得组织“剪不断、理还乱”的变革窘境进一步加深。

美国领导学权威史蒂芬·柯维举例说明管理与领导的区别：一群工人在丛林里清除矮灌木，他们是生产者，解决的是实际问题。管理者在他们后面拟定政策，引进技术，确定工作进程和补贴计划。领导者则爬上最高的那棵树，巡视全貌，然后大声嚷道：“不是这块丛林！”这个例子形象地说明，领导者重点关注的是干什么和为什么干，管理者主要强调的是干多少和干得如何。

就关注的重点而论，领导行为与管理行为有本质不同。前者更关注未来和外部，后者更关注当下和内部；前者更关注思想和变革，后者更关注技术和秩序；前者更关注方向和团队，后者更关注目标和工作；前者更关注旗帜和令箭，后者更关注规章和大棒；前者更关注魅力和魄力，后者更关注权力和能力；前者更关注个性和吸引力，后者更关注共性和威严；前者更关注追随者和感性，后者更关注下属和理性；前者更关注组织生命和灵魂，后者更关注组织躯壳和健康。总之，领导者会说“让我们做正确的事”，而管理者则会说“让我们正确地做事”。

当然，这并不是在夸大领导行为而贬低管理行为，更不是说只要领导不要管理。传统的组织重视管理，现代领导大趋势则更强调领导。其实，无论是管理还是领导，只有一个方面是不够的。强调“多一点领导，少一点管理”，意味着组织活动要由管理为主转变到领导为主，在区分两种行为的基础上将二者互补起来。既会决策又会执行，既面向未来又管好现在；既能盯着外部变化与机会，又能盯着内部管理与秩序；既用领导艺术，又用管理科学。这种“领导＋管理”的互补，将会产生更有效的变革领导力。

正因如此，戴维·凯瑞认为，有效的领导者用任何管理者都能接受的行为方式工作。变革型组织中的每个团队，都应当养成以下六种行为方式：一是在需要变革时愿意改变。在某些情况下，变革意味着痛苦，意味着对以前赖以取得成功的基础的抛弃。只有领导者真正认同变革，才有可能会主动领导变革；只有头脑中认可了变革的需要，才有可能全心全意地投入。二是建立一个变革的愿景目标。愿景是一个对未来发展方向的总体定位，每个成员都可以围绕着它而努力。最好的愿景描绘，必须简单、清晰、引人注目、便于操作，必须对身处一线的员工进行展示。三是对变革进行通盘考虑。领导者必须在变革沟通中扮演积极的角色。通过沟通，使人们理解变革的目标和制度发生的每一步变革，时刻准备解决出现的问题。四是对事物进行重新排列组合。有效的变革型领导者不仅发起变革，而且对变革贯彻到底。但是，这并不意味着对组织进行总体性解构，而是首先引入小的却又是焦点性的变革。五是积极参与，言行一致。对于真正的变革型领导者而言，言行始终如一是长期的准则。这就同那些有名无实、只会许下空头支票的领导者区别开来。六是对变革进行回顾总结和指导。

需要谨记的是，变革永远不会结束。正如丹·斯道尔所言："当人们说'我们将在六个月内完成这次变革，然后就一切就绪了'时，他们更有可能从此进入麻烦之中。"因此，变革型领导者一定要告诉下属和公众，变革将是一场持久战，是一个持续不断的过程。

第二节　改革者的核心素质

改革者总是在给定的历史遗产上跳舞，必须拿捏好变革的分寸、政治的分寸，既要大力推进改革，又要防止翻车出轨。如果过于理想主义，会使改革走向反面。因此，领导者的核心素质和综合能力，改革者的政治智慧和改革技巧，对于改革的成败具有决定性作用。

20 世纪 80 年代，是改革的峥嵘岁月和"黄金十年"。当时，面对改革这个唯一的选择，党中央毅然校正中国前进的航向，率领十亿人民驶入大变革的伟大航程。从邓小平、胡耀邦、习仲勋、万里，到任仲夷、项南、杜润生、袁庚……"改革派"官员可谓群星闪耀，都成为改革伟业的重要推手。

一、"不忘初心"的大忠诚

改革本身并不是目的，也不应当成为目的。"全心全意为人民服务"作为党的宗旨，具有深植于民心的政权合法性。2015 年以来，习近平在多个场合反复强调，"不忘初心，方得始终""我们干事业不能忘本忘祖、忘记初心”“不忘初心、继续前进”。从这个意义上来说，改革只能有一个指向，就是为了人民的利益而改革；改革者只能有一个使命，就是遵循人民的意愿而改革。只有这样，才是真正的“不忘初心”，才能称为大忠诚。

1977 年 7 月，党的十届三中全会恢复了邓小平的所有职务。1978 年 12 月，党的十一届三中全会吹响了改革的号角，邓小平成为党的领导集体的核心，从而开创了改革开放的历史新进程。此前，“邓小平以他从青年时代起即追求真理的终生不渝的精神，以他对党的忠诚和信念，以他几十年革命历程的经验，以他‘文革’中所进行的思考和实践，奠定了在新时期，为他深爱着的祖国和人民做出杰出贡献的坚实的基础”，“在邓小平的心中，国家和人民高于一切。他把一生的目光和心血，全部放在了国家和人民身上”。①

古斯塔夫·勒庞认为，世上的一切伟人、一切杰出政治家，天生就是社会心理学家。邓小平很清楚社会心理转变的机理，“不改革，就只有死路一条”，而且在近乎 180 度转弯的变革过程中，他明智地选择了先走一小步。可以想见，这样漫长、巨大的转变过程，如果从转型的最初，就提出一个伟大的、理想的、彻底的框架和原则，几乎就不可能推动了，甚至极有可能发生社会动荡。

邓小平第三次“复出”后，主动要求分管科学、教育工作。他的第一个突破口，就是恢复高考。1977 年 8 月 4 日，教育部专题召开座谈会，邓小平坐镇主持。他最终一锤定音：高考这件事情不能再等了，“我们必须下定决心在今年恢复高考”。而他果然做到了。这关系到成千上万的家庭乃至整个中国的未来，受到了极高的赞誉，成为解放思想和拨乱反正最

---

① 邓榕：《我的父亲邓小平：“文革”岁月》，中央文献出版社 2010 年版，第 478 页。

初的突破口[①]。实际上，这正是人的观念与实践，同改革结果的互动。先行探索的过程中，有了正面的结果反馈，民众的观念逐步转变，阻力相对而言就会变小。

忠诚于党、忠诚于人民，也是胡耀邦改革的基石和支点。1976 年 10 月 8 日，叶剑英派人看望胡耀邦，告诉他粉碎“四人帮”的消息，并征求对当前如何治理国家的建议。经过一天一夜的思考，他于 10 日郑重提出：“自古以来，有识之士总是说，大乱之后要顺应民心。民心为上。根据这种远见卓识的道理，我认为当前有三件大事特别重要：第一，停止批邓，人心大顺；第二，冤案一理，人心大喜；第三，生产狠狠抓，人心乐开花。”[②]

人们在评论胡耀邦的历史功过时，似乎有一种错觉，认为他在选择改变中国命运的突破口时，首先打破“两个凡是”的“精神枷锁”，然后才着手打破冤假错案的“组织枷锁”。事实上，这两个“打破”基本上是同步进行的。只不过它们发端于中央党校，逐步深入开展于中央组织部。

1977 年年初夏，胡耀邦在家中与一位同志谈话，忧心忡忡地说，禁锢我们这个民族创造力的，一个是精神枷锁，什么“一句顶一万句”“理解的要执行，不理解的也要执行”，一直到“两个凡是”，都是教条主义的。还有一个是组织枷锁，历次政治运动积累起来的冤假错案，各种错误的组织结论，把干部知识分子压得抬不起头来。他们的亲属、朋友，被剥夺了担任适当工作的权利，无法发挥他们的聪明才智。这样一个精神上、组织上被禁锢、被压制的不自由的民族，怎么可能与世界上的发达国家竞争呢？

在中央党校发起打破精神枷锁的思想解放运动之后，他又获得了到中

① 罗伯特·劳伦斯·库恩：《中国 30 年：人类社会的一次伟大变迁》，上海人民出版社 2008 年版，第 67—68 页。

② 《胡耀邦文选》，人民出版社 2015 年版，第 72 页。

央组织部打破极左组织路线枷锁的机会。十年浩劫，积案如山。面对重重阻力，胡耀邦给大家打气："这需要我们下决心，一关一关地闯过去。我们不下油锅，谁下油锅！"经过大量细致艰苦的工作，到1984年年底，全国大规模的拨乱反正、平反冤假错案工作基本结束，解决了殃及1亿人的问题。打破"两个枷锁"，将人的巨大潜能从束缚下释放出来，成为后来人们频频书写的一段佳话[①]。

二、"不怕丢官"的大担当

敢于担当、不怕丢官，是改革者的鲜明品格。北宋改革家王安石说："天变不足畏（害怕），祖宗不足法（效法），人言不足恤（忧虑）。"20世纪80年代涌现的"改革派"，冒着极大的政治风险，闯进意识形态的禁区，对个人意味着丢官甚至是牢狱之灾。

1981年，在全国经济调整之际，乡镇企业由于"私生子"的标签，一度饱受质疑，有被勒令下马之虞。时任福建省委书记项南态度坚决，提出乡镇企业要"勇敢地上，排除一切阻力往前冲"。1982年，全国开展打击走私贩私、打击投机倒把的"双打"斗争时，项南再次挺身而出，认为福建经济犯罪要打击，乡镇企业要发展，二者并不矛盾。

当时，刚启动的城市经济体制改革步履维艰，难点在于企业普遍缺乏活力，毫无自主权可言。1984年2月，邓小平在厦门考察时对项南说："我们的开放政策，不是收的问题，而是开放得还不够。"这是一个重要的信号。随后，福建的一些厂长经理给项南写呼吁信，项南亲自将标题拟定为《请给我们"松绑"》，刊登在《福建日报》上，并迅即被《人民日报》转载。之前，项南公开表示："我们从开放到现在，因为放权出了乱子的事情，

① 满妹：《思念依然无尽——回忆父亲胡耀邦》，北京出版社2005年版，第253—289页。

在福建还找不到一个；可是由于不放权，影响改革开放进展的事情可以找出不少。”此言在一些人听来，显然并不那么顺耳。

1985 年，项南在福建省党代会上表态，“要允许改革犯错误，但不允许不改革”。他开玩笑说，自己就好比是一个新疆姑娘，满头的“小辫子”让人抓。这年春天，已经有传言，说项南要“下”。在这种情况下，一种观点认为，国营企业的困难，是由于乡镇企业在抢资源、抢市场。项南不以为然，说一切优惠政策都倾向于国有企业，怎么就让乡镇企业争走了呢？这不很可笑吗？还不是你不行吗？

1986 年，曾被项南夸为福建“一枝花”的晋江陈埭镇出了假药，这就是震动全国的“晋江假药案”。项南严厉查处此案，但仍然受牵连，自己连续五次向中央检讨。1988 年，邓小平在浙江调研，对乡镇企业给予了明确肯定，但项南此时已经去职。

而在广东深圳的蛇口，“改革先锋”袁庚屡闯禁区。仅 1979—1984 年，蛇口工业区就破天荒创造了 24 项全国第一：实行职工住房商品化；废除干部职务终身制，实行聘用制，受聘干部能上能下、能官能民，职务随时可以调整变动；“把权力关进笼子里”，受聘用干部接受群众监督，每年由群众投一次信任票；率先打破平均主义“大锅饭”，实行“基本工资 + 岗位职务工资 + 浮动工资的工资”改革方案，率先推行劳动合同制……袁庚当年的“蛇口模式”，即使放到今天来衡量，仍然是令人惊叹的制度创新。

不难想象，在改革举措落地过程中，各种“大棒子”“帽子”会不时来袭，这对袁庚的意志力带来严峻的考验。最具代表性的事件，当属 1988 年年初的“蛇口风波”。来自北京的李燕杰等 3 名专家，与蛇口青年就人生价值观念等问题展开了激烈论战。专家认为，个别前往深圳的人动机不纯，是为了“捞一把”。蛇口青年反驳说，淘金者赚钱，未触犯法律，并无过错，且客观上为蛇口建设出了力。座谈会后，李燕杰整理出一份

《“蛇口座谈会”始末》，专门呈送中央，引发全国争议。对此，蛇口的“掌门人”袁庚态度十分鲜明：“对那位被追问姓名并上了什么材料的青年人，我们一定要加以保护。即使他的发言有什么不妥，也不允许在蛇口发生以言治罪的事情。”

袁庚不仅是极富改革精神的官员，更是一位具有远见的企业家。在他的直接推动下，深圳催生了招商银行、平安保险，这两家机构已成为中国具有很强市场竞争力的金融机构。更难得的是，在“蛇口精神”的感召下，任正非、王石、张思民等一大批有志青年，纷纷辞职来到蛇口这片改革热土，书写了一个又一个创业奇迹。今日之深圳，堪称中国最具活力与创新力的先锋城市，而这离不开袁庚当年催生出的“企业家精神”①。

三、“方圆兼顾”的大智慧

“方圆兼顾”，是重要的改革方法论。所谓“方”，就是坚定性和原则性，认准的事能够坚定不移；所谓“圆”，就是灵活性和适应性，给自己留下较大的回旋空间。按照约瑟夫·奈的理论，如果说这两者分别对应硬实力、软实力，那么“方圆兼顾”就对应巧实力。邓小平提出，“马克思主义、毛泽东思想的灵魂就是实事求是”。这就如同一个万能武器，能够对付所有复杂武器，轻而易举地化解那些意识形态的攻击。

1978 年党的十一届三中全会是改革开放的起点，而这一起点又是以包产到户为标志的农村改革。但很多人有所不知，这次会议的决议是“不许包产到户”。改革起点的两个标志性事件居然是不等式，可见中国当时对包产到户禁绝程度之深。两年之后，包产到户如同多米诺骨牌，从安徽、

---

① 刘建强：《蛇口基因：破解平安、中集、招行、万科、华为体内共同的密码》，载《中国企业家》2008 年第 8 期，第 53—67 页。

四川一触即发传遍全国，背后必然有高人的运筹帷幄。时任中央书记处农村政策研究室主任、国务院农村发展研究中心主任杜润生，便是最重要的高人之一。

中国从来不乏为农民请命的人，例如邓子恢、彭德怀等，但只有杜润生活下来，并且在恰当的时机，发挥了恰当的作用。杜润生和农民之间似乎有一种会心的联系，如同接头暗号。比如，在突破包产到户的岁月里，他以退求进，在妥协中前进，走不了一步就走半步。最后在文件上的用语是："可以包产到队，可以包产到组，也可以包产到户。"文件发下去，农民只记住七个字："可以、可以、也可以。"他说了一个实在的理由，同时又是无法反驳的理由："把人民的事情交给人民自己去选择，这是他们的权利。"于是，农民兴高采烈地选择了包产到户。连中央文件都被幽默的杜润生添了喜感，他农民式的狡黠、冷静、理性、诙谐、机智在此地发挥了最大的功效[①]。

项南也善于在改革中保持必要的张力。1980 年 12 月，中央决定派遣项南主政福建。此前安徽开始搞包产到户，反对最坚决的几个省份中就有福建，中央不得不下决心"换将"。受命入闽的项南，在全省党代会上做了名为《谈解放思想》的发言，声明要清除"左"的思想影响："主要在省、地两级党委……而关键又在省委。"这种已然很直接的发言，却未必能让人惊醒。春耕迫在眉睫，但因为福建反对包产到户，农民积极性匮乏，各地竟无春耕迹象。

农时已紧，1981 年 2 月 10 日，项南在全省电话会议上强力推行包产到户。会上，一名地委书记尖锐地提问："过去第一书记廖志高说不能搞包产到户，现在又说要大力推广包产到户，我们到底是听第一书记的，还是

① 柳红：《八〇年代：中国经济学人的光荣与梦想》，广西师范大学出版社 2010 年版，第 181 页。

听常务书记的？”项南从容作答：“既不要听第一书记的，也不要听常务书记的，要听中央的。”他在会上说：“不要再怀疑了，不要再动摇了，更不要站在对立面。”一个月后，福建省94.5%的生产队落实了生产责任制[①]。

第三节 改革家：策略与命运

在浩瀚五千年的中国历史上，每一次重要的转折，无不以变革为杠杆。春秋的子产改革，战国的商鞅变法，北宋的庆历新政、王安石变法，明朝的张居正改革，清末的洋务运动、维新变法……在这一长串历史大事件背后，闪耀着无数不计毁誉、敢为天下先的改革家，充满了无数剑拔弩张、惊心动魄的改革交锋。古人云：“以史为镜，可以知兴替。”审视古代改革家的策略与得失，对于打好当前的改革攻坚战，无疑具有资政意义和借鉴价值。

一、凝聚共识，打开突破口

凝心聚力、达成共识，是推进改革的前提条件。具体而言，就是描绘愿景、感召他人，寻求改革的最大公约数。其中最首要的一环，是缔结牢固的君臣变法联盟。也就是说，国君必须有坚定的改革决心，主持改革者得到国君的极大信任，改革方案也得到国君的充分认可。商鞅变法之前，秦国偏居一隅、势力孱弱、人才鲜至。秦孝公以罕见的气魄，面向四海颁布求贤令，“有能出奇计强秦者，吾且尊官，与之分土”。卫国人卫鞅（即后来的商鞅）随即入秦拜见孝公，提出帝道、王道、霸道三策，最终“霸

① 马昌博、赵一海：《项南：不怕丢官的改革派》，《南方周末》2008年12月18日，第11版。

道”获得孝公首肯，“公与语，不自知膝之前于席也。语数日不厌”。宋神宗同样也是如此，他痛感“天下弊事至多，不可不革”，即位3个月后即迅速起用“独负天下大名三十余年”的王安石，着手准备变法。此前，王安石在长达万字的《上仁宗皇帝言事书》中，阐明了他关于富国强兵的构想与方案，其革故鼎新的改革家形象早已树立。

不过，改革本质上是权力的再分配和利益格局的调整，势必激起守旧势力的强烈反对。这就需要主动沟通、耐心解释，寻求共鸣、赢得认同。秦孝公最初“恐天下议己”，于是召集卫鞅与保守派代表甘龙、杜挚等，在宫廷会议上公开辩论变法得失。甘龙等人提出治国应遵循古法，却拿不出真实的历史证据。而卫鞅则引经据典、逐条批驳，提出“治世不一道，便国不法古”，博得孝公连连称“善”。这场辩论不仅打击了保守派的气焰，树立了卫鞅的政治威信，也改变了中间派大臣的看法，他们后来都成为新法的有力执行者。宋神宗起用王安石推行新政，以司马光为代表的保守派直言“祖宗之法不可变”。在延和殿大辩论中，司马光认为，变法的范围应加以控制，与民休养生息、藏富于民即可；而王安石则主张，必须自上而下推行一整套涉及政治、经济、军事等全方位的彻底变革。神宗再三权衡，最终选择王安石的改革方案。

信誉是一切领导活动的基础，是所有领导力的基石和支点。如何赢得民众的信任，是变革之初最艰巨的挑战。卫鞅在制定新法举措后，并没有立刻向全国推广，而是首先取信于民。《史记》记载：“乃立三丈之木于国都市南门，募民有能徙置北门者予十金。民怪之，莫敢徙。复曰：能徙者予五十金。有一人徙之，辄予五十金，以明不欺。”卫鞅通过“徙木立信”这个举措，表明政府推动变法的坚定决心和严谨态度，对徙木者的赏金兑现也显示“令出必行”，使卫鞅及新法很快在民众中树立起威信。与卫鞅的“客卿”身份不同，王安石、张居正被大胆起用之前，早已是声名远播的改革新星。比如早年的王安石，“慨然有矫世变俗之志”，然而一次次谢绝朝廷的任命，在地方官任上韬光养晦多年，精心耕作他的“改革试验田”，一时政绩斐然、民众爱戴。因此，当宋神宗下定决心锐意革新时，王安石不仅历练完备、成竹在胸，而且是众望所归、呼之欲出了。

二、精准施策，调动积极性

改革只有找准“痛点”、精准施策，让下层民众有更多获得感，才能充分调动他们参与改革的积极性。王安石变法的初衷，首先是为国家理财增收，而不是从根本上把蛋糕做大。从改革举措看，青苗法、均输法、市易法，是对豪强垄断利润的限制与打击；方田均税法、免疫法，是对豪强偷税漏税及免税特权的矫正；保甲法是对国家养兵费用的节约与转嫁；唯有农田水利法，是发展生产力、“公私两利”之举。青苗法虽有保护农民免遭破产之害的意图，但实际操作下来，结果却极其可怕：国家规定的低息贷款，变成了官府垄断的高利贷，利息竟达原先设定的 35 倍。《续资治通鉴长编》记载：王安石向神宗表白，人们不愿响应改革，“多观望不尽力”，因为“尽力则犯众怨，犯众怨则中伤以法，而朝廷或不能察，不能察则反得罪，不如因循偷惰之可以自安”。结果，一幅精心绘制的《流民图》，成为压垮变法的最后一根稻草。心灰意懒的王安石，只好请辞出局了。对比之下，商鞅在秦国的变法，则将激励发挥到了极致：废世卿、奖耕战，把战功作为获得奖赏的唯一条件，为民众提供了向上层流动的通道，“民之见战也，如饿狼之见肉”；废井田、开阡陌，承认土地私有，允许土地买卖，改 100 步一亩为 240 步一亩，使农民阶层特别是自耕农的生活有了极大改善。由此，逐渐培养起一个庞大的新兴地主阶层，他们成为变法的受益者和有力支持者。

需要注意的是，改革是自上而下的施政，必须依靠原有官僚系统推进。

因此，改革者应力求避免置众多官吏于恐惧之地，对他们实行分化策略、转化策略、共赢策略和给出路策略。在北宋庆历新政中，范仲淹的改革纲领《答手诏条陈十事》，将限制特权、整顿冗官置于首位，兼及政治、经济等诸多领域，堪称是矫治时弊的良方。但具体执行则过于生硬，以推行按察法为例，范仲淹取来各路地方长官班簿，“视不才者一笔勾之”。如此操作，一下子剥夺四类官员的官位，大小官吏无不人心惶惶，进而使改革阻力成倍放大，国内政局亦受到严重冲击，结果新政不到一年即告夭亡。明朝张居正改革则不然，仅仅把整顿吏治作为突破口，重心始终放在财税、军事等改革上。张居正通过推行考成法、整顿驿递等举措，全面提升行政效率与执行力，打破原先的庸政、懒政、怠政，实现了“法之必行、言之必效”。随后，张居正在自己职权范围内，推动财税、军事等改革均取得积极进展，“一时政绩炳然”。

三、把握节奏，提升穿透力

改革应当“蹄疾步稳”，把握好节奏和力度，既要在关键时刻迈快步、迈大步，更要在平时稳扎稳打、积小胜为大胜。一般来说，民众和基层政府对新法都有适应期、消化期，改革红利的释放也需要一个渐进过程。如果操之过急，势必引起反弹，结果只能欲速不达。清末的维新变法是最典型的案例。鉴于甲午战争中国惨败的教训，维新派认为只有猛烈的大变革才能救国。康有为上书光绪帝：“守旧不可，必当变法；缓变不可，必当速变；小变不可，必当全变。”在这个纲领的指导下，光绪帝在 103 天内下谕旨 300 多条，内容涉及方方面面；仅在 1898 年 9 月 12 日这天，就一口气颁发了 11 条维新谕旨。如此多头急进，是否稳妥？如何落实？完全不去考虑。而缺乏官场历练的康有为，直截了当地告诉荣禄：“杀二三品以上阻挠新法大臣一二人，则新法行矣。”对此，美国政治学者塞缪尔·亨廷顿评论认为:“在传统社会内,主张改革的君主显然属于少数派。因此,行动得太快太猛必定会促使潜在的反对者变为积极的反对派。”最终,不同的利益群体群起而攻之,康有为、梁启超等仓促逃往日本,光绪帝被幽禁在中南海瀛台,“六君子”未经审讯即被处死,变法戛然而止。严复在对维新派深表同情的同时,一针见血地指出他们“上负其君,下累其友”,是书生误国、“庸医杀人”。

从这次变法还可以看到,维新派一直过分倚重顶层设计,始终把改革重心放在中央政府,对地方和基层的作用过于轻视。实际上,湖南巡抚陈宝箴推行的“湖南新政”,就吸收了不少维新派的主张,并取得了实实在在的成效。有学者据此认为,如果维新派放弃自上而下的改革路径,审时度势地调整为自下而上的改革方案,不失为一条稳妥而可操作的变法之路。王安石变法同样也存在“穿透力不足”的问题。台谏官陈次升向王安石反馈说,新法在执行中引发了一些新矛盾。王安石对此颇不以为然,认为十件事中总有一两件会失败,免疫法带来的社会问题大可不必计较,也不应全盘否定新法。显而易见,这种自上而下的改革推进方式,排斥地方和基层的反馈意见,拒绝必要的监督和纠错机制;地方只有无条件抓落实的义务,而被剥夺差异化、灵活实施新法的权利。结果,在一地实施成效颇佳的政策,未必适用于其他地方。但为了完成上级的指标,地方官员往往急于求成,甚至层层加码、横征暴敛,与变法的本意背道而驰。

四、知所进退,跳出周期律

综观历代改革家的归宿,可谓命蹇时乖、坎坷跌宕,不能不令人扼腕叹息。比如,商鞅被指控“图谋造反”,惨遭车裂而死;王安石被迫隐居江宁,在悲愤中辞世;张居正死后被抄家,亲属或自杀或流放……以至于后人总结说,“改革者没有好下场”。也有人从个性的视角,提出了其他不同看法。司马迁批评商鞅“刻薄、少恩”；时人评论王安石自负偏执、用人失当；海瑞则指出张居正“工于谋国、拙于谋身”。这些观点无疑是很有见地的。改革家的核心素质之一是尽可能减少阻力、增加动力，将观望者和反对者转变为支持者，最终形成改革的强大合力。改革应该外圆内方、以量变促质变，力求避免社会的过分震荡。改革理念上的分歧，应当在实践中得到调整和求同存异。实际效果出来了，才最有说服力，才能使改革呈现不可逆转之势。春秋时期郑国的子产，是改革家中少有的幸运者。他厉行改革 21 年，“作封洫”“作邱赋”“铸刑书”，使郑国大治。《史记》载赞语“门不夜关、道不拾遗”，表明郑国经济繁荣、社会安定。对于个别胆敢武装对抗改革的大贵族，子产毫不妥协地予以反击，但也留有余地、不斩尽杀绝；他还大力支持社会舆论监督，不毁乡校，不干涉社会舆论对朝廷的批评。这看似对立的宽严两面，在子产的身上得到了统一。子产去世后，举国哀悼，可见其改革策略之成功。

但是，从王安石的浮沉到张居正的折戟，从洋务运动的失败到维新变法的夭折，无一例外地表明集权王朝不可能通过自我革命走向新生，帝国制度也不可能跳出治乱循环、改朝换代的历史周期律。张居正虽位居内阁首辅，但正如他自己所言，“所处者危地，所理者皇上之事，所代者皇上之言”，改革缺乏必需的法理基础，有明一代认为其有窃权、专权之嫌。正因如此，他无从推进更深层次的结构性改革，也不可能跳出“小修小补、人走政息”的怪圈。“时来天地皆同力，运去英雄不自由”，这几乎是古代改革家的共同宿命。

在学者许小年看来，王安石、光绪帝的改革，充其量只能称为改善、改良，只有商鞅变法和邓小平改革，才是真正意义上的改革。原因之一，突破现有的体制，是突破而不是完全抛弃。商鞅突破了原有的格局，吸收了农民、贫民，参与到秦国的政治、军事和经济发展中。邓小平打破了计划经济体制，吸收了农民、城市居民、民营企业家，加入到改革的洪流中来。原因之二，顶层放开和基层创新相结合，而不是一味地相信官僚阶层的顶层设计。商鞅废井田、开阡陌，这个创新实际上来自民间；邓小平肯定“傻子瓜子”，并上升为政策在全国推广。他们鼓励社会的创造，鼓励社会价值的增加，让各个阶层都获利，所以改革很快就获得了成功。

而近现代改革史也再三证明：唯有在民主与法治的轨道上，改革家才有纵横驰骋、挥洒才华的广阔空间；唯有充分激发人民群众的参与热情，才能让改革获得不竭的动力源泉。

 案例

里根的变革领导力①

急剧转型的大变革时代，总是呼唤卓越的变革型领导者。1981 年 1 月 20 日，在经济“滞胀”的泥潭中难以自拔的美国，迎来 70 岁高龄的新总统罗纳德·里根。“沧海横流方显英雄本色”，他开启和领导了大刀阔斧的变革，最终助推美国经济再度起飞，奠定了长达 25 年的繁荣基石。正因如此，里根始终是美国最受尊敬和推崇的政治家之一。

重振民众的信心

上任之初，里根致力于营造一种紧迫感。他在多个场合公开宣称，美国正陷入自 30 年代大萧条以来最严重的经济危机，通胀率、失业率居高不下，财政赤字连年增加。有一次，里根甚至从口袋中掏出几枚硬币，用

① 根据公开资料整理，原载《领导科学》2016 年 4 月（下）。

以说明 1980 年 1 美元的购买力只相当于 1960 年 36 美分的购买力。

事实上，与“滞胀”相比，更具杀伤力的是民心彷徨失措。此前，越战失利动摇了美国在盟友中的可信度，水门事件进一步降低了联邦政府的威信，石油危机、伊朗人质事件等则使美国在全球的行动能力受限。这些都让民众对建立在自由市场基础上的政治体系产生了怀疑。

在总统就职典礼上，里根一针见血地指出：“在目前的危机中，政府不能解决问题，它本身就是问题所在。到了把这个工业巨人重新唤醒，让政府量入为出，减轻我们的苛捐杂税的时候了。这些都是我们的当务之急。”随后，他向国会提出了一项长达 300 页的“经济复兴计划”，内容包括减税、减少政府开支、减少规章约束和节制通货流量。

伯恩斯认为，变革型领导者既主动呼应民众的当下诉求，同时又高度关注民众更高层次的目标和渴望。里根显然是有备而来。他的好莱坞演员经历，不仅锻炼了他富于感染力的口才，也使他更善于把握民众内心的关切；他曾担任两届加州州长，注重听取来自基层和选民的呼声，上任头三年就给民众回信 2000 多封，而且特别乐意走进普通人群之中。

在里根的内心深处，美国是一座“山巅上的光辉城市”。他和普通民众一样，怀念逝去的 50 年代的美好时光，期待“拨回时针”、再造辉煌，恢复美国在全世界无可匹敌的实力地位。里根相信，当洋溢着欢乐主义精神时，美国人最具有创造力；只要重新恢复过去的价值观，美国就能再次成为一个充满机会的国家。而自己的任务恰恰在于，让民众重返乐观与自信。

1981 年 3 月 30 日，里根在华盛顿的街头意外遭遇枪击，子弹距离他的心脏只有 2.5 厘米。让人们惊讶的是，疼得厉害、几近窒息的里根，仍坚持自己走进急救室。当被送到手术台上时，他微笑着对夫人南希说：“亲爱的，我忘记躲了！”手术后他从麻醉中醒来，第一件事竟然是给医生讲笑话……这些“危机幽默”通过各种渠道迅速传向民间，里根的镇定和乐观迷倒了无数美国人，总统的民意支持率从62%快速攀升到73%。

遇刺后第二十九天，里根首次公开露面。在两院联席会议上，他的讲话被议员热烈的掌声、欢呼声打断13次。一贯掣肘总统的国会，很快通过了他的经济提案，使接下来的改革有法可依，减少了利益集团的干预和阻碍。议长奥尼本在日记中写道：“他的人气那么旺，我们没法跟他争论。”里根如同天生的梦想家，不断地描绘愿景、激励民众，给这个国家带来翱翔的感觉。在不知不觉中，人们受到他的感染和鼓舞，对经济、对未来充满了信心和期待。

信念、行动与担当

1980年，在与里根的竞选较量中，时任总统卡特黯然落败。卡特政府一直将凯恩斯主义奉为圭臬，试图通过刺激需求来摆脱困境，最终在“滞胀”的泥潭中越陷越深。而信奉自由经济的里根则坚信：只有减税和减少政府过度管制，把更多的钱放回到纳税人的口袋，才能调动人们的积极性，促进经济发展和活跃度，最终实现民富国强。这就是所谓“供给面经济学”的核心要义。

在首次向国会发表讲话时，里根对此有进一步地阐述：“第一，我们必须停止增加联邦政府的开支。第二，必须降低税率。这样，努力工作才能重新得到报偿，才能鼓励储蓄。第三，必须小心地放开政府的过度管制。第四，必须与美联储联手制定货币政策，合理调控货币供应。第五，必须稳扎稳打、步步为营地迈向平衡预算。”

变革型领导者从来都是崇尚行动、不惧风险、勇于担当。里根的第一板斧，就先砍向了通胀。他出人意料地把利率提高到21%，银行拆借利率也高达 20% 左右。这一板斧砍下之后，整个经济更加萧条。因为要解决“胀”就必须恶化“滞”，这只会让经济雪上加霜。当时，无论是左派、右派还是中间派，都异口同声反对加息，呼吁放开货币供应，只有里根坚决支持美联储加息。不过，此举确实控制了通胀，1982 年通胀率降为 5%，1983 年进一步降到 3%。

接下来，里根果断推动了历史上最大规模的减税。按照“30% 减税计划”，个人所得税的最高税率从 50% 降到 28%，公司所得税的最高税率从 46% 降到 34%。这一改革面临着更大的阻力。有重量级人物嘲讽减税计划不过是新的噱头和“巫术经济学”；不少国会议员则以财政赤字为由千方百计进行阻挠。更严峻的挑战在于，减税存在“时滞效应”：税率的下降立竿见影，但税基的扩大需要长时间培育。这对试图竞选连任的政治家来说，无疑是哈姆雷特式的艰难抉择。

幸运的是，出于对回归市场力量的执着信念，里根展现出惊人的定力和韧劲。他甚至把巨大的财政赤字作为一种战略。就连总统经济顾问委员会主席费尔德斯坦都失去了信心，公开表示“总统就是安徒生童话里没穿衣服的国王”。里根立即将其解雇。1983 年年初，总统的民意支持率下降到最低点 35%。对此，里根一笑置之：“我知道怎么办：我要出去再挨一枪。”

里根深信，带来经济增长的并不是政府，而是人民；政府应当放松管制、打破垄断、退居一旁，放手让人民自己去干。他在全国电视讲话中呼吁：“死亡和纳税是谁都逃不掉的，但我们可以避免不公平纳税。我要对美国青年说：何不跟朋友们结伴踏上冒险之旅，考虑自己创业？你们可以追寻那两名大学生的足迹，他们在车库里创立了伟大的惠普公司。那些企业和个人，不为自己的收入足额纳税，甚至根本不纳税……”

正如里根所料，税收负担下降后，企业赚得更多了，民众可支配收入也多了。1984 年年底，美国经济触底反弹，里根以赢得 49 州的压倒性胜利再次当选总统。在八年任期内，他重塑了美国经济：中小企业获得了重大发展，增加了1900万个就业岗位；财政收入几乎翻一番，超过了10000亿美元。在很大程度上，克林顿时期的经济辉煌，正是里根改革红利的涌现。

把细节交给别人

与前任总统尼克松、卡特不同，里根从不将自己捆绑在烦冗的细节处理上，他更关注的是公共价值、变革方向和战略规划。

这位高龄总统并不追求极度活跃，也不热衷于知道每个问题的答案；他考虑问题从不看分析模型，一向认为经济学至少有50%是心理学；他对大多数话题都不太感兴趣，只专注于经济、外交、军事等重大事务。新闻界最初形容里根“自由闲散、心不在焉、无知”，但很快就意识到“虽然他步调悠闲，并且大量下放权力，但达成了一系列一度被认为不可能完成的目标”。

而这恰恰是领导者与管理者的核心区别。领导的本质在于定向的、积极的影响力，领导者的作用应当是掌舵而不是划桨。里根坚持抓大放小，只在重大问题上做最终的决策者。只要变革不偏离正确的方向，他统统将细节交给别人。就像在拍电影一样，他只把精力用在最紧要的关头，而不考虑打灯光、管道具。他的另一个特点是快速取舍、当机立断，做任何决策都不超过24小时。正如里根所言：“如果遇事犹豫不决，就等于把决定权拱手让给了别人。一旦别人做出糟糕的决定，到时后悔的只能是自己。”

在急剧变化的环境中，领导者不可能无所不知，必须善于借助“外脑”。竞选总统之初，里根就组建了外交与国防、国内与经济两大政策智囊团。前者包括25个政策专案组，涉及132名专家；后者包括23个政策专案组，涉及329名专家。当选总统之后，里根又建立了由12人组成的

“总统经济政策顾问委员会”。青年经济学家拉弗就是其中的一员，他发现的“拉弗曲线”曾轰动一时，成为里根减税的理论基础。里根每个月都会与一批顾问共进午餐，帮助自己不断强化改革理念，确保决策的科学性和可行性。

里根的政策执行团队，同样汇聚了各领域最杰出的专业人才，从而确保各项改革都能精准发力和精准落地。里根尤其注重授权，总是相信团队的智慧，给下属预留施展空间。34 岁的国会议员斯托克曼，极为擅长数据分析与逻辑推演，被任命为美国行政管理和预算局局长，负责“里根经济学”的操作实施。此外，国务卿黑格、舒尔茨，财政部部长里甘，国防部部长温伯格等，也都是出类拔萃的实干家，而里根则显得超脱和轻松。作为里根任内的副总统，老布什在 1988 年竞选总统时，直言自己才是“真正做事的人”。里根政府的政绩、声望和人气，为共和党又赢得四年的执政机会。

C H A P T E R 0 3

第三章

共启变革愿景

真正伟大的民族永远不屑于在人类当中扮演一个次要角色，甚至也不屑于扮演头等角色，而一定要扮演独一无二的角色。

——陀思妥耶夫斯基

每一个组织，每一次社团运动，都开始于一个梦。梦想或愿景是改变未来的力量。领导者要共启愿景。

——詹姆斯·库泽斯

“实现中华民族伟大复兴，就是中华民族近代以来最伟大的梦想。”2012 年 11 月 29 日，在率领新一届中央领导同志参观《复兴之路》展览时，中共中央总书记习近平首次吐露了自己的“中国梦”。这个梦想凝聚了几代中国人的夙愿，体现了中华民族和中国人民的整体利益，是每一个中华儿女的共同期盼。此后，他还提出“三个共同享有”，点明了凝聚人民力量的基础：“生活在我们伟大祖国和伟大时代的中国人民，共同享有人生出彩的机会，共同享有梦想成真的机会，共同享有同祖国和时代一起成长与进步的机会。”[①]

历史经验证明，最为成功的国家、组织、团队或者个人，无不得益于一个高瞻远瞩、引领潮流，代表先进生产力与先进文化，能够整合利益相关方价值取向的共同愿景。按照彼得·圣吉的说法，所谓共同愿景，是“人们内心的愿力，一种由深刻难忘的影响力所产生的愿力。人间几乎再没有什么比共同愿景更有力量的了”。愿景令人欢欣鼓舞，它使组织跳出庸俗，产生火花。一般来说，实现愿景是成功领导变革的首要标志。对于卓越领导者而言，关键在于拥有构建和完善愿景的能力，这种能力实际上就是愿景领导力。

第一节 愿景领导的感召力

当今中国，正处于一个巨变的时代。特别是全球化、信息化浪潮的冲击，加剧了环境的复杂性和不稳定性，给决策者带来前所未有的挑战与考验。愿景作为一种描述组织目的、使命和未来理想状态的浓缩蓝图，发挥着在黑暗中探索的组织“明灯”功能。打一个形象的比喻，对缺少愿景的组织或个人而言，就如同在恶劣气候中疾驰的飞机，始终在气流中颠簸，在暴风雨中穿行，最终极有可能迷失方向，甚至遭遇颠覆性的危机。在不确定性情形中，变革型领导者必须在愿景框架内更快地反应与行动。

一、愿景领导理论

愿景的英文单词是“vision”，源于拉丁文“videre”（看见）。从字面

① 习近平：《在第十二届全国人民代表大会第一次会议上的讲话》，《人民日报》2013 年 3 月 18 日。

上理解，愿景隐含了两层意思：其一是“愿望”，是有待实现的意愿；其二是“景象”，是指具体生动的图景。

自 20 世纪 80 年代以来，愿景始终是国内外战略管理领域和领导学领域的学者最热衷研究的课题之一。愿景领导最显著的特征，在于颠覆了人们对于组织发展动力来源的传统认识。传统理论认为，推动组织发展和转型的动力主要来自外部因素，诸如市场条件的变化、科技进步的带动、竞争者的变化等。而愿景领导理论则认为，动力更多来自内部因素，组织通过建立吸引组织成员的共同愿景，加深组织成员对组织发展与个人发展关系的认识，义无反顾地投身到组织发展中去，从而形成组织发展的根本动力。美国学者纳努斯在《愿景领导》一书中，首次提出了“愿景领导”概念，并强调在所有的领导功能中，领导者对愿景的影响程度最深。他认为所谓的愿景领导，就是组织可靠的、真实的、具有吸引力的未来，它代表了所有目标的努力方向，能够使组织更成功、更美好。

1934 年 10 月，第五次反“围剿”失败后，中央主力红军被迫进行长征。这是中国共产党在土地革命战争中遭遇到的重大挫折。但与此同时，由于日本入侵华北，民族矛盾迅速计划，抗日呼声空前高涨。面对连续苦战、红军锐减的不利局势，中共中央政治局及时召开遵义会议，确立了毛泽东事实上的领导地位。在遵义会议上，毛泽东石破天惊地提出了一系列策略，赋予长征以全新的历史意义，指出未来几个月乃至更长一段时期的愿景：“北上抗日”。这就彻底培养了将士们的使命感，激发了不同群体对新社会的渴望，使这次惨败的军事撤退转变成为民族和革命双重目的的政治宣传[①]。

对此，哈佛大学政治学与国际事务教授罗斯·特里尔认为，在领导长征中，毛泽东在政治上天才的一招，体现在他认为共产党今后的首要任务是领

① 罗斯·特里尔：《毛泽东传》，胡为雄、郑玉臣译，中国人民大学出版社 2006 年版，第 151 页。

导中国人民抵抗日本的侵略。这一事业使“毛泽东主义”的所有成分结合成一个相互关联的整体，它提出了西北才是目的地，提出了江西惨败后共产党继续存在下去的理由。它把共产党从宗派主义的牢笼中解放出来，将他们塑造成压根就不知道马克思主义为何物的千百万中国人眼中的爱国者。

埃德加·斯诺在《西行漫记》一书中则评价说：“红军的西北长征，无疑是一场战略撤退，但不能说是溃退，因为共产党人认为，而且显然也这么相信，他们是在向着抗日前线进发，而且这是一个非常重要的心理因素，这帮助他们把原来可能是军心涣散的溃退，变成一场精神抖擞的胜利进军。进军到战略要地西北去，无疑是他们大转移的第二个基本原因，他们正确地预见到这个地区对中、日、苏的当前命运将起决定性作用。后来的历史证明，他们强调这个意愿是完全对的，这种宣传上的巧妙手法必须看成是杰出的政治战略，在很大程度上，这是造成英勇长征得以胜利结束的原因。”

由此可见，对于变革型领导者来说，能否提出令人振奋不已、具有广阔发展前途、能够被追随者认同、持续引领组织前进的共同愿景，将会直接决定一个国家、一个组织的前途和命运。例如，以毛泽东为核心的党的第一代领导集体提出并不断完善的国家愿景，是创建新民主主义国家、建设社会主义社会以及实现共产主义，这个愿景吸引了无数优秀的中华儿女并激励他们完成了建立新中国的壮举。以邓小平为核心的党的第二代领导集体提出的国家愿景，是建设中国特色社会主义、实现中华民族伟大复兴以及持续推进国家现代化，这个愿景促动了中国的改革开放并初步实现了富民强国的目标。柯林斯、波拉斯在其名著《基业长青》中，对 18 家持续成功的跨国公司进行了跟踪研究，发现这些企业的成功密码是：领导者提出了高瞻远瞩的愿景，并持之以恒地促进愿景的实现。一言以蔽之，无论一个国家还是一个组织，要想取得辉煌业绩并实现跨越式发展，前提是必须有卓越的战略领导者，且必须有强大的愿景领导力。

领导学理论认为，愿景由组织的核心理念与组织的未来展望两大部分构成。组织的核心理念，一般由核心价值观与核心目的组成，它们是组织存在的根本原因，是组织的灵魂和凝聚力所在，是激励人们不断进取的永恒动力。组织的未来展望，一般由未来 10—30 年的远大目标与对目标的生动描述组成。

二、组织的核心理念

尽管各类组织的变革活动总在不断适应变化着的外部环境，但是所有能够持续成功、长盛不衰的国家或组织，都始终保持着高度稳定的核心价值观与核心目的。核心理念界定了一个组织经久不衰的特征和标志，是一种把组织聚合起来的黏合剂，是构建卓越组织的最持久的要素。因此，任何有效的愿景，必有其核心理念，具体包含了两个层面：核心价值观，也就是指导原则和宗旨体系；核心目的，也就是组织存在的最根本理由。

（一）核心价值观

这是一个组织的重要信条、指导原则与立身之本。它不随时间的推移而改变，也不随外界的评判而起舞。组织的价值观是组织理念的内核与底蕴，组织理念则是组织价值观的具体表现形式。强有力的价值观一旦在组织中最终形成并巩固，就能激发全体员工的奋斗热情和献身精神，进而给组织带来让人刮目相看的卓越业绩。

在罗斯·特里尔看来，一切崭新的社会制度都起源于理想，资本主义的初始阶段也不例外。共产主义中国就诞生于长征的汗水、鲜血和冰雪之中。红军走过的路程相当于美国东西跨度的两倍，毛泽东之于中国犹如摩西率领以色列人走出埃及。长征把一个由不同成分组成的群体锻造成一种强有力的运动，并且众人对自己的事业深信不疑。一年时间经过了有 2 亿人口的居住区，战士们不停地宣传他们的事业。毛泽东坚称夜晚休息不可能干别的，但至少有时间教农民写六个字："打土豪，分田地。"

仅仅依靠利益凝聚的团队，不过是一触即溃的雇佣军。在面临绝境时，唯有共同的价值追求所形成的凝聚力，才能真正超越利益、超越生死，比任何时候都更深刻、更清晰。红军衣不蔽体、食不果腹、装备极差，每天都面临死亡考验，却历经苦难而不溃散。为什么？因为这确实是一支有信仰、有理念的军队。在中国共产党的带领下，战士们都知道自己为何而战、为谁而战。他们可以不畏生死，可以爬雪山过草地，价值驱动充分激发出人的精神力量。

大浪淘沙。从此，长征在中国革命史上具有了神圣意义，走到最后的都成了党的中坚分子，再也没有什么力量能把他们分开。正是凭借这股理想信念，中国共产党团结带领人民，做出了三个"伟大贡献"，即"完成新民主主义革命，建立了中华人民共和国""完成社会主义革命，确立社会主义基本制度""进行改革开放新的伟大革命"；实现了三个"伟大飞跃"，即"中国从几千年封建专制政治向人民民主的伟大飞跃""中华民族由不断衰落到根本扭转命运、持续走向繁荣富强的伟大飞跃""中国人民从站起来到富起来、强起来的伟大飞跃"。

（二）核心目的

核心目的，是指组织的终极目的和存在理由，是组织永远追求的理想境界。甚至包括一家企业，其目的都不仅是赚钱，还有其存在的更深层次原因。核心目的不是一般战略与具体目标，而是组织存在的目的，对组织成员起到明显的导向、凝聚和激励的作用。"目的永远不可能完全被达成"，恰恰说明组织不可能停止变革与发展。正如马克思、恩格斯在《共产党宣言》中所宣称的："代替那存在着阶级和阶级对立的资产阶级旧社会的，将是这样一个联合体，在那里，每个人的自由发展是一切人的自由发展的条件。”又如沃尔特·迪斯尼公司，其核心目的不是制作动画片而是“让人们快乐”。可见，对于一个政党、一个组织而言，其核心目的早已超越了其具体的业务本身，朴实简洁地表达了对人类根本理想的不懈追求。

在庆祝中国共产党成立95周年大会上，习近平总书记先后十次强调坚持“不忘初心、继续前进”。百年前的沉沉暗夜，多少仁人志士在探求救国之路、强国之道。然而，为什么只有南湖红船上那十几位“书生”创建的中国共产党，最终取得了伟大成功？1995年的惊涛骇浪与光辉历程昭示世界：因为她一开始就把“人民”写在了自己的旗帜上！一切为了人民，是中国共产党出发的原点，是立党的“初心”。正所谓“人心是最大的政治”，“争取人心”才是共产党夺取政权和长期执政的秘密武器。毛泽东曾深刻指出：“共产党是为民族、为人民谋利益的政党，它本身决无私利可图。”“要全心全意为人民服务，不要半心半意或者三分之二的心三分之二的意为人民服务。”[①] 邓小平也告诫全党：“我们的一个根本经验是依靠人民；不要以为共产党是金字招牌，如果脱离群众，党的威信是靠不住的。”[②]

三、组织的未来展望

组织愿景中的第二大部分，是生动的未来前景，也就是组织的未来形象展现。最深邃的思想往往能用最简单的语言表达。未来前景既是被动的描述，同时又具有相当的挑战性；它不需要时常被更改，而是历久弥坚的

① 毛泽东：《坚持艰苦奋斗，密切联系群众》，《毛泽东选集》（第五卷），人民出版社1997年版，第420页。

② 邓小平：《坚持艰苦奋斗，密切联系群众在甘肃省、兰州市干部会议上的报告》，《邓小平年谱（1904—1974）》（下），中央文献出版社2009年版，第1353—1354页。

承诺。组织的未来前景包括两个层面：

（一）10—30年的长期目标

吉姆·柯林斯、杰里·波拉斯提出，那些基业长青的组织拥有“BHAG”，即宏伟的（Big）、艰难的（Hairy）、大胆的（Audacious）目标（Goals）。毫无疑问，所有的组织都有目标，但有些公司仅仅是有一个目标而已，有些组织则愿意面对令人胆怯的重大挑战。

例如美国的阿波罗登月计划，并不需要一个语言大师委员会，耗费大量精力把目标转化为使命宣言。登月的目标本身就极具吸引力，无论从何种角度进行阐述，每个人都非常容易理解它。这项计划始于1961年5月，到1972年12月结束，总计耗资255亿美元，约占当年美国GDP的0.57%。正如宇航员阿姆斯特朗所言：“这是我个人的一小步，但是人类的一大步。”登月计划取得的科技成果和产生的深远影响，让全人类受益至今。

因此，真正的“BHAG”，应当是清楚明确的、引人入胜的和振奋人心的，实现它至少需要10—30年的持续努力，才能成为组织冲刺的终点线和团队精神的催化剂。制定这种目标，需要变革型领导者具有远见卓识，而非仅仅停留于战略或战术考量。它可能仅有50%—70%的成功概率，但组织必须坚信一定能够实现，尽管需要付出极大努力，甚至需要一点运气成分。

（二）生动形象的前景描述

前景描述就是用语言描绘10—30年的目标，使之成为人们头脑中生动鲜活的物品，并且能够激发热情、令人信服。

2012年11月15日，习近平总书记与中外记者见面时指出，人民对美好生活的向往，就是我们的奋斗目标。人民向往哪些美好生活呢？他用拉家常般的口吻解释说：“我们的人民热爱生活，期盼有更好的教育、更稳定的工作、更满意的收入、更可靠的社会保障、更高水平的医疗卫生服务、更舒适的居住条件、更优美的环境，期盼着孩子们能成长得更好、工作得更好、生活得更好。”[①] 每一件事都关系到衣食住行，让老百姓听了感到非常温暖。

2013 年 12 月中旬，习近平在中央城镇化工作会议上又指出，城市建设水平，是城市生命力所在。因此，城镇建设“要实事求是确定城市定位，科学规划和务实行动，避免走弯路；要体现尊重自然、顺应自然、天人合一的理念，依托现有山水脉络等独特风光，让城市融入大自然，让居民望得见山、看得见水、记得住乡愁”[②]。这充满诗意的语言，给人留下深刻印象、产生无限憧憬，预示着生态文明将呈现更加蓬勃的生机与活力。

第二节　勾画与构建愿景

在急剧变动、充满挑战的转型时代，领导组织变革是一项艰巨的任务。领导者试图引领一场伟大的探索、冒险、发现和革新，但从来没有任何全方位的“地图”给他们指出明晰的方向。回溯既往，在人类大部分的历史进程中，勇敢的探险家们在踏上发现新世界的征途中都没有完整的地图。正如 1492 年，哥伦布从西班牙海岸出发，一路西行寻找遥远的东方。他带着 87 名水手和一本粗糙的世界地图，在茫茫大海上行驶两个多月，终于抵达美洲的巴哈马群岛。由于当时地理认知的局限，哥伦布至死都宣称到达了神秘的印度。然而，无论这些地图多么不精确，但一直被人类视为

---

① 习近平:《人们对美好生活的向往　就是我们的奋斗目标》,《人民日报》2013 年 3 月 18 日。

② 新华社电:《中央城镇化工作会议在北京举行》,《人民日报》2013 年 3 月 18 日。

最贵重的珍宝。今天，我们同样可以断言，组织变革成功的关键因素之一，就是勾画和构建共同愿景。

一、有效愿景的特征

“愿景”一词原先在港台地区使用较为频繁，最初出现在内地则要回溯到 2005 年 4 月，时任中共中央总书记胡锦涛与时任中国国民党主席连战发布“两岸和平发展共同愿景”，后被收录到《现代汉语大词典》第 5 版。“愿景”目前已成为领导者所必需的一种职业期许，领导者具备并树立自己的“愿景”，才能让追随者得到更充分的发展，才能更好地维持团队的战斗力，从一定程度上延长组织寿命。

大道至简。尽管“愿景”听起来宏伟而神奇，但真正能够指引变革方向的组织愿景往往简约而朴实。事实上，成功的变革需要一个更宏大的系统，愿景仅仅是其中的一个因素，其他因素还包括使命、战略、规划和预算等。

这里需要明确的是，愿景、使命与战略，是三个不同层次的概念。愿景，是对组织前景和发展方向的高度概括。使命，是对组织的运营范围、市场目标等的概括描述，是战略的制定前提与行动基础。使命一般比较抽象，它比愿景更具体地表明了组织的性质和发展方向，其表述主要包括组织的生存目的、经营哲学、组织形象三方面。战略，则是使命的具体化，是组织追求的较大的目标；而具体目标又是战略的具体化，是对战略从数量与能力上进行的界定。

尽管愿景只是若干因素之一，但它的作用极其关键。假如没有愿景，战略制定过程就将争议不断，而预算也只不过是数字上的增减。更有甚者，假如缺少好的愿景，无论战略多么英明、规划多么完善，也不可能促使人们采取正确行动来推进一系列重大变革。

那么，什么样的愿景才是有效愿景？

约翰·科特设想了一个生动的场景：公园里有三组人，每组 10 位；当时正值午饭时间，大雨将至。第一组中，有人说："站起来，跟我走。"说完起身就走，组内有几人看他走了，就跟了上去。但有些人仍然坐在那儿不动。于是，那人冲坐着的人喊道："马上起来，跟我走！"第二组中，有人说："我们现在必须得走了。我的计划是，所有人都站起来，向苹果树的方向走。请与其他人至少保持半米的距离，不要跑，小心不要将自己的东西遗漏，大家到树下集合……"第三组中，有人说："还有几分钟就要下雨了。我们到那边苹果树下待着吧！这样我们就不会被淋湿，还有新鲜的苹果作为午餐。"

在尝试推进组织变革过程中，前两种方法分别是发号施令、微观调控，在 20 世纪曾被各类组织广泛采用。显而易见，第一种方法往往不会奏效，第二种方法同样收效甚微，第三种方法建立在愿景的基础之上，而愿景则是所有卓越领导者的核心素质。因此，唯有第三种方法才具有冲破所有维持现状的力量的可能，进而成功地推进变革。

科特更进一步指出，无论听起来多么简约而朴实，有效愿景应当至少具备以下特征：其一，可想象的。有效愿景会着眼于未来的活动、未来的组织，通常都是描绘很遥远的未来。其二，值得做的。有效愿景能够清晰地说明一系列最符合大多数利益相关方的长期利益的可能性，而不是有意或无意忽略某些群体的合理诉求。其三，可实行的。有效愿景是现实的、可实现的目标，而不是无法变为现实的海市蜃楼。而无效愿景就像是天上掉下来的馅饼，不可能实现。其四，可聚焦的。有效愿景表达清楚，足以激励人们采取行动，而糟糕的愿景有时过于模糊，有时过于具体。其五，富于弹性的。有效愿景非常灵活，为人们留有创新的空间；允许在条件变化的情况下，推行个性化的创新计划，采取不同的应对措施。其六，易于沟通的。

有效愿景能在 5 分钟之内解释清楚，而糟糕的愿景往往让人难以参透。

二、领导者是梦想家

与其他领导方式相比，愿景领导最鲜明的特色是，在领导者所发挥的所有功能中，尤其重视领导者自身行为对愿景构建与完善的影响。一个有效能的领导者，必然也是一个敢于打破常规、极具预见能力的梦想家；一个好的组织愿景，通常都在优秀领导者的引导下，逐步得以提炼、丰富与完善。

（一）聚焦价值

一些领导学研究者提出，21 世纪的领导学方向，将由价值领导理论主导。这一理论认为，领导价值作为领导活动的灵魂，将为领导活动提供内源动力，为领导主体提供行动指南，为领导过程提供整体评价。通过价值导向进行变革领导，可以营造更具竞争力、更加人性化、更强大持久的组织文化，确保组织在复杂多变的环境中生存、发展和壮大。

成为卓越的领导者，首先必须明确价值观，深刻探索自己的内心，找到自己独特的声音。航行在充满变化和不确定性的惊涛大海上，船员们既要有对远处终点的美好憧憬，也要知道驾船航行过程中的做事原则。二者缺一不可，否则就有可能在大海中迷失方向。因此，领导者只有找到明确的价值观、发出清晰的声音，才能有表达思想、选择方向、做出艰难决策、采取果断行动所需要的内在自信，才能肩负起自己对组织、对追随者的承诺和责任，而不仅仅是亦步亦趋、盲目模仿他人。

今天，我们推进全面深化改革，不只是一种事功上的努力，更是一次价值上的超越，正如一些学者所言，改革需要“价值高度”。习近平一再强调，“改革既要往有利于增添发展新动力方向前进，也要往有利于维护社会公平正义方向前进”；李克强也多次指出，“激发改革这个最大的红利，目的是要让人民群众普遍受到实惠”。换句话说，实现国家上下、社会民间的融通，找到利益的平衡点、社会情感的共鸣处，公平、正义是最基本的价值起点。

（二）预见未来

关注未来、预见未来，是领导者区别于普通人的最大特质。人们只愿意追随那些眼光超出今天的问题、能看到光明的未来的领导者。“智者察于未萌，愚者黯于成事”，卓越领导者总是能够面对真实世界，从解决问题的阶段，提升到避免问题发生的阶段。这就要求领导者善于预见、精于洞察，在时空穿梭中鉴往知来、引领变革。

毛泽东曾经指出：“坐在指挥台上，如果什么也看不见，就不能叫领导。坐在指挥台上，只看见地平线上已经出现的大量的普遍的东西，那是平平常常的，也不能算领导。只有当还没有出现大量的明显的东西的时候，当桅杆顶刚刚露出的时候，就能看出这是要发展成为大量的普遍的东西，并能掌握住它，这才叫领导。”这是对其本人洞察力和预见力的生动注解。

1927 年大革命失败后，蒋介石用各种手段残酷镇压革命行动，成千上万的共产党人和革命群众倒在了血泊中，红军在国民党的“围剿”之下也处于危险境地。面对可能被强敌瓦解和消灭的严峻局势，时任红四军第一纵队司令员林彪等人对前途感到悲观失望，发出了“红旗到底打得多久”的疑问。1930 年年初，毛泽东给林彪回信，也就是后来被收入《毛泽东选集》的《星星之火，可以燎原》。除对右倾悲观思想进行严肃批评外，他着重描绘了“以乡村为中心，以农村根据地促进全国革命高潮”的愿景。历史已经证明，中国革命的胜利，走的正是这条“工农武装割据”的道路。

因此，与其说历史选择了毛泽东，不如说毛泽东以其深邃的历史眼光顺应了历史潮流。抗战时期，美军驻延安“观察小组”成员谢伟思发问，为什么毛主席能够成功地战胜他的众多对手而成为公认的领袖？通过接触和深入了解，谢伟思认为自己找到了答案：“他目光远大。”

（三）点燃激情

现代心理学研究认为，人类的动机分为外在动机与内在动机。外在动机容易让人顺从，也容易产生反抗；而内在动机能够产生更好的结果，甚至有意外的收获。那些受外在动机激励的人，一旦失去奖励和惩罚，便容易停止工作；而那些拥有内在动机的人，即便没有什么物质奖励，也会朝着愿景和目标努力。因此，只有当领导者点燃自己的激情，才能找到真正信仰的东西，超越现有的思维格局，看见未来的可能机会，感染周围的每一个人。

在艰苦卓绝的长征岁月里，毛泽东始终保持着常人所不具备的自信、坚毅、果敢的领袖气质。攀缘在悬崖峭壁间，他感到红军队伍“离天三尺三”；他视飞雪犹如“飞起玉龙三百万”；湍急的河流在他笔下可使“人或为鱼鳖”；连绵起伏的群山在他看来是“原驰蜡象”；在离陕西还有几天路程的六盘山上，他胸中涌起无限豪情：“今日长缨在手，何时缚住苍龙？”[①] 这里的“苍龙”有两种解释：一种说法喻指蒋介石反动政权，另一种说法则喻指日本侵略者。在毛泽东的正确领导和感染带动下，红军突破几十万敌军的包围封锁，唱响战略转移的凯歌，谱写了人类战争史上罕有的英雄史诗。如果胜利不属于这样的队伍，还会属于谁呢？

三、激发共同的想象

任何一个伟大的愿景，即使只能为少数关键人物所理解与认同，也能

---

① 罗斯·特里尔：《毛泽东传》，胡为雄、郑玉臣译，中国人民大学出版社 2006 年版，第 152—165 页。

发挥出重大的作用。但是，唯有当绝大多数员工对愿景的目标与方向产生共鸣时，愿景的惊人力量才能真正得以释放。对美好未来的共同想象和期待，可以激发全体人员协同推进组织变革。

（一）激励个人愿景

共同愿景应当从个人愿景中结晶浮现出来。个人愿景，是人们心中特有的意象。它更强调个人关怀，植根于个人的价值、愿望和志向；通常包括家庭、组织、社区等，甚至整个世界。共同愿景，则是组织中人们共同持有的意象或景象，它创造出众人一体的感觉，并遍布组织活动的全部，使组织的各种不同的活动融为一体。

领导者不可能“赠予”别人他的愿景，也不可能强迫别人“开发”个人愿景。但是，可以采取正面措施来营造一种适当的环境和氛围，以利于激发个人愿景。最直接、最管用的方法，是从个人愿景出发，通过激励个人愿景，进而构建组织的共同愿景。有愿景的领导者，与追随者进行充分沟通和分享，在分享自身愿景的同时，也鼓励追随者分享各自的愿景。这无疑是一种富有远见和想象力的领导艺术。

实现中华民族伟大复兴，是中华民族近代以来最伟大的梦想，是每一个中华儿女的共同期盼。“中国梦”当然是国家的梦、民族的梦，但同时也应当是民众的梦，是与每个国民息息相关的梦，这样才能得到民众的深度呼应。对此，习近平在 2013 年全国两会上回应说：“中国梦归根到底是人民的梦，必须紧紧依靠人民来实现，必须不断为人民造福。”

对于成千上万普通民众来说，安全的食品、清洁的用水、畅快的呼吸、和谐的氛围、温馨的家庭，是最基本的个人意愿。这些具体目标的实现，比起那些宏大的“国家目标”，更能唤起他们的工作动力和奋斗热情。美国作家托马斯·弗里德曼专门撰文指出：目前中国面临着诸多挑战，比如不断扩大的收入差距、食品安全、环境污染等。而调和这一切矛盾的唯一方式，就是推出一种新的“中国梦”，将人民对幸福生活的憧憬与可持续发展的国家目标融合起来。

显而易见，“中国梦”只有接上地气，与每个民众的切身利益挂钩，才能拥有丰沛的生命力。党的十八大报告指出，共同富裕是中国特色社会主义的根本原则。推进全面深化改革，促进社会公平正义，着力解决收入分配差距过大问题，朝着共同富裕的方向稳步前进，才能使“中国梦”成为民众共同富裕的梦。

（二）充分讨论愿景

长期以来，愿景并没有被视为有效领导的关键要素之一。在管理学视野中，愿景的设计更多地体现规划或计划过程中。但事实上，规划或计划很难像愿景那样，起到引导、团结和激励人们采取行动的作用。在过去变革较为迟缓的世界里，领导者不必研习制定愿景的技能。但在瞬息万变的今天，局势完全不一样了，领导者必须拿出足够的耐心和精力，将勾画和构建愿景作为一种创造美好未来的重要投资。

不难发现，一些领导者在时机尚未成熟之前，就贸然采取行动。特别是追随者还没有进行辩论与反思，“共同愿景”就被刻进了牌匾、挂到了墙上。这是一个很大的误区，往往会导致变革受阻。必须牢记，建立无效的愿景，还不如没有愿景。毫无决心的空头支票，往往使人产生危险的幻觉；共同愿景一旦设计失败，就很可能把人们引向深渊。假如追随者发现问题由愿景设计不当导致，他们就会对变革产生极大的怀疑，甚至变得愤世嫉俗、抵制变革。

20 世纪 80 年代初期，苏联的经济一度陷入低潮。1985 年，戈尔巴乔夫当选苏共中央总书记，被老一代苏共领导人寄予厚望，希望他“尽全力将苏联带出困境”。但是，纵观戈尔巴乔夫推进改革的历程，整个改革缺乏严密的规划和论证，在经济改革未能取得突破的情况下，又马上转向政治体制改革。随性而为、朝令夕改、“碰壁即转弯”，成为戈尔巴乔夫改革的一个常态。1988 年起，苏联的改革成效与愿景蓝图渐行渐远，党内高层共识破裂，知识分子质疑声四起，普通民众也从拥护支持转变为悲观绝望。戈尔巴乔夫在党内外人心尽失，最终使改革彻底走向失败。

由此可见，写出愿景宣言，仅仅是共启愿景的第一步。有些愿景宣言，甚至只反映极少数领导者的意愿，员工的个人愿景常常被完全遗忘。由于没有没有机会参与探询和测试，普通员工不可能理解、认同和践行这种愿景。它根本无法鼓舞士气、激励人心，甚至连领导团队也很少产生激情。经验表明，真正被分享的愿景，需要不断进行沟通，大家不仅要自由表达梦想，还要学会如何聆听对方的梦想。从这种聆听中，新的洞见和可能性，才能逐渐浮现出来。聆听、倾听比说话表达更难，需要有海纳百川的胸襟，愿意理解各种奇思妙想。一言以蔽之，领导者必须允许多元愿景共存，聆听所有追随者的个人愿景，找到整合各种愿景的最佳行动方案。

第三节　沟通与完善愿景

随着更多的组织成员谈论愿景，人们认识上的分歧也就因此加剧，进而导致人们所表达的愿景互有冲突。假如不允许大家表达分歧，那么极端化情绪将会增强，降低共同愿景的清晰度，并打击成员参与的积极性；假如领导者无法驾驭分歧，那么这些分歧将逐渐扩大。

卓越的领导者都知道，要成就一番伟业，就必须善于沟通，将个人的利益与共同的愿景联系起来，感召追随者坚信并献身于共同愿景。领导者必须为愿景注入活力，让愿景鲜活起来，这样追随者才有可能想象出美好画面，才会为共同的愿景和未来而竭尽全力。

一、愿景沟通的技巧

先来回顾一个令人热血沸腾的场景：1963 年 8 月 28 日，面对着 25 万聚集到华盛顿的示威群众，著名的美国民权领袖马丁·路德·金，在林肯纪念堂前的台阶上发表了一场演说。他的演讲抑扬顿挫、富有节奏感，同时运用了很多想象力和画面；他宣告了全人类的共同梦想，传递了清晰、高尚的共同愿景。25 万民众现场聆听金博士的演讲，一起为他热烈鼓掌与尽情欢呼。这场演讲迫使美国国会通过《民权法案》，宣布种族隔离和种族歧视政策为非法政策；经典演说词《我有一个梦想》，始终雄踞美国“20 世纪最佳公众演说榜”最前列。

人们需要巨大的能量和激情，支撑他们对一个遥远梦想的追求，而领导者就是这个巨大能量的源泉。领导者通过描绘共同的愿景，引导人们想象各种激动人心的机会，带领他们克服重重困难，坚持不懈地奋斗下去。卓越的领导者不会把自己的愿景强加于人，而是释放人们内心已经存在的愿景，唤醒追随者的梦想，激发追随者的活力，感召大家相信自己一定能完成伟大的事业。独特性能够带来自豪感，因此还必须阐明是什么使追随者、团队、组织和服务卓尔不群。只有认识到它卓尔不群、与众不同，人们才会全身心地投入进来。

就沟通的技巧来说，一个富有感染力的演讲，必须植根于基本的价值观、文化传统与个人信仰，应当善于使用词语描绘未来的美好画面。领导者必须明确地告诉听众，这不仅是个人也不仅是组织的事，而且是关乎每一个人的切身需要。将共同愿景与个人的愿景和激情联系起来，告诉人们怎样才能实现他们的梦想，让其他人真正能够看到、听到、尝到、摸到和感受到。领导力本身就是一门表演艺术，仅仅写出好的剧本远远不够，还必须精彩地表演，使所有人都难以忘怀。事实上，领导者的内心热情和外在表现力，在努力获得他人认同过程中是最好的帮手。如果没有自信与大家分享你的梦想，不能让其他人热衷于这个梦想，那么也就谈不上是在沟通愿景。

约翰·科特认为，有效沟通远景，共有七条原则。一是力求简明。必须去掉所有的专业术语和技术用语。只有当沟通非常直接、简洁、精练，才会达到最佳的效果。这就要求提出者思维清晰，并具有足够的勇气。二是运用比喻、类比和事例。一幅直观、有吸引力的画面，抵得上 1000 个词汇。平实而多彩的语言，可以迅速有效地传递复杂的思想。三是运用多种传播媒介。大小型会议、备忘录、报纸、正式的和非正式的交流，都能更好地传播愿景。四是重复、重复、再重复。再精雕细琢的信息，如果只宣布一次，也不会给听众留下什么深刻印象。所有成功的变革案例，都要经过成千上万次的沟通交流，以帮助人们解决智力和情感上的困惑。五是说到做到，树立榜样。破坏愿景沟通的第一杀手，就是领导者的行动与变革愿景相左。六是明确解释看起来不一致的情况。对不一致的信息不加以解释，会影响所有交流的可信性。七是表达与倾听。真正的沟通总是双向的。双向沟通的弱点在于，反馈意见可能表明我们走的道路是错误的，需要重新拟定愿景。但从长远眼光来看，放下架子、重新考虑愿景，要比走错方向或沿着无人跟随的方向前进强得多[①]。

二、不断完善愿景

大变革时代，执政党和领导者的首要责任，就是定义现实、解释经

---

① 约翰·科特、丹·科恩：《变革之心》，刘祥亚译，机械工业出版社 2014 年版，第 92—108 页。

验，并通过愿景的力量引导追随者认识现状。作为变革力量之源的中国共产党，当以博大之胸襟对所有优秀人类文明开放，确立鼓舞人心和令人信服的未来愿景，有效调和日趋激烈的价值和利益冲突，不断改进其内部治理结构，通过增进其开放性与包容性，以改善其回应性和调适性，实现变革型政党的再造[①]。

需要特别注意的是，愿景并不是静止不变的，必须在实践中不断校正和完善。具体可采取"三步走"策略：一是在试点的基础上，对愿景进行标准化检验；二是正式推广愿景；三是过程控制。要兼顾成员利益；建立充分信任；将愿景合理分解；长期灌输和影响；对愿景不断修正。彼得·圣吉指出，"建立共同愿景其实只是更大任务中的一部分。这种更大的任务包括：开发组织的主导理念，组织愿景、志向目标（或使命），以及核心价值。"其中，愿景回答"是什么"，志向目标（或使命）回答"为什么"，核心价值回答"怎样做"。[②]

众所周知，"中国梦"是引领战略布局的战略愿景。在"四个全面"战略布局中，"全面深化改革"是三大举措之一，"全面建成小康社会"才是核心目标。"小康社会"语出中国古代经典《礼记·礼运》，描绘的是一个与理想社会最高阶段"大同社会"相对应的理想社会的初级阶段。在中央标准的提法中，"全面建成小康社会"与"加快推进社会主义现代化"是并列的关系。换句话说，小康社会构想，正是以邓小平为代表的共产党人，参照西方现代化发展状况，立足中国的具体实际，所提出的中国现代化发展战略。

---

① 唐皇凤：《变革型政党：对中国执政党建设历史经验与未来愿景的一种理论解读》，载《武汉大学学报》2013 年第 3 期。

② 彼得·圣吉：《第五项修炼：学习型组织的艺术与实践》，张成林译，中信出版社 2009 年版，第 219 页。

改革开放之初，新计划、新举措的成功令人应接不暇，而缺乏进行调整所必需的知识和程序。邓小平下决心为中国制定一条不同的路线，他寻求尽可能地调动各方力量。指导这些行动的口号，是中国必须实现“四个现代化”——农业、工业、科技和国防的现代化。周恩来于 1964 年年末最先使用了这一口号，但它很快就消失了。1975 年 1 月，他在全国人大会议上再次提出了这一口号。由于政治原因，使这个口号成为国家优先考虑的努力再次“流产”。然而到了 1978 年，“四个现代化”已经成为国家政策的检验标准。但是，在如何实现“四个现代化”的问题上有不同意见。①

中央原先设想，到 20 世纪末实现“四个现代化”。这是一个鼓舞人心的战略愿景和奋斗目标。但是，经过同世界各国现代化水平相比较，邓小平认为到 20 世纪末只能达到发达国家 20 世纪 70 年代的水平。他决定把到 20 世纪末达到的现代化水平改称为“中国式的现代化”。1979 年 12 月 6 日，邓小平在会见日本首相大平正芳时说：“我们要实现的四个现代化，是中国式的现代化。我们的四个现代的概念，不是像你们那样的现代化的概念，而是‘小康之家’。”② 邓小平还把建设小康社会与“三步走”的发展战略构想相结合。到 20 世纪末，中国已经实现了翻两番，走完了前两步，全面建设小康社会则是迈向愿景战略的“第三步走”。

从党的十六大、十七大到十八大，“小康社会”的具体要求及其内涵一直在不断调整与深化。党的十八大将其拓展为五个方面：经济持续健康发展；人民民主不断扩大；文化软实力显著增强；人民生活水平全面提高；资源节约型、环境友好型社会建设取得重大突破。与十六大、十七

---

① 李侃如：《治理中国：从革命到改革》，胡国成、赵梅译，中国社会科学出版社 2010 年版，第 146—147 页。

② 邓小平：《中国本世纪的目标是实现小康》，《邓小平文选》（第二卷），人民出版社 1994 年版，第 237 页。

大相比，十八大把国内生产总值翻番的目标由“总量”调整为“人均”，还增加了城乡居民人均收入翻番的要求，增加了“优化结构、提高效益、降低消耗、保护环境”等前提条件，这无疑是一个更高标准的小康。

2013 年 11 月，党的十八届三中全会首次提出了“第五个现代化”——国家治理体系和治理能力现代化。2014 年开春，习近平在省部级主要领导干部专题研讨班上强调：“推进国家治理体系和治理能力现代化，必须完整理解和把握全面深化改革的总目标，这是两句话组成的一个整体，即完善和发展中国特色社会主义制度、推进国家治理体系和治理能力现代化。我们的方向就是中国特色社会主义道路。”[①] 如果说“四个现代化”以经济现代化、物质现代化为标志，旨在大力发展生产力，那么“第五个现代化”则是从上层建筑的层面，来减少“四个现代化”在新的阶段进一步发展的阻碍。从这个意义上来说，推进国家治理体系和治理能力现代化，可以视为中国改革开放时代的新的里程碑。

三、凝聚改革共识

“承诺投入的人会带来激情、能量和兴奋。一群对共同愿景有真正承诺和投入的人，会产生一股令人敬畏的力量。”彼得·圣吉警告说，许多愿景尽管具有内在价值，却从未得到生根和推广。愿景的早期成功，提高了大家的热情。但伴随涉及的人越来越多，不同观点可能会分散注意力，并引发无法控制的矛盾。一旦发生这种情况，愿景就会夭亡[②]。一切改革，首先难在凝聚共识。全面深化改革，到底改什么、怎么改？在全社会甚至

---

① 习近平：《完善和发展中国特色社会主义制度 推进国家治理体系和治理能力现代化》，《人民日报》2014 年 2 月 28 日。

② 彼得·圣吉：《第五项修炼：学习型组织的艺术与实践》，张成林译，中信出版社 2009 年版，第 222 页。

体制内，都还存在各种认识上的分歧。因此，当务之急就是寻求最大公约数，把 13 亿人的改革共识凝聚起来。

政治学者萧功秦认为，当今中国，极左的“文革”势力重新在社会和网络中抬头，主张“激进西化”的自由派重新活跃。这两种激进主义水火不容，都因为简单明了而对大众具有吸引力。原本被边缘化的“左”右思潮，为何在现实生活中重新崛起？由于“强国家—弱社会”体制，中国陷入了五种困境：权威庇护网结构与权威自利化；利益垄断造成的贫富两极分化；高额税收造成的国富民穷；“国有病”；社会创新能力弱化。长此以往，一旦出现社会危机，就可能出现严重的政治参与爆炸，出现广场民粹主义的泛滥。因此，必须从中道立场重建改革共识，形成国家与社会关系的新格局①。

经济学者华生则认为，重建改革的共识，横向的左右共识和纵向的朝野共识都需要建立。但当下中国的左右分歧，远远没有以为的那么严重，因此建立朝野共识更为重要。从历史上看，所有改革都是逼出来的，很多共识也要逼出来。“形势比人强”，几乎所有成功的改革，都是朝野共同推动的结果。当初政府着手改革的时候，民间已经对改革有了非常强烈的呼声，所以很多政策民间才有积极的响应。建立特区是自上而下的推动，但联产承包责任制等就是自下而上的推动。一旦形成了朝野共识，改革就成为必然趋势，而且只有达成朝野共识，改革才有可能走向成功②。

事实上，一部改革开放史反复证明，在深化改革中可能出现的矛盾，只能在继续改革中逐步得以解决；围绕具体改革措施出现的争论，也只能随着改革的不断深化而渐趋一致，直至达成新的共识。在凝聚改革共识方面，一个经典的案例，是舆论热议的“权威人士”现象。

---

① 萧功秦：《超越左右激进主义——走出中国转型的困境》，浙江大学出版社 2012 年版，第 1—46 页。

② 华生：《中国改革：做对的和没做的》，东方出版社 2012 年版，第 16—17 页。

2015 年 5 月 25 日，中共中央机关报《人民日报》，在头版头条刊登“权威人士”专访，解析当前我国的经济大势：“这要有‘功成不必在我’的劲头，有的可能需要两三年，乃至更长的时间，在一定时期内不要说全面收获，可能早期收获都见不到。但是，与其临渊羡鱼，不如退而结网。”2016 年 1 月 4 日，“权威人士”又说：“当断不断，必受其乱。在推进过程中，要勇于做得罪人的事，否则过得了初一过不了十五，结果延误了窗口期，把包袱留给后面，将来会得罪天下老百姓。”2016 年 5 月 9 日，他又三度发声：“这个 L 形是一个阶段，不是一两年能过去的。对此，一定要内化于心、外化于行。对一些经济指标回升，不要喜形于色；对一些经济指标下行，也别惊慌失措。”

“权威人士”的每一次亮相，都在海内外引发不小震动。原因有二：一是身份的神秘性和权威性。说白了，“权威人士”代表了中央经济决策的最核心圈子，是定调子、给信心、明方向。不难发现，谈话传递的是加快改革的紧迫感。二是沟通时机的精准拿捏。“权威人士”总是选择社会各界比较困惑的时刻节点出现，且不回避争议问题，令舆论感到“很解渴”。显而易见，引导社会预期，正是“权威人士”谈话的核心出发点。

毫无疑问，破解改革的分歧，答案就在于改革，深化改革，深入骨髓的改革。别无他途，必须大破大立，解决一些扭曲，才能宏图大展。我们正处于改革“窗口期”：政策还有余地；民营经济还有很大的发展空间；外贸依然承压，但占全球份额在提高，结构也正在优化升级。因此，不必推测底部，不能走回老路，唯有改革不能辜负——这就是“权威人士”传递的核心信号，也是全社会应当凝聚的改革共识。

案例

撒切尔论经济变革[①]

经济学太重要了，所以不能只把它留给经济学家们去研究。说一位经济学家的观点反映了造就他这个人的非经济方面的价值观，这不是在怀疑他的专业知识或正直的人品。约翰·梅纳德·凯恩斯说过：“那些认为自己可以完全不受任何知识影响的实干家，通常是某位已故的经济学家的奴隶。”

但是，现存的经济学家也同样是外界影响的奴隶。凯恩斯本人就是如此，他是“布卢姆斯伯利”文化圈子里的一位成员，这些人在自己的行为中摒弃了维多利亚时代美德，同时也微妙而确定地放弃了经济学中传统的自由法则和约束，于是“凯恩斯主义”就成了他们的观点的代名词。

经济学的背后

我自己在经济学上的观点，来自我成长的那个世界得来的个人经验。我的“布卢姆斯伯利”就是格兰瑟姆——卫理公会教、食品杂货店、扶轮社以及在那种环境中培养出来并且受到尊重的所有严肃而沉稳的美德。就我而言，在罗伯茨家族中的生活经历起着决定性的影响。

我的成长和早期经验，不仅让我了解了政府不能做什么，对于后来我才知道的“资本主义”或“自由企业制度”，我也形成了一种赞同的观点。

---

① 玛格丽特·撒切尔：《促进自由企业制度的变革》，《通往权力之路》，李宏强译，国际文化出版公司 2009 年版。

对与我同时代的政界人士来说，大萧条中所谓的资本主义的失败，使他们确信必须要找到更好的东西；但是对我来说，我们家店铺红火的生意以及格兰瑟姆小镇喧闹的镇中心显示出正好相反的情况。对于他们来说，资本主义是陌生和严酷的；但对我来说，它是熟悉和有创造力的。我能够理解的是，正是因为让顾客满意才使我的父亲能够雇用更多的人。我知道，正是国际贸易，才把茶叶、咖啡、食糖和香料带给了那些经常光顾我们店铺的顾客。此外我也感觉到，与在任何地方的任何集市上所看到的情况一样，做生意是一种充满活力的、有人情味的、社会性的、可以增进友谊的社会活动。事实上，它虽然严肃，但是也很有趣。没有什么课程能比在一个街角的店铺里做生意更好地了解自由市场经济了。因此，对于英国在战后沿袭下来的经济智慧，我是打过预防针的。

由于主要受到凯恩斯的影响，同时也受到社会主义的影响，那些年人们强调的是政府通过直接和持续的干预改善经济情况的能力。当时人们认为，如果能以一种开明的方式来使用国家的大权，就能使个人、家庭或者工商企业摆脱其在生活中受到的种种约束和限制。特别是，如果一个家庭的花销超过了它的收入，它就会走向毁灭；而（按照新的经济学观点）对于一个国家来说，这种做法却是一条走向繁荣和充分就业的路。大家几乎都认为，不管是从道义上还是实践上来讲，政府的支出都要比私人的支出更加可取，因为它有更高的、更为合理的既定目标。在我还一点都没有读过弥尔顿·弗里德曼或者阿兰·沃尔特斯的著作之前，我只知道这些做法不可能是真实的。在我先后担任反对党领袖和首相的那些年里，所发生的一项最大变化，可能就是绝大多数决策者（甚至经济学家）都改变态度同意了我的观点。

现在大家都有这样一个共识，即增加政府借贷的后果将会使利率比先前更高。如果人们推测更大的赤字在未来会使货币供应量进一步增加，从而导致通货膨胀，那么情况就更是如此。这样，允许预算赤字上升就只会阻碍而不会促进经济的增长。我在其他地方曾经谈到过的 1981 年的预算，就是以这一认识为基础的。当时，有 364 位经济学家发表声明攻击我们的策略。他们认为，这一战略是对当时占上风的正统做法的直接挑战。但是，这一挑战成功了。1981 年夏天的数字预示经济将会恢复，而接下来的那个季度的其他数字也证实了这一点。到了 1983 年，经济情况是如此之好，再加上福克兰群岛战争的胜利带来的影响，确保我赢得了最顺利的一次大选。

与我的许多同代人相比，我在政治上拥有一个很大的优势，那就是对于他们来说，首先要从理论上说服他们相信货币主义、自由贸易和放松管制的好处；而对我来说，技术上的观点和见解与我的基本感觉和早年经验如此一致，因此我很容易就被说服了。而我对这些好处的信服，又有助于我去说服其他的人。

20 世纪 80 年代的英国

在 1979—1990 年任职首相期间，我有机会让我的这些信念在经济政策中得以实施。我很幸运地获得了三位财政大臣的帮助。我们计划实行的政策与战后大多数时期的政策有着根本不同的目标。我们认为，既然（在一个自由社会）不是依靠政府而是依靠使顾客满意，所以就没有理由确立“充分就业”这一目标。相反，政府应该建立正确的、健全的货币框架，实行低税收并减少管制，还要建立灵活的市场（包括劳动力市场）以促进繁荣和增加就业。

我到唐宁街十号时，对如何搞好经济只有一个总体设想，并没有一个详细的计划。因为不同领域的进展，都有赖于具体的经济和政治情况。我们的经济战略，由四个部分组成。

反对通货膨胀。通货膨胀在英国的政治与经济制度中，以及在英国人的内心里已经根深蒂固了。在战后的年代里，它接连不断地达到更高的高峰，并且在1975年已经危险地接近了极度通货膨胀，结果是通货膨胀更加难以消除了。只有长期坚持减少货币供应量的增长并改变人们的期望才能做到这一点。因此，从1980年起，在中期财政战略的构架中采用了货币政策，并以减少政府借贷的财政政策作为补充。与任何真正的战略一样，它也必须适应环境情况。例如，当作为货币政策的一项措施的某一货币的总量出现问题时，就有必要再想其他的办法。而且，与任何的战略一样，它发生错误的风险不可能自行消除。但是，它限制了这类错误的范围，并且，由于在过去几年坚持了这一战略，因此虽然遭到一些困难，但它仍然赢得了信誉，这本身就增加了人们对于经济的信心。1981—1986年，由于我们坚持把中期财政战略作为政策的核心，从而使通货膨胀从21.9%这一高峰（1980年5月），下降到2.4%这一低点（1986年夏季）。

控制英国的财政。1981年的预算牢牢控制了供应部门的借款，在我担任首相期间，对此也从未放松。1987—1991年，我们还偿还了270亿英镑的债务，从而把国民收入中政府债务所占比例降到"一战"以来最低水平。至于公共开支，虽然1980—1981年度发生了严重的经济衰退，导致失业人数增加，政府收入减少，从而增加了公共开支，但仍扭转了以前的增长趋势。对公共开支的严格控制，还使我们可以降低税率。奈杰尔·劳森的1984年预算，对公司税做了重大改革，同时削减了资本补贴和公司税率，以鼓励更加有效地利用企业投资；1988年预算完成了削减所得税的计划，使原本较高的税率降到40%（无论是储蓄收入还是工薪收入），并把基本税率降到25%。较低的税收，加上为企业提供更受欢迎的管理氛围，英国作为欧洲吸引外部投资的主要场所的地位将会得到巩固。

促进私营企业和私有制。1979年，政府做出明确的非国有化承诺的领域只有航空航天工业和造船工业，此外还出售了国家货运公司的股票。但是我们的胆子变大了，我们一边学一边干。国有企业的财务状况一个接一个地好转了，在经济气候得到改善的情况下，这些企业已经做好了私有化的准备。到 1983 年大选时，准备实行私有化的企业数量大大增加，包括英国电讯公司、英国航空公司、劳斯莱斯汽车公司、英国钢铁公司的一部分、英国莱兰汽车公司和飞机场。煤气、水、电等其他公用事业，也按照不同的结构和管理体系进行了私有化。到我离职时，工业中的国有部分已经减少了 60%。伴随着私有化的推进，还实施了更加广泛的股权持有计划，有大约 1/4 的人拥有了股份。我已重建一个自由企业占主导地位的经济，鼓励建立一个拥有资本的社会。我感到我已经走得很远，甚至比自己预期的还要远。

结构改革计划。削减边际税率和私有化也是其中一部分，以使市场能够更加有效地运转，即所谓的“供给端革命”。从 1980 年起，我们实行了一个渐进的工会改革计划，最重要的一点是在《就业法》中削减了工会的豁免权。在新秩序下，要靠顾客满意而不是使用集体的力量去强求补贴。劳资关系也有了相应的改善。当然，我们的改革没有局限于此，而是涉及了所有的市场。我们取消了外汇管制，以及在物价、收入和股利方面的控制。在金融服务方面，我们促进了更大的竞争。我们减少了对私人出租房屋的控制，以鼓励人们提供更多的住房，使公共部门的住户有权以很大折扣来购买自己的住房。在教育、国民医疗保健服务和地方政府等公营领域，我们也采取了进一步的措施以促进竞争，并以此来提高货币的价值，并提供更多的选择。

美国模式和德国模式

中、东欧的经济改革家们，当然想研究最成功的“资本主义”模式，因为他们也打算建立这样的模式。很多人都把眼光投向了英国，特别是想向英国学习私有化的做法，虽然这些做法必须根据不同情况加以调整。但是，最有影响力的还是美国和英国的例子。

美国和欧洲的模式有很大差异。传统上，美国人强调有必要实行有限的管理、较少的规范、低税收和尽可能灵活的劳动力市场。它的成功首先表现在能够创造出新的就业机会，在这方面它一直比欧洲做得更加成功。自 20 世纪 60 年代以来，欧洲经济共同体就业人数的年平均增长率只有 0.3%，而美国则达到 1.8%。此外，与欧洲形成鲜明对比的是，美国的大多数就业机会都是私营企业创造的。在欧共体内，失业时间在一年以上的人占失业总人数的 40%，而美国只有 10%。

然而最近，欧洲模式特别是德国模式，受到了美国政府中一些政策制定者许多表示赞同的关注，他们赞成对培训、工业政策和有管理的贸易进行干预的政策。因此，了解德国的弱点和优点就非常重要。因为，如果世界上自由资本主义最伟大的榜样和典型代表美国，在其对内、对外经济政策上都偏离了自由资本主义，那就会对整个自由企业制度带来重大影响。

“二战”之后，西德成为欧洲主要经济大国，人们把它称作一个“经济奇迹”。德国人之所以成功，因为通货膨胀率非常低，同时生产率又非常高。20 世纪 50—60 年代，他们对“社会市场”政策，更多强调“市场”而不是“社会”。20 世纪 70—80 年代，由于国家干预以及工会和管理当局共同决定的增多，上述情况发生了一定的逆转。税收以及雇主按照规定的负担都大大增加了，再加上在吸纳东德时因为处理不当而带来的冲击，导致以前的成功经验，现在却变成了严重问题。此外，在所有国家中，德国劳动者工作时间最短，而假期最长。因此，德国目前的繁荣还能持续多久，是一个有待讨论的问题。这一分析绝不是“反对德国人”。的确，正是因为德国人所具备的卓越品质，德国代表的更具社会主义特点的资本主义模式才能取得像现在这样的成效。

C H A P T E R 0 4

第四章

凝聚变革力量

政治路线确定之后，干部就是决定的因素。因此，有计划地培养大批的新干部，就是我们的战斗任务。

——毛泽东

要注重调动各方面推动改革、参与改革的积极性，鼓励广大干部既当改革促进派又当改革实干家，盯住干、马上办。

——习近平

2013 年 12 月 30 日，中共中央政治局召开会议，决定成立中央全面深化改革领导小组，由习近平总书记任组长，李克强、刘云山、张高丽任副组长。中央“深改组”负责改革的总体设计、统筹协调、整体推进、督促落实，下设经济生态、民主法治、文化、社会、党建、纪检 6 个专项小组；中央“深改办”则设在中央政策研究室。2014 年 1 月 22 日，习近平主持召开中央深改组第一次会议并发表讲话，强调“要把握大局、审时度势、统筹兼顾、科学实施，充分调动各方面积极性，坚定不移朝着全面深化改革目标前进”。

新一轮改革范围之广、力度之大是空前的。党的十八大之前，统筹各方面的改革主要由国家发改委来承担，但正如习近平在十八届三中全会上所言："全面深化改革是一个复杂的系统工程，单靠某一个或某几个部门往往力不从心，这就需要建立更高层面的领导机制。"① 相对而言，中央深改组的成立更具权威性，能够保证改革的设计、协调、推进和监督每一个环节的落实，有助于确保改革的系统性、整体性、协同性。

第一节　组建变革团队

重大变革时常与一位或几位核心人物密切相关。但不能因此而轻率地得出结论：成功的变革一定取决于具有传奇色彩的领导人。这种想法非常危险。无数事实证明，所有重大变革的完成都是十分艰难的过程，持续推动这个过程的完成需要凝聚各个方面的强大合力。不管是多么超凡脱俗的魅力型领导者，都难以单枪匹马地设定正确愿景，消除所有障碍，一举夺取胜利。更不用说弱势的领导人，只会让变革结局变得更加糟糕。

团队，在大变革时代正在成为组织运作的基本模式。对于需要多种知识、技能、经验等相互融合的组织变革而言，建设卓越的变革团队无疑是成功领导变革的力量之源与根本保障。相较于传统的上级与下属的组织，变革团队为了共同目的而共同承担职责，团队成员能够理解、接纳并坚信共同目标，互相信任、技能互补，形成势不可当的凝聚力与战斗力。

一、变革团队的角色与类型

彼得·德鲁克认为，棒球队、足球队、网球双打组合，都是真正意义

---

① 习近平：《关于〈中共中央关于全面深化改革若干重大问题的决定〉的说明》，《人民日报》2013 年 11 月 16 日。

上的团队。这三种形式的团队，不论是在对每个成员乃至整个团队的行为要求方面，还是在最擅长的与最不擅长的方面，都有其各自的特点。没有任何一种形式的团队是绝对完美的形式，最优的团队往往是根据组织自身的定位和变革推进的实际，制定出合理的模式。但需要特别强调的一点是，组织需要在不同时期选择不同形式的团队模式。

第一种团队是棒球队模式。每个成员都有固定的位置，不能越位。他们都可以分别进行评估，各自都有清晰、专一的目标，能够充分发挥自身作用；每个成员不需要与其他成员相互适应，对非业务的时间投入相对较少。如果所有成员能够充分掌握动作程序，这个团队就将取胜。但是，这一模式的缺点也很明显，就是缺少灵活性，不容易变通。尤其是在当前急剧变化的信息时代，团队难以适应瞬息万变的外部环境。

第二种团队是足球队模式。在进行足球比赛时，队员各自都有固定位置，但足球队作为一个整体参加比赛。这种模式具有较大的灵活度，但队员必须听命于唯一的老板，无论是指令、评估、奖惩还是升迁。相对来说，足球队的缺点是，在强调组织灵活性的同时，忽视了每个成员的创造力。

第三种团队是网球双打组合模式。在进行网球比赛时，队员各自也都有基本位置，但并不是固定不变的。这种模式对操作的规范性要求更为严格，同时也具备最大的灵活度。在以团队形式开始参赛之前，队员必须在一起接受训练和磨合，以期能够彼此适应。整个团队因此而有更清晰的目标，个人的任务也有较大的弹性。但网球双打的缺点在于，不适用于规模较大的团队，尤其是接受并完成相对负责的任务。

罗宾斯认为，在团队中，成员喜欢扮演九种潜在的团队角色，这对于打造高绩效团队具有重要意义。一是创造者与革新者。这种人富于想象力，擅长提出新思想、新概念，独立性比较强，偏好自己安排工作时间，按照自己的方式和节奏工作。二是探索者与倡导者。他们乐意接受并支持新观念。在创造者与革新者提出新创意之后，他们擅长运用这些新创意，并寻求资源支持新创意。三是评价者与开发者。他们具有很高超的分析技能，适合在决策之前的环节，评价与分析不同方案的优劣。四是推动者与组织者。他们偏好制定操作程序，从而使新创意转变为现实。五是总结者与生产者。他们同样关心结果，但着眼点主要在于，坚持必须按时完成任务，确保所有承诺都能兑现。六是控制者与核查者。他们擅长核查细节，确保避免出现差错。七是支持者与维护者。他们做事具有强烈信念，确保团队不受外来者的干扰。八是汇报者与建议者。他们乐于倾听，不会把观点强加于人，主张在决策之前充分搜集信息。九是联络者与协调者。他们不喜欢走极端，倾向于了解所有成员的想法，竭尽全力把大家整合在一起。

尽管团队类型不同、成员角色各异，但学者也逐渐达成一个共识：领导和推动组织变革，不能不组建核心团队。改革越是进入深水区和攻坚期，越是需要专门的改革协调团队和科学合理有效的改革协调机构。

二、形成强有力的变革团队

特德·斯宾塞认为，“领导变革管理团队的管理者不可能总是得到他所需要的人，但是对于执行团队的组成，变革管理者需要非常重视”。尽管这是从管理学视角提出的观点，但深刻地揭示了一个事实：人是团队成功的关键要素。对于如何形成强有力的变革团队，领导学界进行了深入而系统的研究，并构建出变革团队形成的具体模式。

一般来说，在组建变革团队过程中，需要经历以下几个阶段。一是形成阶段。讨论如何建立授权赋能的变革团队；每个成员都应当清楚变革团队的愿景，把注意力转移到变革任务上去。二是冲突阶段。成员可能出现争权夺利的情况，对团队发展方向也可能争论不休，外界压力也可能渗透到团队内部。应当经常性、有效地交流；培养工作的灵活性；建立成员之间的信任；让成员知道变革的收益；适时地对那些抵触情绪最强烈的成员委以重任。三是规范阶段。成员开始以一种合作方式组合到一起，并在竞争力量之间形成试探性的平衡。领导者应多投入一些精力，不断为成员提供反馈和指导，扫除障碍并提供各种资源。四是产出阶段。团队运作成熟，成员合作融洽，确保组织变革保持在动态稳定的水平。为避免滋生松懈或自满情绪，需要经常提醒和不断激励成员，为团队的持续壮大提供原动力。五是结束阶段。即使是最成功的变革小组，当其变革愿景达成之时，迟早都将会面临解散，重新回到常设性机构。

约翰·科特指出，在大多数非常成功的组织变革中，有效的指导团队都通过下列方式建立：一个具有强烈紧迫感的个人，通常会带动第一批人。然后，他会找适当的人选，组织一个团队。在组建团队的过程中，需要引进人才，而且在有些情况下，还需要把一些人推出去。

组建变革团队的第一步，是选择合适的成员。科特认为，对于有效的领导团队，有四种关键特征至关重要。其一，职权。有没有足够多的关键人物参加，尤其是那些部门的主要领导？这样，其他人就无法阻碍变革的进程。其二，专长。他们是否能够挖掘和吸收不同人群（包括不同的专业背景、工作经验和国籍等）的各种观点，从而能够在充分掌握信息的情况下，做出明智的决策？其三，信誉。领导团队中是否有足够多的成员在组织内部有良好的口碑，让其他人会认真对待他们的决定？其四，领导力。领导团队是不是包含了足够多的经验丰富的领导人，能够推动变革的进程？

需要注意的是，领导力非常重要。管理能力能够掌控全局，领导力则可以推动变革。只有管理的头脑，只能建立计划而不能树立愿景，而且远远不能把变革的需求和方向传递出去；只能对人们进行控制，而不是授权。不要忘记：一个只有管理者的团队，即使所有成员都是才华横溢的管理者，也同样会使得为变革所做的巨大努力付之东流。一言以蔽之，变革的领导团队，既需要优秀的管理能力，也需要强大的领导力，它们必须结合起来。

从中央全面深化改革领导小组来看，新一届 7 位中央政治局常委中，中共中央总书记习近平任组长，国务院总理李克强、中央书记处书记刘云山、国务院副总理张高丽任副组长；另有 10 名中央政治局委员以及其他 9 名副国级领导人参与。如此高规格的人员配置，被视为体现了中央深改组的权威性和新一轮改革的力度。

表 4—1　中央“深改组”第一次会议与会人员名单

	姓名 / 职务
国家领导人（23 人）	组长：习近平（总书记） 副组长：李克强（总理）、刘云山（中央书记处书记）、张高丽（副总理） （以下按央视摄像机拍摄顺序排列）：马凯（副总理）、刘延东（副总理）、许其亮（中央军委副主席）、汪洋（副总理）、赵乐际（中组部部长）、杜青林（全国政协副主席）、王晨（全国人大常委会副委员长）、周强（最高人民法院院长）、张庆黎（全国政协副主席兼秘书长）、王正伟（全国政协副主席、国家民委主任）、王沪宁（中央政策研究室主任）、刘奇葆（中宣部部长）、李建国（全国人大常委会副委员长）、孟建柱（中央政法委书记）、栗战书（中央办公厅主任）、赵洪祝（中纪委副书记）、郭声琨（公安部部长）、曹建明（最高人民检察院检察长）、周小川（中国人民银行行长）
部委领导（10 人）	徐绍史（国家发改委主任）、袁贵仁（教育部部长）、王志刚（科技部党组书记）、苗圩（工信部部长）、楼继伟（财政部部长）、尹蔚民（人社部部长）、韩长赋（农业部部长）、周生贤（环保部部长）、高虎城（商务部部长）、李斌（卫计委主任）
其他领导（10 人）	黄树贤（中纪委副书记、监察部部长）、李玉赋（中纪委副书记）、张军（中纪委副书记）、陈文清（中纪委副书记）、雒树刚（中宣部常务副部长）、刘鹤（中央财办主任、发改委副主任）、陈锡文（中央财办副主任、中央农办主任）、张毅（国资委主任）、穆红（发改委副主任）、潘盛洲（中央政策研究室副主任）

（资料来源：中央电视台《新闻联播》现场画面）

“遇大事、用小组”，始终是中国共产党一个独特的领导方式。早在

1935年长征途中，红军在二渡赤水后，就下一步作战计划产生分歧。党中央经开会表决，决定进攻打鼓新场，毛泽东反对无果，愤然离会。这天深夜，毛泽东独自提上一盏马灯，前去说服周恩来、朱德，这才使中央红军幸免覆灭。为了确保对红军的正确指挥，毛泽东提议成立“三人军事领导小组”，全权指挥军事工作。中央政治局会议通过了这项提议，确认毛泽东、周恩来、王稼祥为小组成员。此后，红军在皎平渡胜利渡过金沙江，完全摆脱了几十万敌军的围追堵截，实现了遵义会议决定渡江北上的伟大战略部署。“三人小组”虽与日后的领导小组在运行方式上不同，但奠定了“遇大事、用小组”的思路。

事实上，1990年，邓小平也曾指出：“中国问题的关键在于（中国）共产党要有一个好的政治局，特别是好的政治局常委会。只要这个环节不发生问题，中国就稳如泰山。”对于全面深化改革来说，中央深改组以及省市县深改组的地位和作用同样也是如此。

三、从变革团队到变革联盟

所谓变革领导联盟，是指涉及组织变革的知识、技能和技术的集合体，而不仅仅是关于变革的单个分散的知识、技能或者技术。一般而言，组织变革最先总是由一两个领导者启动，然后开始形成变革领导团队，接着变革领导联盟的作用将会进一步凸显出来。

不过，相当一部分组织变革的误区是，领导者常常会低估推进变革的难度，低估强有力的领导联盟的重要性。事实上，无论领导者或者变革团队有多么能干、多么投入，缺少变革领导联盟都将成为一个致命缺陷。假如只有领导团队而没有强有力的领导联盟，组织变革的努力有可能在一段时期内取得突飞猛进的进展。但是，负面效应很快将会自行聚集起来，并阻止组织变革向更深层面推进。因而，有远见的组织和领导者，总是会努力开发变革领导联盟的潜力，并保持与维持组织的变革先锋地位。

变革领导联盟的使命，是推动和促进整个组织成功实现转型，克服各种变革阻力的产生与蔓延，重塑组织的生机与活力。为了完成这个重大使命，变革领导联盟必须承担以下任务。其一，分析组织的变革需求，精准捕捉变革的信息。在任何组织的演进史上，至少会出现一个必须浴火重生、脱胎换骨的关键时刻。一旦错过这个时间窗口，组织的衰败将不可避免。为此，领导联盟必须时常对战略性问题进行反省、考量和设计。其二，培育并保持适度的危机意识和紧迫感。这一点之所以至关重要，是因为危机意识往往成为变革成功的起点。缺少危机意识，组织就没有变革动力，变革成效更无从谈起。很多组织的最大问题，就是“今朝有酒今朝醉”，安于现状、停滞不前。其三，描绘组织未来的愿景。共同愿景通过生动的传递，将产生足够的感召力，让每一个成员怦然心动。其四，客观地认清现状，科学地制定转型策略。对比现实情况和未来蓝图，找出两者之间的差距，激发组织成员的积极性和创造力，对变革难度做好足够的心理准备。其五，出台新的制度，巩固转型成果。一个成功的组织变革至少需要 5 年时间，这就需要组长成员具备足够的耐心和毅力。而科学合理的激励机制，往往是巩固转型成果和维持成员热情的主要手段。

改革总是要涉及利益格局的调整。因此，改革者面临的首要难题，就是如何处理纷繁复杂的利益矛盾。李侃如认为：“在 20 世纪 80 年代，邓小平的不同之处在于，他理解政策的不足并鼓励更大程度的变革。其结果导致了艰难的政治问题并深刻地挑战了既得利益。邓小平最为伟大的成就，是在 20 世纪 70 年代末和 80 年代的大部分时间里，运用其能力在一个严重分离的政治体系中维持着推动改革的动力。”面对这个局面，邓小平主要采取两大策略，来构建改革联盟、凝聚改革力量。

策略之一，结合不同时期的政治氛围，积极构建领导联盟的共识，维护改革联盟的团结与合作。改革初期，邓小平领导的改革联盟，包含了两类倾向于改革的高级干部。一类承认市场的积极作用，但主张市场作用的发挥必须控制在计划经济的框架下；另一类则主张对计划经济进行彻底改革，建立更民主、更开放的政治体制和市场经济模式。在众多改革议题中，邓小平往往根据改革氛围的不同，敏锐调整自己的政策主张，进而凝聚两类干部的共识。正如哈丁所言："他尝试在改革运动两翼之间保持平衡，但通常会给更为雄心勃勃的改革者以支持。当严重的困难出现时，邓小平不仅支持温和改革者的要求以收缩控制或者推迟改革，而且把他自己置身于收缩努力的核心。"例如面对改革联盟中的不同意见，邓小平提出了"不争论""三个有利于"等观点，有效地维护了改革共识和改革持续性。

策略之二，尽可能少地触动计划体制下的既得利益者，更多的是从计划体制之外培育新兴的改革支持者，为改革创造巨大的发展空间。诺顿指出，中国的改革是一个权力分散的过程，权力和资源从中央计划人员手中转移到了地方。这个过程消除了市场进入的壁垒，市场力量由此得以迅速成长。从构建改革联盟的视角看，经济特区成为邓小平推行市场化改革的重要支持力量。20 世纪 90 年代初，市场导向的经济改革一度陷入停滞。为了打破这个僵局，邓小平南下视察了深圳等经济特区，发表了著名的"南方谈话"。他对经济特区的发展成就给予高度评价，还提出了新的改革目标并倡导推进更深层次的体制改革。"南方谈话"获得地方领导人的高度支持，并被海内外舆论所普遍关注，重启改革的舆论氛围逐渐形成。此后，他的讲话精神在党内被逐级传达和学习，成为中国改革的行动指南和党的十四大的主题。

第二节　促进团队协作

1988 年，习近平在《提倡“经济大合唱”》一文中说，要讲协调、讲配合。光有主旋律，不讲同心协力不行，搞内耗和摩擦更不行，需要调动各个部门、各个方面的积极性。他打比方进一步阐释道：“这好比一场足球赛。当今世界高水平的足球赛，仅讲个人技术水平，单靠个人的脚下功夫，恐怕已经不合潮流了。破门主要靠队员们的有机配合，配合意识已经成为绿茵场上重要的战术意识。……一个地方的经济工作，上下左右要形成一个整体。”[①] 当前，领导和推进改革，更需要促进团队协作，形成凝聚力、战斗力。

一、培育使命感和团队精神

要使变革团队持续健康成长并最终走向真正的成熟，首先必须培育团队成员的信心、决心、恒心以及对变革的使命感。没有士气、死气沉沉的团队，必然缺乏吸引力、凝聚力、战斗力；而士气旺盛、昂首向前的团队，无论处于什么环境、遇到何种困难，都将会无往而不胜。

坚强的领导核心是领导变革的关键序参量。彼得·圣吉从系统动力学的视角，对领导变革过程进行了深层次论述。他将变革比喻为组织学习与系统创新的一场“集体的舞蹈”，将领导力定义为“一个社团塑造未来的能力，特别是持续不断进行必要的重要变革的能力”。独具创见的是，他

---

① 习近平：《提倡“经济大合唱”》，《摆脱贫困》，福建人民出版社 1992 年版，第 10—12 页。

将领导者进一步细分为基层领导者、关系网络领导者和高层领导者三类，并提出：虽然一种类型的领导者足以促成一些有价值的变革，但从长远来看，变革中各种因素的多样化需要三种领导者并存。基层领导者，对于变革非常关键，因为只有他们及其下属才会推进有益的组织试验，对新思想、新方法的实际效果进行检验；关系网络领导者，是新思想、新实践的“播种人”，负责联络情感，传播变革思想，沟通变革信息；高层领导者，为组织及其员工提供信念、愿景、资源上的支持，及时有效地激励变革行为创新，培养变革的中间力量。处理好这三种领导者角色的协同与竞争关系，是在组织中拓展领导影响力的唯一途径。

在瞬息万变、高度竞争的世界中，组织变革制胜的法宝，将更多基于“我们，而非我”的哲学。需要特别注意的是，没有信任就没有“我们”，信任才是人类关系中的核心问题。否则，领导者就无从引领变革，无法使别人信服你的主张，更无法使追随者相互信任。不能信任别人的领导者，不可能是合格的领导者，因为他们不相信别人的言辞与行为，最终不得不事必躬亲、站上火线，或者严密监督别人以至于过度控制。历史经验证明，信任他人的领导者，更倾向于倾听他人，更重视别人的利益，也就更具有影响力；而最有效率的领导环境，就是每个团队成员都相互信任、彼此关心。任何领导者想获得由信任、协作带来的高绩效，就必须在要求别人信任你之前，先展现出对他人的充分信任。因此，领导者要率先开放自我，暴露弱点、放弃控制。要让别人了解你的立场和价值观，了解你想要什么、期待什么、愿意做什么和不愿意做什么，以此披露你的信息。当然，这需要极大的勇气和自信，不过由此带来的回报将超出预料。

除了相互信任、彼此关心之外，团队协作最重要的因素就是拥有共同目标。只有所有领导团队成员都抱持一个共同目标，真正意义上的团队协作才会成为可能。最典型的共同目标就是对创造卓越的承诺，亦即渴望自己的团队最大限度地实现更高的目标。很多领导者都总结认为，“团队精神是领导的精髓”。所有的变革团队成员都拥有共同的目标与方向，都拥有共同的渴望与梦想，都拥有并不断完善一整套理念、信念、价值与行为准则。塑造团队精神是建设变革团队的关键所在。它能更好地体现变革团队以人为本的精神，有利于变革团队达成思想共鸣和行动默契，有利于增强作风建设、提高变革的工作效率。个体的潜能一旦迸发出来，其战斗力和凝聚力将不可限量；而个体积极性一旦遭到挫伤，或者受到不公平对待，势必将会扼杀个人潜能。因此，塑造和发挥团队精神，应当把握好以下原则：尊重每一个成员的个性，是变革团队顺畅运行的基础；培育卓越的变革领导力与领导素质，是变革团队成功的关键；重视成员之间的沟通与协商，是变革团队稳定与凝聚的良方；建立一整套科学完备的制度，是变革团队高效运行的保障。

二、强化改革领导小组功能

新一轮全面深化改革，面对的是错综复杂、根深蒂固的既得利益格局。从前些年的改革实践看，由于对改革的整体设计不足，已经使改革面临越来越大的风险：一方面，不少部门和地方都强调改革创新，各式各样的改革尝试似乎从来没有停止过；另一方面，公众似乎对改革还有诸多不满意。有些部门打着改革创新的旗号扩张权力，既得利益膨胀早已不是个别现象，改革存在着被碎片化的危险。改革的变形和碎片化现象，严重损害改革的权威，使某些改革流于形式。历史经验表明，当改革进入重大利益格局调整的关键时期，成立一个以国家和人民整体利益为重、超越既得利益和部门利益的改革中枢机构，负责顶层设计与总体协调，对于改革的成败至关重要。

根据 2013 年 12 月 30 日中央政治局会议的表述，中央全面深化改革领导小组负责改革的总体设计、统筹协调、整体推进、督促落实，主要职责是研究确定经济体制、政治体制、文化体制、社会体制、生态文明体制和党的建设制度等方面改革的重大原则、方针政策、总体方案；统一部署全国性重大改革；统筹协调处理全局性、长远性、跨地区跨部门的重大改革问题；指导、推动、督促中央有关重大改革政策措施的组织落实。

从学术界的讨论看，强化改革领导小组职能，应当抓住以下几个重点：一是牵头改革方案的顶层设计。主导各领域改革方案从设计、征求意见、修改完善到正式出台的全过程，整合部门、智库、媒体、业界人士、专家学者等资源进行充分讨论，更客观、更科学、更专业地判断分析改革的成本与收益、风险与阻力，最大限度地避免“逃避式改革”、防止“改革拖延症”。二是统筹协调改革的推进实施。从全局上把握好改革的总体进程，及时启动各项改革的预评估、执行评估和事后评估等工作；处理好促改革与稳增长之间的关系，统筹安排各项改革的节奏、次序、力度及其彼此间的配合；将部门利益、地方利益、政府任期政绩考核等纳入全局战略中进行考量。三是建立畅通的信息发布和反馈机制。建立有关改革的信息定期发布机制，比如披露改革的最新进展、回应受质疑的热点问题等，引导公众对改革建立合理预期；广泛收集整理社会各界意见，特别是话语权有限的农民、工人、农民工等群体的意见和建议。四是统筹推进改革试点工作。将改革试点工作统筹到国家层面加以协调，减少“地方协调中央”的改革倒置现象；明确改革试点的本质是为国家的改革全局服务，使改革试点工作更规范、更具标杆意义和示范效应。

值得格外重视的是，改革领导小组办公室的功能，应当得到更充分的发挥。从中央改革办的设置来看，有助于树立中央权威，同时超越了部门利益。中央政策研究室对全局具有统摄和制衡力又较少部门利益，中央改革办设在中央政策研究室，办公室主任由中央政治局委员王沪宁兼任。下一步，可以团结和运用好高校、智库等资源，虚心听取方方面面的改革建言，开展专题的可行性、不可行性研究，确保改革方向争取，不翻或者少翻烧饼。发挥中央书记处、中央办公厅的领导督办作用，统筹多部门联动、直击改革的痛处，防止部门和地方为了自身利益而操纵话语权的情况。建立一条畅通的下情上传、上情下达的管道，保证各出现的倾向性问题和创造的新鲜经验，能够更准确、真实地反馈到中央，便于及时调整和完善改革方案，并尽快上升到整个制度层面。

地方改革办的作用也不容小觑。浙江省委原副秘书长、省委政策研究室主任舒增国认为，省委改革办的职能履行，主要有 5 个指向、5 种定位。对中央改革办，是报告团、求助站，主要是及时请示汇报工作，请教有关问题；对省委和省委全面深化改革领导小组，是智囊团、参谋部，主要是及时出谋划策，提出工作建议；对各专项小组，是传声筒、会诊室，主要是传达省委和省委领导小组的指示要求，共同研究相关改革问题；对省直各部门，是协调员、督查室，主要是协调有关工作，抓好督促检查；对市、县党委政府，是意见箱、服务站，主要是听取意见建议，提供有效服务。对我们政研室干部职工来说，也有四个方面的定位，就是要当好改革精神的宣传员、改革工作的操作员、改革情况的联络员、改革问题的研究员。

一言以蔽之，变革领导小组及其办公室的任务，就是塑造未来的联合行动。为此，应当敢于通过授权的方式设立项目小组、推进变革试点，扩大对变革的指导以及影响；应当善于洞察、把握和利用变革的机会窗口，变革越是深刻、剧烈，巧借机会的作用就越是明显。

三、以正向激励调动积极性

团队建设，是指为了实现团队绩效及产出最大化，而进行的一系列结构设计及人员激励等团队优化行为。一个团队从不稳定到稳定发展过程中，必须通过制度化激励来奖优罚劣，激发持久的动力与活力。其中，正面激励是重中之重的手段。从本质上来说，激励就是将领导者的动机和热情有效地传递给领导团队和干部群众的过程。这个过程不只是动力的传递，更是动力的放大和倍增，进而最大限度地强化动机、激发热情、释放潜能。

领导激励的过程，一般分三个步骤：第一步是自我激励。没有领导者的自我激励、率先垂范，就没有真正的影响力和领导力。第二步是激励他人。只有激励众人、率众人行，才能让整个组织的士气振奋起来。第三步是相互激励。领导者激励干部群众，干部群众反过来激励领导者，只有相互激励才能产生持久动力。正如凯勒曼在《追随力》一书中所言，领导者不可能永远是领导者，总有某个时间、某个角色会是追随者；组织中最终产生影响的很可能不会是领导者，而是普通员工；追随者对领导者的重要性，要大于领导者对追随者的重要性。在他看来，领导力和追随力可以基于相互尊重和信任而产生一种共生关系；优秀领导者的职责是使追随者更加积极、更有创造性，在公共领域进行更多的政治参与，为了自身和群体的福利主动地影响领导者。库泽斯和波斯纳也认为，"你无法独自成事"是卓越领导者的秘诀。实现梦想要靠团队的能力，要靠精诚的团结和稳固的关系，要有非凡的能力和沉着的决心，还要有团队的合作和个人的责任。领导者必须通过授权他人来进行领导；开放地接纳各种想法，让每个人参与决策；通过建立信任和增进关系来促进协作。

善于授权，是领导者的必修课。领导学有一个规则：当领导者"放弃"权力时，往往就会变得更有权力。这似乎是一个悖论，但所有能够增强追随者自主意识、自信心与个人有效性的领导行为，都将会使领导者更有力量，并加大领导者成功的概率。卓越的领导者应采取倍增者的方式，以"人们聪慧敏捷并有能力解决问题"为信条，相信他们"通过解决问题会变得更聪慧、更敏捷”，来使追随者感到强大、有能力，并卓有成效地开展工作。因为追随者一旦感到自己很渺小、毫无用武之地，就会对业绩表现和发展前景丧失信心，它们将会随时陷入失望、设法逃离组织，产生“软抵抗”甚至公开的抵制行为。在当今不断变化的外部环境下，只有具备适应能力的组织才能兴旺发达。因此，领导者应为干部群众提供更多的自由度和选择机会，把创造性与灵活性从规章、流程和进度标准中释放出来。这样一来，人们承担义务并对自己的行动负起责任，就会影响和带动整个团队相互协作、紧密配合。

此外，还要提升干部群众的能力和自信心。选择权、自由度与责任感，无疑是人们感知自我、掌控自我的催化剂。然而，仅仅增强自主意识，对团队来说还远远不够。假如缺乏熟练完成工作的知识、技术、信息与资源，缺乏轻松自如实施所选工作的胜任能力，人们将会普遍感到手足无措并产生挫败感。因此，提升干部群众的能力、树立他们的自信心，对于落实组织承诺、维护领导者和团队信誉至关重要。要想领导团队成就卓越，就必须着力提升每个成员的能力，并坚定他们背水一战的意志力。尤其是在急剧变革的背景下，组织面临很大的不确定性与重大挑战，懂得这一点显得更关键。假如你的追随者不能持续成长，不能持续体会到乐趣、学到新东西，他们极有可能心生倦怠、离你而去，去寻找更好的领导者和发展机会。而当领导者帮助追随者成长时，这些行动和努力终将获得回报。特别是人们感到可以影响领导者时，会更加紧密地追随领导者，会更主动地担负起自己的责任，以主人翁的姿态把工作做到极致。

总之，领导者应当尽可能营造一种氛围：不断激励和刺激团队成员挑战自我，帮助他们最大限度地开发能力、增强信心、释放潜能。如此，团队必将会迸发出如原子裂变般的能量。

第三节　重用“改革促进派”

古人有云：“尚贤者，政之本也。”“为政之要，莫先于用人。”领导学理论也认为，在领导活动中，与决策行为相比，用人行为更带有根本性。一个高明的领导者，并不需要事事亲力亲为，而要通过适当的方式让下级充分发挥积极性和创造力，从而实现组织的目标。

2015 年 5 月 5 日，习近平在中央全面深化改革领导小组第十二次会议上指出：“要引导大家争当改革促进派，着力强化敢于担当、攻坚克难的用人导向，把那些想改革、谋改革、善改革的干部用起来，激励干部勇挑重担。”[①] 这就在选人用人导向上，释放了一个明确、强烈的新信号。

一、非常之功必待非常之人

古今中外的经典改革案例表明，在改革取得突破性进展之前，需要完成一个人事上的布局，让有危机感和责任感、眼界开阔的政治精英，上升到政治权力的最高层次（成为一把手，或者获得一把手的充分授权）。在权力格局中占据最高层次以后，考虑到既得利益集团很可能对改革进行阻挠，改革的主要领导者还必须组建一个改革同盟，进行较大幅度的权力重组，把赞同并愿意力行改革的人擢升到关键岗位。也就是说，应当把正确的人，放到正确的位置上，做正确的事。

战国时期的商鞅变法，成功秘诀就是实行了不拘一格、唯才是举的用

① 习近平：《把握改革大局自觉服从服务改革大局　共同把全面深化改革这篇大文章做好》，《人民日报》2015 年 5 月 6 日。

人制度。秦孝公和商鞅以罕见的改革气魄，起用了一大批在军爵制与郡县制中脱颖而出的全新官僚队伍。这项举措很快点燃了“秦国梦”，吸引了无数有才干的能人和平民，正所谓“士不产于秦，而愿忠者众”。他们作为改革的执行者，尽忠职守地推动新法，帮助商鞅对抗来自世袭制官僚与宗室贵族的抵制和破坏，在平民百姓中确立了新法的权威性和影响力。正是由于他们在改革一线持续努力，秦国迅速成为当时实力最强的国家，为后来统一天下奠定了坚实基础。

英国的撒切尔夫人上任之初提出，希望看到思想活跃、有出色管理能力的人担任各部门大臣。此后，她选拔了一大批热心货币主义经济政策的文官，极大提升了改革的执行效率。美国的里根为了推动经济改革，起用诺曼·图尔、保罗·罗伯茨等一大批高水平专家，担任改革主要执行部门的行政长官。但在苏联，戈尔巴乔夫尽管最初十分重视干部问题，但后来逐渐将错误的人放到关键岗位上。比如雅科夫列夫过于迷信自由主义，谢瓦尔德纳泽善于溜须拍马等，最终未能形成一个稳健革新、团结一致的领导团队。

中国共产党作为执政党，不但牢固掌握着中枢权力，其组织分支更从总书记层级，到各省、市、县、乡镇，乃至数百万个行政村，都作为“一把手”或领导集体而存在。一些学者判断认为，“中国政治的核心问题，就是执政党的组织人事问题”。[①] 正如毛泽东所言，政治路线确定之后，干部就是决定的因素。党的十一届三中全会以来，改革已成为中国的时代最强音。“盖有非常之功，必待非常之人”，这就不仅需要中央的顶层设计、“立柱架梁”，更呼唤成千上万想改革、谋改革、善改革的闯将。

邓小平第三次“复出”后，需要的是最称职的人，能为四个现代化做

① 唐昊：《政治新逻辑下的用人之变》，载《南风窗》2015 年第 12 期。

贡献的人。他坚信，只要他们素质高、忠于党，他就能与他们共事。对于关键岗位，他“选择那些致力于改革开放、才华出众、精力旺盛而且其才干是一步一步得到检验的人，而不是那些从下面突击提拔起来的人”①。在家庭承包经营创新过程中，最重要的政治人物是万里。最初，中央的政策是明令禁止“包产到户”，但时任安徽省委第一书记万里顶着巨大阻力，大力支持并推广了肥西县“包产到户”、凤阳县小岗村“包干到户”的做法。在与六安、滁县、巢湖三个地区的地委书记座谈时，万里坦率地说：“搞包产到户如果要检讨，我检讨。只要老百姓有饭吃，能增产，就是最大的政治。老百姓没有饭吃，就是最坏的政治。”这是何等的气魄和担当！邓小平后来评价说：“中国改革从农村开始，农村改革从安徽开始，万里同志是立了功的。”1980 年，万里被擢升为国务院副总理；1988 年，又当选为第七届全国人大常委会委员长。在那个激情燃烧的岁月，从上到下，曾涌现出一大批富于改革精神的领导干部。正是在他们的带领和推动下，中国才从困境中“杀出一条血路”，走上了强国富民的康庄大道。

1991 年，朱镕基离开上海，出任国务院副总理。邓小平“南方视察”之后，开始真正操盘中国经济改革。1993 年，吴敬琏等几位学者向他建议，不能再拖延了，只有彻底改革中国的财税体制，才能走出计划体制下的治乱循环。朱镕基把手一扬，拧起眉毛说，“坚决推进我们酝酿多年想干而没有条件干的改革”。在党内高层的支持下，分税制改革方案最终成型。其中最核心的增值税，由中央与地方按 75 : 25 比例分享，这无异于割地方大员的肉。朱镕基后来说，我一个省一个省地去谈，商量，妥协，总算谈下来了，我自己则掉了 5 斤肉②。经过两三个月“南征北战”，分税制终

---

① 傅高义：《邓小平时代》，冯克利译，生活·读书·新知三联书店 2013 年版，第 348—349 页。

② 罗科：《朱镕基 12 年》，载《凤凰周刊》2009 年第 25 期。

于赶在 1994 年元旦正式实施，由此确立的财税体系一直沿用至今。

由此可见，这些改革促进派和实干家，无一不是出于公心、思想解放、勇于进取、敢于担当。改革开放以来，中国民众是改革最大的受益者，他们怀着对未来美好生活的向往，对“改革派”官员抱有极大的期望和热情。因此，要想办法激励更多的干部，将锐意改革作为一种信仰，在其位、谋其政，尽其责、成其事，争当改革促进派和实干派。

二、如何识别“改革促进派”

那么，改革促进派有什么特殊的标签呢？作为党的领导干部，信念坚定、为民服务、勤政务实、敢于担当、清正廉洁，既是“好干部”的标准，也是改革促进派的应有之义。身处改革的时代，改革思维不可缺少。“改革促进派”就是“想改革、谋改革、善改革”的人。

一是看齐意识强，想改革。改革越是向纵深发展，越需要重视思想认识问题。习近平指出：“改革开放是一项长期的、艰巨的、繁重的事业，必须一代又一代接力干下去。改革开放只有进行时没有完成时。”吴敬琏认为，时下的改革，首要的问题还是思想认识上的问题，必须达成共识。因此，改革促进派就是坚定改革信念，与中央保持高度一致，在改革的问题上，毫不迟疑地看齐，由内而外地一致，是排头兵和急先锋，既能挂帅又能出征的干部，就是改革促进派。

二是改革思路明，谋改革。不谋万世者，不足谋一时；不谋全局者，不足谋一域。在国内外复杂多变的环境下，改革促进派除了要有上山打虎的勇气、壮士断腕的决心，更要善于“谋”，要有明晰的改革思路、统揽全局的方法。一言以蔽之，改革促进派是主动谋划者，不是击鼓传花者。无论是改革的“最先一公里”和“最后一公里”，改革促进派都要做到胸中有韬略，对所属的“条”和“块”，主动进行“顶层设计”。

三是精准落地实，善改革。全面深化改革既涉及打破旧的规则体系，又涉及冲破利益樊篱。这需要在驾驭全局的基础上，选准改革的突破点，协调各方参与改革，细化、量化各项改革举措，真正推动各项政策精准落地，让人民群众真正从改革中有“获得感”。

由此不难看出，想改革是态度标准，谋改革是行为标准，善改革是能力标准。只要干部能够真正做到这三者的有机统一，能够拥护改革、支持改革、敢于担当，就是改革促进派，就是改革的“千里马”。

对于改革促进派的内涵，国内学界也进行了探讨。杨凤城（2015）认为，从历史和现实两个维度看，改革促进派有三个标志：一是对改革的协调性、系统性、全面性有深刻的认识，对本地区、本部门的改革有系统思维和组织顶层设计的能力；二是既有攻坚克难的决心、敢于担当的精神、壮士断腕的勇气，又有科学缜密的实施方案，以及突破改革障碍的能力；三是具备法治思维，高度重视制度建设，用法律和制度规范重大改革举措，巩固改革的积极成果。王明杰（2015）认为，改革促进派就是有明确的改革方向与坚定的改革信念，有足够能力将改革付诸行动的人才。精神层面，要有坚定改革的决心，坚持明确的改革方向，思想上与党保持高度一致，有长远的全局观念。行动层面，要敢于用人、善于用人，头脑清醒、敢作敢当，不畏风险、不断创新，积极主动地将改革思想付诸行动。

《人民论坛》问卷调查中心研究发现，衡量改革促进派的标准是多角度、多方面的。在8243份有效样本中，选择“思想上，和中央保持高度一致，认同中央在改革方面的战略部署”的有60.3%，选择“行动上，要做促进改革的事，不能无所作为，更不能阻挠改革”的有57.5%，选择“实践上，要有比较明确的改革方向，坚定地支持改革，推动改革”的有44.6%，选择“心态上，要有改革创新的精神状态”的有37.5%。在回答“您认为改革促进派干部应当具备哪些突出的特点”问题时，57.6% 的受访者选择“真抓实干，敢于担当”，居第一位；46.8% 的人选择“敢于自我革命，直面改革难题”，居第二位；排名第三位的是“善于运用法治思维和法治方式”，占比为 34.4%。从调查结果来看，公众普遍认为，改革促进派的衡量标准和特点，主要是心态和行动上。心中想改革、主动推改革，将是衡量干部是否为改革促进派的基本标准[①]。

何丽君（2016）则主要针对干部群体，进行了访谈和问卷调查。在 399 份有效样本中，60.90% 的干部认为，改革促进派的具体表现是“不惧风险，不计得失，敢于向自身利益开刀，勇于突破利益固化的樊篱”；59.02% 的干部选择“系统全面思考本地区、本部门实情，科学务实地进行组织改革顶层设计”；53.76% 的干部选择“尊重人民群众的改革意愿，愿意放权于民、让利于民”；53.76% 的干部选择“理想信念坚定，认同中央的改革战略部署”。值得注意的是，不同级别干部对这一问题的认识差异较大。厅局级干部多侧重于改革举措的上传下达，与中央改革的步调一致尤为重要；县处级、科级干部多侧重于操作性，多思考如何联系具体实际把改革举措落到实处。

此外，还有学者研究发现，干部对全面深化改革的态度比较复杂。总体来看，旗帜鲜明地始终坚持一种态度的官员只占据少数，更多的则是兴奋与害怕并存、情感反对与认知支持交织。多数干部往往持有两种甚至多种态度，时而拥护、时而反对，时而积极、时而消极。一个最坚定的改革者可能曾经动摇、挣扎，而一个最怯懦的保守者也可能曾经拥护改革。

---

① 潘丽莉、谭峰：《争当“改革促进派”，干部有哪些顾虑》，载《人民论坛》2015 年第 18 期。

三、如何用好“改革促进派”

任何事物的发展，都不会一帆风顺。当下的改革已经不是帕累托改进，与之相伴生的是唱衰改革、质疑改革的声音。为此，必须把改革促进派“用起来”，让他们成为中国改革道路上的“路标”，进而将改革热情有效传递给干部和公众。但是，“用起来”只是一种低度的承认，且具有很大的不确定性。这就不能仅仅依赖向潜在的改革者“隔空喊话”，而必须拿出实实在在的举措、果敢有力的行动。

（一）把“改革”纳入干部考核体系

政绩考核是“指挥棒”。只有进一步完善政绩考核评价体系，才能让改革促进派干部形成合理的心理预期，从内心深处思长远改革、谋全面发展。为此，必须把“改革”因素纳入当下的干部考核体系中，并且提升“推进改革”的考核权重，才能激发改革促进派干事创业。要扩大参与考核的范围，既有一般机关干部对领导者的评价，也要有服务对象的评价、社会群众的评价。要把推进改革的考评情况作为干部评选先进、升降奖惩以及调整级别和工资的重要依据，进一步激发各级干谋改革、抓发展的积极性、主动性和创造性。

需要注意的是，还要把“于法有据”纳入到考核指标中去。改革开放初期，改革者基本上是“摸着石头过河”，往往要冒一定的风险，很大程度上靠打法律和政策的“擦边球”推进改革。而时下的改革，则是在相对完善的法律框架内进行，在中央深改组系统的顶层设计下进行，“改什么”“怎么改”，都有相对明确的路线图和时间表。因此，改革促进派要有法治思维，运用法治方式开展工作。

（二）加大“改革促进派”选拔力度

改革动力与阻力之间的力量对比，从根本上决定着改革的方向和进度。推动全面深化改革，一是必须激活和集聚现实存在的改革力量，并将改革促进派的骨干人物推荐到关键岗位上。20 世纪 80 年代，中央组织部曾建立了一个“第三梯队”制度，如今这一群体都成为治国理政的精兵强将。20 世纪 90 年代，国家体改委（国务院体改办）集中了一大批人才，也锻炼出一批人才，比如周小川、楼继伟、李剑阁、郭树清等。他们的思维、意识、全局观念等，经过培养和历练都大不一样了。对于真正的改革人才，不妨破格提拔，比如从县委书记直接提拔为市长。这种非常规的激励手段，才能产生持久的冲击力。这些举措将给年轻的改革派干部，提供一种长远预期的机会和信心。

二是必须打破固有的人事制度“瓶颈”。把改革促进派用起来，不能仅仅取决于某个上级领导的“慧眼”。要打破干部选任事实上的封闭性，将公共职位向全社会开放，特别是发挥好党内民主和“旋转门”的作用。用来招聘的公共职位本身，在层级、级别、范围上要尽可能扩大。要增加公共职位的竞争性，将考任制、委任制、选任制、聘任制等运用到不同的职位和群体中。

三是在“干部能下”方面实施突破。长期以来，干部能上不能下，成为干部人事管理上的顽疾，制约着一大批有才能的干部无法走上更高的领导岗位。通过评估改革成效，将改革推进不力或落实不到位的干部“拿下”，让干部流动起来，腾出位置，让改革促进派发出“洪荒之力”。

（三）营造支持改革的浓郁社会氛围

任何一场变革，都不仅是利益的博弈，更是观念、文化的冲击与碰撞。

全面深化改革的难点，恰恰在于观念的转变。干部对改革的心理接纳程度，直接决定了全面深化改革的成败。因此，要提升干部对改革的认同度，就必须构建理性、自觉、合作的变革文化，营造支持改革的浓郁社会氛围。例如，在宣传“允许失败，但不允许不改革”方面切实担当起来，推动全社会形成有利于改革促进派大胆探索的包容性环境。

必须指出的是，当今中国，态度最鲜明、意愿最强烈的改革促进派，并不仅局限于官员队伍中，更多分布在社会不同领域。例如，新兴的社会组织和社会团体，医生、律师、工程师、教授等专业领域，企业（尤其是民营企业）的管理层和从业者，新闻媒体特别是新兴媒体人员，包括农民在内的社会中低阶层，以大学生、研究生为代表的年青一代，等等。当务之急是将他们的改革期盼，转化为对改革的理解、支持和行动。为此，要释放足够的、透明的改革信息，让公众了解改革之风刮向何处；要减少改革理念和政策的碎片化，保持改革方案的整体性和时段性的统一；要更注重微观层面的操作性，避免空喊宏观层面的口号，让不同群体都有改革“获得感”。

 案例

地方“深改组”观察[①]

2014 年 1 月 22 日，领衔新一轮改革的超级机构——中央全面深化改革领导小组终于揭开神秘面纱，党的十八届三中全会设定的 60 项、336 条改革由此拉开序幕。紧随其后，所有省市县党委相继成立“深改组”，组

① 根据公开资料整理，原载《决策》2016 年第 2—3 期合刊。

长均由党委书记担任，政府主要领导、专职副书记担任副组长，规格和阵容与中央基本一致。同时，还公布了下一步改革的任务书、时间表和路线图。

两年时光倏忽而过。作为改革攻坚的前哨指挥部，地方“深改组”是怎样运转的？两年间取得了哪些进展？又遭遇到何种现实困扰？

会议释放出哪些信号

对于“深改组”，公众印象最深的当属不定期举行的领导小组会议。短短两年时间，中央“深改组”会议已召开了20次，差不多每月都有若干新方案出台，可谓紧锣密鼓、马不停蹄。而地方上也是动作频频，比如2016年春节过后首个工作日，安徽省委“深改组”立即召开会议，安排部署“十三五”开局之年的改革任务和具体举措。

这并不让人意外。实际上，自上而下的制度化开会仪式，一直是中国特有的政治运作模式。当代中国几乎所有的重大变化，往往都经由开会的形式发生。尤其是处于“众声喧哗”时代，“深改组”会议通过释放明确的改革信号，借助媒体全方位、强有力的传播，可以有效引导社会行为、思想和情感的制度化。

所有省级“深改组”会议，均由省委书记主持召开。据不完全统计，截至2016年1月，会议总次数达到10次的省（市、自治区）至少有20个。其中，山东19次，贵州、吉林各18次，陕西、山西各17次，云南16次，广东、湖南、天津各15次，甘肃、江苏、福建、青海各14次，上海、辽宁、河北、黑龙江各12次，内蒙古、宁夏各11次，河南10次。

“深改组”会议频次的高低，能在某种程度上折射出地方党委改革紧迫感的强弱。山东省委书记姜异康的“敲核桃”理论，就曾引起广泛共鸣：“显性问题容易发现，隐性问题往往包裹着一层硬壳。我们要敲开核桃，既看到挑战中的机遇、差距中的潜力，又找出先进中的落后、成功中的隐患。”在“深改组”的精准拿捏下，山东简政放权、金融、财税等改革都迈出较快步伐。贵州省委书记陈敏尔则多次提出：“要有改革的使命感、紧迫感，要积极行动起来，要成为改革的行家里手。不能慢慢腾腾地、晃晃悠悠地做到哪里算哪里。”在多重压力的倒逼下，贵州大数据、生态治理等改革一度轰动全国。

需要指出的是，“深改组”会议次数少，并不必然意味着改革含金量低、改革力度与成效小。只召开过 8 次会议的浙江，是毫无争议的改革样板省。2014 年以来，仅在经济改革领域，就接连打出“五水共治”、“浙商回归”、创新驱动等“组合拳”，直击制约浙江转型发展的要害。只召开过 6 次会议的重庆，则主攻内陆开放和投融资、城镇化、国资国企等改革。2015 年，在经济下行压力影响下，全市 GDP 增速仍然达到 11%，较全国高出 4.1 个百分点，获得中央高层领导“点赞”。

从更深层面来看，“深改组”会议体现了主政者对改革大势的研判能力、对改革议程的把控能力。2015 年，一位新上任的省委书记，在会议上特别谈道：“把有利于稳增长、调结构、惠民生、保稳定、防风险的改革举措往前排；突出抓好具有地方特色的先行先试重点改革；集中推出一批力度大、措施实、接地气的改革方案。”由此释放的信号是，通过差异化改革领跑，展现更多锐意和创新，为全国改革树立样板、提供经验。

低调而忙碌的改革办

与“深改组”的高调相比，作为其智囊和执行机构的改革办，则显得颇为低调而神秘。

这与改革办的职能定位密切相关。根据设计，“深改组”主要履行改革任务的总体设计、统筹协调、整体推进、督促落实的职责；各专项小组承担所负责领域改革推进的责任。而改革办作为常设性工作机构，则承担协调服务工作，负责日常运转、协调督促、上下沟通。

从组织架构看，各地改革办大多沿袭了中央的做法，即与党委政策研究室合署办公，同时新设立了秘书处、协调处。湖南省委改革办下设的两个处室，则分别被冠名为改革调研处、改革推进处，其职能和事务与其他省份并无二致。2014 年，中央改革办新增加了督察局，但地方改革办并未简单效仿，而是与省委督查室联合开展改革督查。

省级改革办主任的人选，主要分为两种任职模式：安徽、江苏、河南、北京等地，均由省委常委、秘书长兼任；陕西、湖北等地，则由省委政策研究室主任兼任。相对而言，甘肃、广东两省的配置较为独特，改革办主任分别由省委副书记欧阳坚、省委办公厅主任刘可为兼任。

作为改革办承上启下的协调者，专职副主任的角色相当吃重，必须兼备很高的政策理论水平和很强的实际操作能力。河北省委改革办专职副主任王晓桦，此前历任邯郸地委党校教师、成安县委书记、大名县委书记，一度是轰动全国的“改革派”官员。湖南省委改革办则配备了 2 名专职副主任。其中，秦国文曾任省社科院副院长、吉首市委书记，2015 年年初被明确为正厅级；罗云寿则一直供职于省委政策研究室，长于组织协调和文稿撰写。

从运作过程看，改革办大部分精力用于筹备会议、起草文稿、交流信息、督促检查、树立典型。“深改组”会议具有协商、决定、动员、象征等多重功能，领导层、各部门和社会各界都极为关注。对改革办来说，必须提前一两个月筹备，反复征求各方意见，起草讲稿、形成方案。而往往一次会议结束，又要与各专项小组沟通，共同筹划下一次会议。其中任何一个细节，都有可能推倒重来、多次打磨，直到领导层和各部门达成共识。

分责、督察与考核，是改革办的核心职责。2015 年年底，安徽省委“深改组”首次对承担年度改革任务的省直牵头单位和 16 个省辖市进行督察考核，内容主要包括改革方案是否科学、改革举措是否有效、改革推进机制是否有力、改革效果是否符合预期。在考核指标设置上，“组织领导”“贯彻落实”“改革成效”分别占比10%、50%、40%，力促改革落地生根的导向十分鲜明，使得条与块的改革必须围绕“考核指挥棒”运转。由于需要多人全程参与督察考核，改革办有限的人手也就略显捉襟见肘。

笔者在实地调研中发现，这种超负荷作业的状态，在各级改革办中普遍存在。一方面，“活多、人少”。广东、湖南省委改革办分别只有16人、12人，而相当数量的省委改革办仅有6—10人；市县改革办专职人员更是少之又少，有的仅有1—2个编制，甚至尚未明确编制。另一方面，“体制内运行”。省市县改革办与党政机关联系频密，但对“外脑”的开发尚不够充分。广东、安徽遴选若干项重点改革，委托第三方开展绩效评估，无疑是一个很好的开端。

从县域看“最后一公里”

针对改革中的博弈状态，社会上流传着一个比喻：“上层踩油门，中层挂空挡，下层踩刹车。”此言尽管相当刺耳，但折射出一种普遍的担忧，即如何确保改革部署顺畅地推进到“最后一公里”。

县域是承上启下的“接点”。可以毫不夸张地说，全面深化改革，“成也在县，败也在县”。作为县委“深改组”组长，一位县委书记坦言：“每天一睁眼，就是一堆具体而微的改革难题要往前拱。”如何在刀尖上跳出一支华美的舞蹈，无疑需要一批扮演“催化剂”角色的优秀操盘手。而如果县委书记不想动真格，改革试点成效必然难以彰显。

让人欣慰的是，在县委书记群体中，涌现出不少锐意改革者。2014年，浙江在德清县开展城乡体制改革试点。时任县委书记张晓强围绕破除城乡二元结构，主导推进“三权到人（户）、权跟人（户）走”农村产权制度改革，推动了农村新土改、新金改、新户改，有效实现了“死产变活权、活权生活钱”。湖北嘉鱼县委书记熊征宇，针对干部正常“下”的难题，实施“任期 + 实绩考核”改革，对县直 76 名副职干部集体卸职，经过任期考核、连任竞岗等流程，7 名干部就地免职，搬掉了干部“铁交椅”，激发了干部队伍内生活力。

也有部分县委书记反映，在改革中仍有诸多困惑，仅靠基层力量无法解决。一是对改革风险把握不准，担心对改革者产生影响，甚至危及政治生涯；二是感到改革压力较大，担心改革的实效与群众期盼还有较大落差；三是不清楚改革的边界在哪里，哪些领域直接执行，哪些领域尚需探索；四是有些改革虽有动力却没权力。有人担忧，长此以往，当基层发现问题时，不是考虑如何破除制度障碍，使生产活力得到及时解放，而是更寄希望于顶层设计。

对此，习近平特别强调，中央通过的改革方案落地生根，必须鼓励和允许不同地方进行差别化探索。全面深化改革任务越重，越要重视基层探索实践。基层改革创新，要尽可能多听一听基层和一线的声音，要最大限度调动地方、基层以及各方面的积极性、主动性、创造性。

实现中央和地方财力与事权相匹配，也是当务之急。从财政支出看，中央只花了 15%，省级也花了 15%，市县则花了 70%。下一步，应当把部分事权的执行上移到中央，中央的事情中央干，地方的事情地方管。只有这样，才能调动地方的积极性，真正形成改革合力。

此外，还要扩大改革的社会参与度。改革的本质是利益格局的调整。当前，个别改革方案制定过程仍由部门主导，变成部门内部操作、闭门谢客的盛宴。作为利益相关方的公众却“被缺位”，作为超脱利益之外的学界也“被缺席”，无疑是改革方法论上的重大缺陷。而要突破这一困局，就必须扩大公众和学界的参与度，让改革红利真正抵达每个人的身边。

CHAPTER 05

第五章

关键在于落实

崇尚实干、狠抓落实是我反复强调的。如果不沉下心来抓落实，再好的目标，再好的蓝图，也只是镜中花、水中月。

——习近平

在实现政策目标的过程中，方案确定的功能只占 10%，而其余的 90% 取决于有效的执行。

——G. 艾利森

“空谈误国，实干兴邦”，对于抓好改革落实，中央全面深化改革领导小组一直极为重视。让人印象深刻的是，中央深改组第一次会议提出“凡是议定的事要分头落实，不折不扣抓出成效”；第二次会议提出“把抓落实作为推进改革工作的重点，真抓实干蹄疾步稳务求实效”；第三次会议提出“落实能否到位，决定蓝图的实现”；第九次会议提出“确保各项改革举措落地生根”。

这里所说的“落实”，实质上就是执行。高效率的执行是组织实施战略目标和决策的重要环节，是领导者的重要职责，也是领导力的重要体现。习近平同志深刻指出："我们的所有成就，都是干出来的。这里的关键，就是始终注重抓落实。如果落实工作抓得不好，再好的方针、政策、措施也会落空，再伟大的目标任务也实现不了。"① 因此，必须以钉钉子精神抓好改革落实。

第一节 提升改革执行力

马克思在《哥达纲领批判》中说，"一步实际行动比一打纲领更为重要"。党的十八届三中全会通过的《关于全面深化改革若干重大问题的决定》，涉及 15 个领域 60 项具体任务。未来几年，要真正把这些改革任务落到实处，就必须提升各级领导干部的执行力。

领导学研究认为，所谓执行力，是指领导者贯彻战略意图、实现决策目标的综合能力，是领导者带领广大干部群众共同把战略和目标转化为现实结果的综合能力。那么，执行力与执行是不是一回事？执行力究竟体现在哪些方面？执行不力到底是谁的责任？如何提升组织执行力和改革执行力？

一、执行力研究的缘起与内涵

公共政策的研究者通常将政策过程划分为政策制定、政策执行与政策评估等环节。政策执行尽管是将政策目标转化为政策现实的唯一途径，但在相当长的历史时期内，并没有引起西方公共政策学者的应有重视。

直到 20 世纪 60 年代末，美国政府推出一系列诸如"向贫穷开展"、

---

① 习近平:《关键在于落实》，载《求是》2011 年第 6 期。

建设“伟大社会”等社会公共政策。这些庞大的政府改革项目听起来令人热血沸腾、非常振奋，但最终的执行效果与预期目标存在巨大落差，这种反差开始引起人们对政策执行过程的广泛讨论。由此，西方学者们逐渐将目光转向公共政策执行过程研究，并很快掀起了一场声势浩大的“执行运动”。其兴起的标志是美国著名政策科学家普雷斯曼和韦达夫斯基 1973 年推出的报告《执行——联邦的计划在奥克兰的落空》一书。他们的研究表明，奥克兰计划并未按照政策制定者所设想的那样被执行；之所以没有取得预期的目标，问题就在于执行方式尤其是采取“联合行动”的困难上。此后，西方学者以前所未有的热情，充分采用各种方法和不同视角来探讨政策执行过程，提出了行动理论、组织理论、因果理论、交易理论、管理理论、系统理论、演进理论等，使政策执行成为公共政策研究的一个重要领域。

中国学界对政策执行的关注相对较晚。长期以来，我国一直沿用高度集权的行政体制，公共政策以自上而下的行政命令方式来执行，在一定的历史条件下也收得了较好成效。但伴随着计划经济体制向市场经济体制转轨，政策实践中的问题越来越集中于政策执行环节，或者越来越与政策执行密切相关。根据中国知网全文数据库检索，文章篇名中最早出现“执行力”一词的时间是 1995 年，而频繁出现则主要集中于 2004—2016 年间。2006 年 3 月 5 日，时任国务院总理温家宝在十届全国人大四次会议上所做的《政府工作报告》提出，要“建立健全行政问责制，提高政府执行力和公信力”。这是“执行力”概念第一次被写入《政府工作报告》，标志着政府执行力建设被正式纳入国家治理范畴，反映出党和国家对提升政府执行力的高度重视与坚定决心。

从领导学的视角看，要理解执行力，必先理解执行。组织行为学认为，执行有三种形态：一是个人完成任务的行为。这是简单化的理解。二是团队达成目标的过程。行动过程比行为更复杂一些。三是组织决策、运营、操作的系统集成。这就把执行看作一个组织行为的集合。进而言之，执行是一种暴露现实并根据现实采取行动的系统化方式。同样的任务，由不同组织、不同个人来执行，但有好坏之分、水平高低之别，原因就在于领导力不同。拉里·博西迪、拉姆·查兰指出："人们通常都喜欢从战术角度去考虑执行问题，这本身就是一个大错误。战术是执行的核心，但执行不等于战术。执行是战略的基础，所以它必须成为战略的决定因素。"可见，执行还是战略的重要组成部分。

如果说执行是战略决策制定之后的行为，那么执行力就是衡量执行水平高低、执行者能力大小、执行效果好坏的一个概念。换句话说，执行力是指执行者贯彻战略意图、完成预期目标的操作能力，把组织战略决策和规划转化为效益、成果的具体行为。对于一般个人来说，执行力就是办事能力；对于领导者来说，执行力就是领导力；对于团队来说，执行力就是竞争力和战斗力；对于政府来说，执行力就是行动力和公信力。组织一般分为高层、中层和基层，分别有不同的执行力要求。对于高层和决策层来说，执行力就是具有前瞻性并正确制定战略的能力，主要强调战略性和方向性；对于中层或管理层来说，执行力就是把战略和规划落实到日常工作中的能力，主要强调有效性和策略性；对于基层或执行层，执行力就是贯彻落实的能力，主要强调技术性和操作性。执行力的衡量标准，包含了完成任务的意愿强弱、技能高低、效果大小和程度深浅，此外还进一步表现在执行者执行的力度、速度和强度上。

二、有效执行的前提条件

由于政策执行是政策过程中一个极其繁杂的阶段，其最终效果往往会受到诸多因素的干扰和制约。因此，改革举措的执行，在一定情境下会发生扭曲或改变，造成全面深化改革目标偏离预期。研究发现，影响改革举措执行的主要因素有以下几个方面。

（一）高质量的改革举措

美国公共行政学者史密斯，最早对政策执行问题进行系统研究，他明确把“理想化的政策”列为影响执行环节的首要因素。管理学家德鲁克也认为，“政策执行的第一项严重错误，就在于政策制定者制定了超越性的政策目标”。劳伦斯 · G. 赫雷比尼亚克则从战略与执行二者关系的视角指出，“对于有效的实施工作来说，一项清楚的、有重点的战略是必不可少的。不首先致力于制定可靠的战略，就谈不上实施战略问题”。

1999 年，时任湖北咸宁市咸安区委书记宋亚平，大刀阔斧地推行了包括五保合一、两推一选、干部打工、撤销乡镇“七站八所”等 14 项改革举措。咸安政改风生水起，湖北震动、全国轰动，但整个过程非常平稳。在宋亚平看来，改革之所以能取得成功，很大程度上取决于执行层面的组织能力，以及具体操作过程中的方式方法。他后来向媒体透露：“其一，你推行的改革绝不是你自己头脑发热时随心所欲、想当然的主观产物。其二，你的改革创新必须符合党中央、国务院既定的方针、路线、政策。同时，还需因地制宜，考虑到干部群众的承受能力。这是能够名正言顺地获得群众的理解和上级支持并取得成功的重要政治保证。其三，改革的指导思想、政策措施和操作方案必须是一个整体性、综合性的系统工程。千万不能‘头痛医头、脚痛医脚’。”

（二）执行所必需的资源

改革举措执行的资源，是指执行主体实施既定的改革举措时，所必须具备的客观与主观条件。公共政策是社会资源的流动过程，其本身必然需要一部分公共资源的损耗。一是财务资源。充足的经费以及优良的物质设备供给，是任何改革落地生根的必要投资和重要手段。当然，财物资源的调配供给，必须以经济发展水平和财政供给能力为基础；如果改革执行主体难以承受，再完美的改革举措也只能是纸上谈兵。二是人力资源。人是组织中的活的灵魂。选择素质高、能力强、经验丰富的执行人员，是推动改革举措落地的重要前提工作。需要注意的是，应当考虑到执行机构和人员对改革举措的价值态度和利益关系，尽量避免选择与改革有利害冲突关系的机构和人员去推动改革。三是信息资源。改革往往因宣传不力而造成信息非对称性，进而产生改革举措执行的偏差。充足的信息资源、科学的信息加工、畅通的传播渠道和完全的信息产出，是改革举措有效执行的重要保证。四是权威资源。改革举措的执行，是对社会资源的一种权威性分配。没有权威，意味着没有权力进行资源分配。执行主体应当依法改革，不可越权、侵权；应当以身作则、率先垂范，争取公众的信任和拥护。五是制度资源。制度是公共政策执行程序化的基本保证。执行制度建设至少应当包括：对执行者的人格、身份、职务等的保障，以及行政裁量、自由申辩等规定。

（三）目标群体能否接受

改革举措的执行能否成功实现目标、收到预期效果，并不简单取决于决策者和执行者的一厢情愿，它必定与目标群体有着密切和直接的关系。目标群体是否认同和接受改革，是决定改革成败与否的关键所在。总的来看，目标群体对改革的影响，主要分为两个因素：一是利益。改革本质上是利益关系的重新分配。这就可能使一部分目标群体获得利益，而使另一部分目标群体失去利益。后者往往会采取各种手段进行博弈，来保护自己的利益或者尽可能减少利益损失。二是观念。在一些部门和地方，改革举措往往由少数人制定，同时还可能缺少相应的宣传，造成彼此信息的不对称。而公众的普遍心理则是，对自己不了解、不理解的新鲜事物，往往会持一种怀疑、观望甚至反对的态度。

因此，在推进改革过程中，有必要让目标群体分享到更多改革红利，增进目标群体对改革的认知度和获得感。一方面，在举措出台之前，应当对可能指向的目标群体进行预测分析，厘清执行环节可能涉及的价值链条与利益关系，并采取切实举措化解、平衡或者补偿群体间的利益冲突。另一方面，对将要执行的改革举措，应当尽量选取多种信息传播渠道进行宣传，从而让目标群体充分了解改革的增益预期，消除疑虑、敏感甚至恐慌，最大限度地减少执行阻力。

三、提升执行力的基本途径

党的十八大以来，党和政府的执行力得到有效提升。但毋庸讳言，在一些部门和地方，治理不力、效率不高的问题仍然较为突出，诸如“应付式执行”“机械式执行”“机会主义执行”“虎头蛇尾的执行”等现象屡见不鲜，严重侵蚀和损害了党的执政形象与政府的公信力。从深层影响因素看，执行是治理变革众多环节和要素复合作用的结果，执行不力的根源包括观念、体制、利益、政策、素质等多方面。因此，提升执行力必须多方联动、多措并举。

（一）切实培育执行力文化

保罗·托马斯、大卫·伯恩研究发现，但凡执行力强的组织内部，都建立起一种执行力文化，他们认为“只有那些建立了执行力文化的组织，才可能长久发展、基业长青”。从概念和本质来看，所谓的执行力文化，就是政府部门及其工作人员在执行法律法规、战略规划、公共政策等既定目标的过程中所遵循的价值理念、道德准则、规章制度、行为立场、行为习惯等。它涵盖了三个层次的内容：第一层次是价值、理念；第二层次是制度、规范；第三层次是行为习惯及方法、技术、工具。

早在福建宁德地委书记任上，习近平就曾坦言："我不主张多提口号，提倡行动至上。""路子明确了，下一步的关键在于反对那种田园牧歌式的情调和人浮于事、松垮散漫的习气，提倡满负荷和紧张高效的工作节奏，今日事今日毕。"[①]领导学观点也认为，终极意义上的执行力是"行动"。经过日久天长的磨砺，逐步转换为执行者的本能、习惯，成为政府工作人员的"DNA"，执行力文化就真正构筑起来了。在落实改革举措过程中，核心价值就是维护人民群众根本利益，坚守社会公平正义，推动社会和谐发展。要大力倡导执行力理念，使每个公务员都能理解执行力的真谛；要把执行力与党政部门的决策、监督、评估结合起来，把执行力纳入公务员的选拔、考核、晋升、奖惩中，使每个公务员都能自觉提升自身的执行力，进而确保改革不漏项、不冒进、不拖延、不走偏。

（二）着力提升团队执行力

毛泽东指出，"政治路线确定之后，干部就是决定的因素"。[②]干部队伍是改革举措执行的主体，是改革执行力提升的实际承担者。因此，必须下大力气提高各级领导干部的素质和能力，包括政治素养、诚信廉洁、沟通能力，以及参与制定、严格遵守制度的能力。对于改革实干家来说，必须有担当、有能力、有智慧、有底线、有情怀。当前，改革进入深水区、攻坚期，既要啃下"硬骨头"，又要勇于"涉险滩"；既需要勇气，也需要

① 习近平：《为官一任　造福一方》，《摆脱贫困》，福建人民出版社 1992 年版，第 77—78 页。

② 毛泽东：《中国共产党在民族战争中的地位》，《毛泽东选集》（第二卷），人民出版社 1991 年版，第 526 页。

智慧；既需要坚定改革决心和信心，也需要把握时机、节奏和力度。但从干部队伍现状看，还相对欠缺法治思维，民主协商也很不够，容易忽视科学化决策。这三个方面都亟待提升。

需要特别注意的是，打造高绩效的执行力团队，比提升个体执行力更重要。团队执行力是一个整个组织的合力，是决策层、管理层与执行层的合力，体现为上下一致的凝聚力和行动力。高绩效团队通常有六大鲜明特征：清晰的目标、相互的信任、相互弥补的技能、一致的承诺、良好的沟通以及恰当的领导。电视剧《亮剑》的主人公李云龙，论武功比不上一营营长张大彪，论枪法又比政委赵刚稍逊一筹，论投弹不如普通战士王根生。但无论在新一团还是独立团，李云龙都硬是把被日军称为“农夫”的部队，打造成为一支钢铁团队。他超强的执行力和凝聚力由此可见一斑。“非常之功必待非常之人”，今天的改革攻坚，迫切需要李云龙式的干部。

（三）着力推动制度化变革

提升执行力不是一句空洞口号，必须优化改革的执行流程，全方位激发“沉睡”的制度活力。体制机制顽疾是影响执行力的关键因素。因此，当前的核心任务之一是优化权力结构，也就是从过去的高度集权走向合理分权。一是减少政府的职能和权力，让政府集中精力去提供公共产品、公共服务，抓好市场监管、宏观调控、环境保护。二是积极推进政府内部的纵向和横向分权。特别是要按“权责一致、重心下移、减少层次”的原则，将大量行政审批、行政执法等管理权直接下放到地方乃至基层。三是将能由企业和公民自主管理的事项，全部下放给企业和公民自主管理。

此外，还必须通过制度设计和创新，构建一套更为有效的激励约束机制。比如，适度提高公务员待遇。我国公务员基本工资与各种补贴的比例不仅严重失调，而且总收入长期偏低，很难调动公务员的工作主动性和积极性。应当尽快从工资结构和总体水平两个方面进行调整。中央实施县以下机关建立公务员职务与职级并行制度，是一个很好的开端。又如，为改革者提供法律保障。缺少法律支撑的改革，很容易受到社会压力的干扰，往往陷入“人走政息”的怪圈。应当尽快清除不合时宜的法律、法规、政策，并在此基础上再进行重新立法，以从根本上解除改革实干家的后顾之忧。

第二节　打开突破口

在推进改革的过程中，突破口的选择至关重要。这就如同一场战役，如果选准、选对了突破口，就可以在敌人最薄弱的环节打开缺口，然后乘胜追击、扩大战果、全线开花，夺取战役的最终胜利。反之，如果选择错误的切入点，则必然影响整个战役的进程，甚至导致改革胎死腹中、难以启动。

从历史经验看，改革开放以来，我国每一轮经济繁荣周期的发轫，都是由于领导者找准了改革的“牛鼻子”，打开了改革的突破口，收到了势如破竹的良好效果。当前，改革重点不突出、力量过于分散的问题，在一些部门和地方仍然比较突出，这就使得改革难以形成合力，无法形成示范效应和带动效应。因此，当务之急就是进一步明确突破口，抓住重点、有所侧重、实施精准突破。

一、领导者要有超强的执行力

长期以来，一些领导干部对执行力的理解，过于死板，过于狭隘。他们陷入一种认识误区，认为执行力属于操作层次、战术层面，是下属和基层公务员的专利；而领导者的职责仅仅是负责决策、指挥和授权，不必亲自参与到具体的执行过程中去。由此，我们身边不乏这样的领导者，他们只重视决策环节，往往习惯于发号施令，而忽视了任务的落实与督查。

实际上，执行并非一个孤立的环节，而是与决策、监督等管理环节相互依存、相互制约。保罗·托马斯、大卫·伯恩指出，“执行力的精髓就是将人员、战略、运营这三个流程结合起来”。执行力与领导力往往成正比，执行力的大小就是领导力的大小。相对上级来说，下级要有执行力，但领导干部并不是一个人去单打独斗，而是通过组织、服务和引导，带领整个队伍一起去执行任务。对上要有执行力，对下要有领导力，这是一个问题的两个方面。执行力的大小，取决于领导力的大小；领导力越强，执行力越强。推动改革举措的落地，既需要执行力，又需要领导力，必须把领导力和执行力很好地结合起来。光说执行力没有用，对下的领导力必须到位，对上的执行力才能落到实处。一言以蔽之，只有将执行力与领导力打通之后，才有利于改革举措的执行和落地。

需要注意的是，执行力与领导力有先后顺序之分。一般而言，先有领导力，后有执行力。如果说领导力是战略，那么执行力就是策略；如果说领导力是思想力，管战略、管方向，那么执行力就是行动力，重在具体操作；如果说领导力是世界观、价值观，那么执行力就是方法论，重在务实可行。要想做到精准施策、高效执行，前提是必须有明确的路线图、时间表、任务书和责任状。否则，没有明晰的战略与方向，执行起来就会比较盲目。

保罗·托马斯、大卫·伯恩在研究中还发现，在那些执行力强的组织，领导者都有一个共同特点：他们除了对自己的组织有深刻了解之外，还亲力亲为，参与组织的一切活动。正如习近平在中央深改组第十九次会议上所言：“把具有标志性、引领性的重点改革任务抓在手上，主动出击，贴身紧逼。”

20 世纪 90 年代初，福建省的外企和民企风生水起，但国企因自身体制积弊而步履维艰。国企改革成功与否，事关经济体制改革能否取得突破。当时，省会福州筛选出一批股份制改革试点企业，但由于“姓社姓资”的激烈交锋，谁都不敢试、不愿试。1991 年夏，问题报到市委、市政府后，时任市委书记习近平拍板决定，由福州经济技术开发区建设总公司来“试水”。为确保改革蹄疾而步稳，1992 年年初习近平请来省社科院专家，详细请教股份制改革问题。他还在市经济研究中心递交的《关于加快开发区建总股份制试点工作的建议》上做出批示，“抓紧落实，尽快促成”。得益于这种“钉钉子”精神，开发区建总的改制上市工作驶入了快车道。1996 年年底，企业顺利在深交所正式上市，挂牌交易；自上市之日到 2014 年年底，累计上缴税收超过 20 亿元。

2000 年，时任福建省省长习近平，亲自兼任省国资委首任主任，以更大力度推进全省国企改革。福建国企的市场化改革，由此迈出更快更大步伐[①]。

从这个实例可以看出，我们必须更新思想观念，完善领导方式，真正把领导者的职能重心从决策环节延伸到执行、监督环节。强调领导者的执行力，非但不是对领导力的削弱，反而是对领导力的加强。因为领导者只有切实融入到执行过程中，才能熟悉执行环境、熟悉下属思想和心理状况，熟悉执行中的困难和矛盾，从而采取有效的应对举措，将决策目标任务执行到位，并通过执行效果的评估和反馈，最大限度地优化决策方案。

二、以“点”的突破带动全局

在急剧变化的转型环境下，改革往往面临理论与实践的双重匮乏。为

---

① 《秘书工作》采访组：《实干才能梦想成真——习近平同志在福州工作期间倡导践行“马上就办”纪实》，载《秘书工作》2015 年第 2 期。

了尽快取得突破，领导者倾向于采取“政策试点”的方式来实施改革。小范围、小领域的探索和尝试，成为争论各方唯一能够接受的方案。1978年12月13日，邓小平在中央工作会议闭幕会上深刻指出：“在全国的统一方案拿出来以前，可以先从局部做起，从一个地区、一个行业做起，逐步推开。中央各部门要允许和鼓励它们进行这种试验。试验中间会出现各种矛盾，我们要及时发现和克服这些矛盾。这样我们才能进步得比较快。”① 此后，重视运用试验策略这一改革思路，接连被写入党的十三大报告、十四大报告、十五大报告和各类重要文件中。特别是从1978年至2000年，在以经济体制改革为核心的一系列关键性政策调整中，进行“政策试点”几乎成为实施改革的必经阶段，“每改必试”、以点带面成为治国理政的秘密武器。

作为改革开放的总设计师，邓小平在谋划和推动改革中，一贯主张“摸着石头过河”，尤其注重“点”上的突破。这实际上就是“集中优势兵力”，把精力、人力、物力、财力，先聚焦到一个“点”上去。通过在“点”上突破，进而由点及线、由线到面、由面到体，最终成功推动了中国的改革开放。1975年，邓小平大刀阔斧领导的“全面整顿”，就是对这一方法的娴熟运用。这次整顿，时间不长却影响深远，加速了“文革”的结束和新时期伟大转折的到来，孕育着邓小平理论的萌芽和改革开放的先声。

在那个特殊的历史时期，我国的国民经济濒临崩溃边缘，社会秩序十分混乱。根据毛泽东提出的“安定团结”“把国民经济搞上去”的指示，邓小平权衡再三，首先选择将交通运输作为全面整顿的突破点。当时，中国的交通运输基本上以铁路为主，而且铁路运输系统问题丛生：生产下降、事故惊人、纪律松弛、堵塞严重，各地的铁路大多已连续几个月没有完成

① 邓小平：《解放思想　实事求是　团结一致向前看》，《邓小平文选》（第二卷），人民出版社1994年版，第150页。

运输任务。1975 年 3 月 5 日，邓小平在《全党讲大局，把国民经济搞上去》这篇讲话中，严肃地指出："铁路运输的问题不解决，生产部署统统打乱，整个计划都会落空。所以中央下定决心解决这个问题。"

铁路系统的整顿，从哪个"点"突破呢？着重抓好两条线（陇海、浙赣）、四个点（徐州、南京、南昌、太原）。其中，徐州铁路局又是重中之重。邓小平在全国各省工业书记会议说："徐州那个闹事的头头'本事'可大啦，实际上是他在那个地方专政。对这种人不及时处理，等到哪一年哪？"由此可见，邓小平之所以选择从整顿徐州铁路局入手，有以下几个方面考虑：其一，徐州铁路局是全国铁路运输最为重要的枢纽之一；其二，徐州铁路局派性问题最严重，是影响全局的薄弱环节；其三，无论是毛泽东还是全国舆论，对整顿徐州铁路局都已达成了广泛共识。

3 月 9 日，铁道部部长万里坐镇徐州，紧锣密鼓地工作了 11 天。3 月 20 日，列车通过对数由 11 天前的 38 对增加到 72 对，机车出车台数由 70 台上升到 90 台，日平均装车由 200 多辆增加到 1400 多辆，整顿取得了重大突破。3 月 25 日，邓小平主持国务院全体会议，听取万里汇报，推广徐州经验。其后不久，整顿工作迅速扩展到其他部门，先是煤炭和钢铁行业，接着是商业、财贸和农业，最后转向教科文卫部门和地方政府。从点到线、从线到面、从面到体，邓小平有力掌控全面整顿的先后顺序和节奏进展，在极度困难时期形成了比较良好的崭新局面。

当然，在"点"上取得突破，并不是一件轻而易举的事。邓小平向来主张敢字当头、敢作敢为。他一针见血地指出："现在，干部中的一个主要问题，就是怕字当头，不敢摸老虎屁股。""要找那些敢于坚持党的原则，又不怕个人被打倒的精神、敢于负责、敢于斗争的人进领导班子。"全面整顿期间，邓小平大胆起用万里、张爱萍、胡耀邦等一大批改革促进派，放手让他们整顿铁道部、国防科技、科学院等部门。后来，邓小平回忆说：

“1975 年我抓整顿，用了几个人才，就把几个方面的工作整顿得很有成效，局面就大不一样。”此外，关键在于找准牵一发而动全身的“枢纽性”问题。这就需要立足全局、从大看小，从宏观形势和当前任务出发，找准最具爆破价值的突破“点”，从而对打开新局面发挥决定性的牵引作用。

三、从“先破后立”到“先立后破”

全面深化改革，一定要处理好“破”与“立”的关系。过去，我们总是强调“先破后立”。很多人经常说，“不破不立”，“破字当头，立在其中”。尤其是在改革开放之初，我国经济社会发展迅速、法治建设相对滞后，“摸着石头过河”这种实践先行、立法附随的模式成为常态，虽发挥过积极作用却损害了法律权威性。因此，到了全面深化改革时代，必须要树立新的“立破观”，亦即立字当头、先立后破、不立不破、破为了立。

（一）立威信

2012 年 12 月 4 日，刚刚履新不足 20 天的中央政治局召开会议，审议通过了“八项规定”。“轻车简从”，“不张贴悬挂标语横幅”，“开短会、讲短话”，“减少交通管制，一般情况下不得封路”，“压缩报道的数量、字数、时长”，等等。短短 600 多字，没有大话、套话，实实在在。

对于“八项规定”，很多人并不当真，结果一批公款吃喝的干部被严肃处理。第二年，受到处理的逾 6 万起、8 万多人。第三年，再也没人敢公开“把纪律当笑柄，把哨兵当仆人”。党风政风为之一变，社会风气为之一新。

人们终于意识到，“八项规定”不是走形式，而是许多改革的开始，是重新树立中央威信的开始，是取信于民、赢得民心的开始。只要使出霹雳手段，沉疴积弊完全可以清除。“八项规定”作为新一届中央领导集体的第一把“手术刀”，“小切口”推动了“大变局”。

（二）立规矩

“不以规矩，无以成方圆。”无论是治国理政，还是进一步推动改革，都必须立规矩、讲规矩、守规矩。习近平说，全面深化改革头 3 年，是夯基垒台、立柱架梁的 3 年。截至 2016 年 9 月，中央出台或修订的党内法规共 54 部，一系列法规制度陆续出台。中央深改组成立以来，审议通过及印发的涉及反腐与党建文件至少达到 17 份，为全面从严治党立梁架柱。由此释放的重要信号是：全面从严治党，越往后执纪越严。

值得一提的是，2016 年 7 月，中共中央印发《中国共产党问责条例》，这是管党治党的一个重要利器。动员千遍不如问责一次，执行制度关键在人。“把权力关进制度的笼子”，是新一届中央制度反腐的主要思路。李永忠认为，要问责，更要倒逼改革。组织制度的核心是选人用人体制，领导制度的核心是权力结构。因此，治本之策就是要看到选人用人问题，看到权力结构问题。党委主体责任，就是实现科学的权力结构。如果党委的权力结构改进科学了，主体责任就尽到了，再复制就可以了。

（三）立法度

习近平多次强调：“凡属重大改革都要于法有据。”这就意味着，改革“先破后立”的时代即将终结。从“先破后立”到“先立后破”，是时代所需、法治所需。党的十八大之后，我国法律体系基本形成，“先立后破”已有法治基础。

推动全面深化改革，必须坚持法治引领、法治先行。需要修改法律的可以先修改法律，先立后破，有序进行；有的重要改革举措，需要得到法律授权，要按法律程序进行，以立法引领改革，以改革推动立法，以立法引领群众。2013 年以来，全国人大常委会“打包”修改法律，从各领域简化、下放和取消了一些审批权。上海自贸区的先行先试，经过了全国人大常委会授权；放开“单独二孩”、废止劳教制度，也由常委会做出决议和决定。自贸区试点，也不再搞“政策洼地”，搞优惠，而是注重“可复制、可推广”等制度安排和法律设计，当好改革“试验田”“排头兵”。

第三节　变革的流程再造

对流程再造进行管理、控制和驾驭，是引领变革、推动变革的核心工程。任何宏伟的变革战略和目标，只有精准落实到人员和流程上，才真正具有执行力和穿透力。在《执行：如何完成任务的学问》一书中，拉里·波西狄、拉姆·查兰很早就指出：“领导者的执行能力要通过运营流程，通过具体的运营设计来体现，这也是最困难和最讲艺术的一部分。”

领导学研究认为，组织执行力包括三大核心流程，分别是人员流程、战略流程和运营流程。所谓人员流程，就是组织内部的选人、用人、育人、留人等工作流程，这也是将战略与运营结合起来的根本力量；战略流程实质上是一份行动方案，是通向执行结果的一条路径；运营流程亦即实施步骤，通过详尽的跟进措施和配套机制，确保所有人都能完成自己的任务。把这三大流程很好地结合起来，是提升团队执行力的核心和关键。

一、流程再造：从理论到实践

“流程再造”的概念，最初源起于现代企业管理。20 世纪七八十年代以来，在全球化、信息化的大背景下，顾客需求层次不断提高，需求内容也日趋多样化，企业间的竞争空前激烈。传统的部门分割、层次节制模式，已经难以适应以客户、竞争与变革为特征的时代新格局。1993 年，美国麻省理工学院教授迈克尔·哈默与 CSC Index 咨询公司董事长詹姆斯·钱皮合著的《改革公司：企业革命的宣言书》，首次系统地提出和阐述了业务流程再造的概念。企业再造理论以一种新生的思想重新审视企业，对传统管理学赖以存在的理论基础、亚当·斯密《国富论》所倡导的分工理论提出质疑，在西方发达国家掀起了一场影响深远的工商管理革命。这场巨大变革随后又波及公共部门，成为“政府再造”和执行力提升的利器之一。

迈克尔·哈默、詹姆斯·钱皮认为，企业管理的核心是流程，也就是一套完整贯彻始终的共同为客户创造价值的活动。企业再造必然要求改造流程，对组织架构、人力、效率、成本、盈余等方面进行彻底变革与再造。须知，企业之所以缺乏竞争力，症结不在于员工不卖力，而在于传统分工理论将一个连贯的业务流程分割成为多个支离破碎的部门，层级节制、僵化保守的官僚体制束缚了员工的积极性、主动性和创造性。工作本身以及负责执行的员工，都不存在问题；唯一有问题的是流程架构，需要改造的正是流程本身。不认识到这一点，无论怎样，即使效率有所增加，也只能治标不治本。

正是基于“为客户创造价值”的独特视角，流程再造理论引发了公共部门改革的新浪潮。当然，政府流程再造已不局限于业务流程简化，而是意味着一场理念与方法的根本变革，其基本内涵就是：以公众的合理需求为导向，对政府流程进行彻底重组，以适应内外部环境的剧烈变化，谋求组织绩效的显著提升，使公共服务和产品更多赢得公众满意与信任。

从更深层次看，政府流程再造包括以下几个要点：一是以公众需求为牵引。政府流程再造的外在作用力是政府内外部环境的变化，但直接内驱力则是政府为了更好地满足公众日益多样化、个性化的需求。因此，政府职能的调整与转变，必须摒弃传统的“以自我为中心”的管理理念与方式，转而以目标公众和公共利益为中心，在决策和执行过程中都要体现公众立场。特别是流程设计要以方便公众获取公共服务为出发点，创造条件让公众参与到公共决策和公共事务中去。这是政府流程再造的本质特性所在。

二是以整体流程优化为主线。传统以职能为中心的理念，将业务流程人为地割裂开来，进而导致部门林立、多头指挥，让公务人员与公众无所适从，极大损害了政府效能与公信力。从职能型转向流程型，就是排除对流程运行不利的障碍，整合多余的部门以及重叠的流程，强调部门之间业务、信息、服务的整合与协同。政府流程再造，本质上是系统思维的具体运用，强调系统优化、全局观念，强调每一个环节的活动尽可能实现最大化增值，将众多员工、各项任务以及不同部门有机结合在一起，以从根本上消除本位主义、利益分散主义。

三是以组织结构重构为支撑。政府组织是一个具有内在联系的系统。政府流程再造虽然更多涉及工作流程，但必然伴随着组织结构的重塑与变革。由于更强调“为公众创造价值”，有必要构建一种能够及时提供便捷服务、回应公众需求、具有动态适应性的政府组织结构。从纵向结构看，传统的“金字塔—鸽笼式”的科层制结构组织，将被以流程为主导的“扁平化—适应型”结构取代。这种新型组织结构更强调扁平化、弹性化、开放性和动态适应性，能够灵活适应时代变化、满足社会需求，有效避免公共部门效率低下、执行力受阻。

二、“互联网 +”时代的新趋势

2016 年 3 月 5 日，国务院总理李克强在《政府工作报告》中指出：“大力推行‘互联网 + 政务服务’，实现部门间数据共享，让居民和企业少跑腿、好办事、不添堵。简除烦苛，禁察非法，使人民群众有更平等的机会和更大的创造空间。”此前，他在考察“智慧宁夏”综合展示中心时还提出，要充分运用“互联网 +”让政府服务变得更“聪明”。

从发展历程看，政府是我国最先实施信息化的领域。1999 年，多家中央部委发起“政府上网工程”，电子政务由此蓬勃兴起。为了对接被互联网深刻改造的多元化社会，政府迫切需要依赖活跃的技术来影响并带动制度变迁。“互联网 + 政务服务”的横空出世，是对传统“管理驱动型”政务流程的根本反思与彻底再造。其要核是政府利用互联网思维、技术和资源实现融合创新，通过“连接”提升运作效率、服务能力，通过“化学反应”与“基因再造”，重构公共服务流程，重塑公共产品和公共服务，打造政府公共服务体系升级版。

浙江是“互联网 +”普及度最高的省份。党的十八大以来，浙江率先启动以“四张清单一张网”为重点的政府改革，力求做到在全国审批事项最少、办事效率最高、投资环境最优。所谓“四张清单”，就是行政权力清单、政府责任清单、企业投资负面清单、财政专项资金管理清单；所谓“一张网”，就是浙江政务服务网。这项改革作为简政放权的重头戏，受到省委、省政府领导高度重视，在不到两年时间内取得突破性进展。[①] 这里主要以浙江的全方位实践为例，阐释“互联网 + 政务服务”流程再造新趋势。

（一）流程再造，将权力纳入法治轨道

权力天然具有扩张性。没有限制的权力，不利于激发市场主体活力。最好办法就是把权力“晒”在阳光下。2014 年 6 月，伴随着浙江政务服务网的开通，浙江率先公布省级行政部门“权力清单”，涵盖了 42 个省级部门的 4236 项具体行政权力。政务服务网的核心功能，是记录权力运行轨迹、公开权力运行流程、确保权力正确行使。任何公民只要登录网站，都可以查看权力实施主体、实施依据等详细信息。这就好比为权力事项编发“身

---

① 刘乐平：《“互联网 + 政务服务”的浙江创新》，《浙江日报》2016 年 5 月 23 日。

份证”、建立“跟踪卡”，形成全过程的闭环管理，让“四张清单”落地生根。

在“互联网 +”背景下，一方面，各类政务服务全面触网，审批程序从线下搬到线上，对信息安全提出更高要求；另一方面，公众的维权意识、参与意识和监督意识都在增强，对增强政府执行力和公信力都有更多期待。因此，政务部门就必须牢固树立法治思维，既要保障公众在参与社会治理、享受公共服务中的合法权利，又要懂得“法无授权不可为、法定职责必须为”，牢记法律红线、底线不可逾越和触碰。

（二）数据共享，推动跨部门政务协同

2015 年 9 月，浙江政务服务网“数据开放”专题网站正式上线。原本封藏在政府各部门抽屉里的数据，包括所有市民、企业、政府等的基础信息，除涉及国家安全、商业秘密、个人隐私，都将通过互联网向全社会开放。早在 2013 年年底，省直单位不再保留原先的网上办事窗口，切实打造全省政务服务“单一入口”，让老百姓像“逛淘宝”那样享受更多便捷服务。这场数据大迁徙，背后实际是一场打破部门数据壁垒和“信息烟囱”、全面提升政府治理能力的“互联网 + 政务服务”革命。

在传统的层级制官僚体系中，行政权力呈现出条块化、碎片化，使政策在部门之间难以有效衔接，老百姓和企业需要“跑多个门、找多个人、办一件事”。以数据响应为核心的政务协同，必然要求政府突破部门隔阂，推进流程再造、实现资源共享，最终形成一体化的政务处理。未来，政府需要进一步扩展数据覆盖面，将政务行为每一个环节，都转化成获取数据的触头，并以此扩大数据供给，夯实“互联网 + 政务服务”的基础。

（三）服务驱动，让公众有更多获得感

政府治理变革的终极目标是惠民。浙江政务服务网的主旨是“服务零

距离，办事一站通”。相关负责人表示："我们不能在网上办一个朝南坐的‘衙门’，必须眼睛向下，努力对接企业、公众的现实需要，让‘民本’两个大字渗透办网的各个环节。”比如“纳税缴费”主题栏目，可以把老百姓除商务之外的各类支付一网揽尽。最终目标是，凡缴费事项，只要在电脑或手机上轻轻一点，就可以轻松搞定。

在“互联网 + 政务服务”环境下，政府对于公众来说是一个整体，公众没有必要知道政府部门如何设置、职能如何分工、业务由谁审批。“服务链”管理思想认为，企业和公众都是政府部门共同服务的终端客户，每一次服务请求都可被视为是向政府下的“订单”，而政府提供公共服务的过程就是在执行“订单”。目前，我们仍然处于“互联网 + 政务服务”初始阶段。下一步有必要选取部分条件较好的城市，支持其推出一批受欢迎、有前景的应用项目，为全面进入“互联网 + 政务服务”时代探索新路径。

三、推进流程再造的着力点

公共部门流程再造，是一种全新的并仍不断向前发展的组织调整方式，目前已从强调业务流程识别和技术评估，进一步发展到强调流程再造的变革领导。换句话说，成功的流程再造，源自于成功的变革领导。但是，无论是国际还是国内，无论是企业还是政府，流程再造的失败率一直居高不下，这就提醒我们必须正视变革的潜在风险和严峻挑战。为此，要把握好以下几个着力点。

（一）调动人的积极性

制度的生命在于执行，执行制度关键在人。在领导流程变革过程中，人越来越成为组织最可依赖的资源。迈克尔·哈默、詹姆斯·钱皮认为，领导者和参与组织再造的人是关键因素。归根结底，政府流程再造的落实与运行，最终要靠领导干部和公务员的全面参与。

政府流程再造工程的实施，首先必须赢得高层的支持。流程再造是一场组织理念、管理模式的根本性变革，必然会涉及权力和利益的再分配。当所有高层领导者都对变革方案承诺义务时，流程再造成功的概率无疑将显著提高。相对而言，魅力型领导者更适合领导流程再造。他们总是高度自信、坚守理想，精力充沛、敢于担当，往往不拘泥于传统与理性，善于激励下属不断超越自我，容易成为领导变革的核心力量。

中层干部和普通公务员同样极其关键。在启动流程改造前，必须让每个人意识到现有流程的缺陷和亟待变革的紧迫性。同时，组织还应更多考虑到他们的实际需要，制定更加合理的绩效评价体系和人事升迁规则，力求让每个人都有机会实现自我价值、得到更好发展。

（二）细化目标和任务

如果仅仅将流程再造视为流程管理自身的改革，那往往会遭遇失败。需要牢记的是，它不只是纯粹的管理工具或战术，而是一种基于愿景、方向和目标的战略管理，涉及理念、制度、技术的全方位再造。例如，戴维·奥斯本、彼德·普拉斯特里克在《摈弃官僚制》一书中，提出了“政府再造”的五大战略：核心战略、结果战略、顾客战略、控制战略和文化战略。这五大战略被称为改变政府 DNA 的“五个 C”。此外，公共管理的变革有五个基本杠杆，每个杠杆都对应着一个战略，每个战略都包含着不同的途径或工具。

在推进改革的过程中，尤其要善于细化目标和任务。通过把目标和任务分解为多个容易达成的具体小目标，分配给正确的人员并对他们进行培训，然后分阶段、分步骤地各个击破，最后确保改革目标的有效完成。“SMART 法则”认为，在制定目标时，应该遵循五项原则：目标必须是明确的（Specific）；必须是可度量的（Measurable）；必须是可以实现的（Attainable）；必须是结果导向的（Result-based）；必须有明确的截止期限（Time-based）。

（三）即时跟进与督察

领导和推进组织变革，必须对改革项目进行即时跟进与督察。许多好的改革创意之所以会落空，很大程度上是由于跟进不够、督察不力。所有善于改革的领导者，都会带着极大的热情抓好这项工作。通过跟进与督察，能够暴露出目标与现实之间的落差，迫使执行者采取更有力的措施和行动，进一步加快改革步伐、提升改革实效。

2016 年 7 月，中央深改组第二十六次会议明确指出，开展改革督察工作，要明确工作重点、盯住关键环节。会议提出，要落实好“三督、三察”：督任务、督进度、督成效；察认识、察责任、察作风。此外，对改革抓得实、有效果的要表扬，对执行不力、落实不到位的要问责追责。

案例

县委书记“抓落实”[①]

2015 年年初，《瞭望新闻周刊》记者奔赴关内关外、大江南北，与数位工作在十八届三中全会《决定》落实第一线的县委书记交流改革的心路历程。

就他们自己而言，新一轮改革要解决的问题，并不是现在才有的，“任

① 王健君：《县委书记一线深改路》，载《瞭望新闻周刊》2015 年第 4 期。

何时候，只要坐在县委书记这个位置上，每天一睁眼，就是一堆具体而微的改革难题要往前拱”。就具体的改革工作而言，三中全会《决定》给他们更多的是方向引领和“壮胆撑腰”，而真正的考验，则是“改革推进如何在一县、一乡、一村因地因时制宜”。

首在选准突破口

我国 2800 多个县（市、区），发展条件相差悬殊，风土人情差异巨大。如何因地制宜找准本地改革矛盾焦点的突破口，成为考验县委书记执政水平的一大课题。

面对记者，浙江象山县县委书记李关定说，2005 年来到象山，感受最深的就是，经济发展上去后，社会纠纷和利益矛盾爆发式产生。而过去的行政管理体制与满足老百姓日益复杂的社会需求错位，社会管理因为社会组织发育不健全而基本缺位，老百姓解决问题摸不着门、找不准人。一旦矛盾纠纷不能及时解决，芝麻小事也会激出层出不穷的上访。

因此，进入 21 世纪后，象山改革主战场就是基层行政体制创新和社会管理制度改革。李关定决定从信访问题“主攻”象山新一轮改革。

首先，引导支持老百姓走正常的司法渠道。信访案件大多涉法涉诉。从 2006 年起，象山县政府每年拨付法院 30 万元，免费帮弱势群体打官司。2010 年，由县司法局牵头，成立了司法行政法律服务中心，“通过第三方律师，帮助不懂法的人、打不起官司的人走正常法律渠道解决矛盾”。同时，又增加了社会调解功能，使得医疗纠纷、劳资纠纷、交通事故、工会维权和妇女维权等社会难点问题，都有了明确解决渠道。

截至 2014 年 10 月，该中心接待群众来电来访 22912 人次；接待涉法涉诉信访 8945 件；办理法律援助案件 10235 件；成功调解案件 813 件，涉及金额 3041 万元。象山信访压力大幅下降。该中心负责人开玩笑地告诉记者："我们这是政府减负降压中心。"

随后，象山改革扩大突破口，顺应网络民情和政府廉政建设的需要，整合县长电话受理办公室、县投诉中心、县舆情信息中心、县公安局网警大队、象山港网站和 81890 象山分中心 6 家民情信息机构，成立了网络民情会办中心，履行民情搜索、投诉处理和生活服务三大职能，通过"一号式"电话、短信、微博等网络服务二十四小时受理，并设定严格督办时间期限。

"老百姓有了这个参政议政的平台，我们可以通过网络提前沟通，不对的事情我们改正，对政风有意见的我们及时办理。"李关定更多地将当前社会运行高度信息化看作提高执政效率的机遇，"网络参政议政，对老百姓来讲，就是想参与社会管理，这是推动社会管理向社会治理转型的基本动力"。

与此同时，象山决策层又因地制宜提出了县域社会应急和治安防控两个联动的创新构想，将公安警务 110 提升为政府 110，成立双联中心，联动全县 86 家具有应急处置和紧急救援职能的部门，承担全县突发（暴恐）事件处置，应急救助，服务民生和治安防控等重要任务。

"如果不建这三个平台，老百姓办事就得去具体部门、政府机关。象山县所属政府部门和直属单位上百个，老百姓怎么找？"李关定说，三大平台把政府部门资源整合起来，有事情只要找这三个平台就行。而且，这种平台与政府职能有很大区别，"它吸收了社会力量，比如法律服务中心一半人都是律师等法律服务工作者。老百姓到这里来，不是与政府直接打交道，而是与社会第三方，社会组织打交道。"

李关定认为，这是转折性的变革，"如果再加上项目审批的行政服务中心，象山这四大中心实际上就替代了很多政府职能"。他认为，这是行政体制改革的真正内涵。

敢于碰硬

见到肃宁县县委书记杨双桥，是在该县师素镇的现场办公会上。这位三中全会后履任肃宁“一把手”的主官，年底最关心的不是气氛紧张的GDP，而是全县253个村的“村代会”换届，“村民代表大会换届工作做得好与坏，直接影响着‘四个覆盖’的成效和全县下一步工作的成败”。

肃宁全县35万人，29万在农村，三农问题和乡村治理成了其改革发展的“牛鼻子”。为了扭转农村社会管理“一盘散沙”的局面，“把农民重新组织起来”，原本准备2009年发力产业转型升级的肃宁县委班子，果断将工作重心切换到了乡村治理模式创新这个“硬骨头”上。

“只有把农村这一头护住了，才能把我们肃宁发展稳定的大局护住。”在当时县委书记安伟华的带领下，全县干部群众闯出了“四个覆盖”的农村治理新模式：通过基层党组织、经济合作组织、基层民主政治组织和群众性平安组织的全面覆盖，把农民全部纳入组织体系当中，化解各类矛盾，提供致富载体，实现了农村稳定发展。

其中，肃宁关键在于创新了村民代表大会这个基层最高权力机构，解开了党组织和村民委员会的“死扣”，做实了村民监督委员会的民主监督，构建起“党组织领导、村代会决策、村委会执行、村民监督委员会监督”的村级治理新架构，让过去畸化为“村官自治”或村委会“家族化”“朋党化”的“村民自治”，真正回归到老百姓当家做主。

2013年，随着安伟华的离任，与其搭班子的杨双桥接手肃宁改革大局，继续推动“四个覆盖”的体制机制化，使得这套乡村治理模式日渐成熟。对于这场改革“接力赛”，杨双桥的解释很简单，“四个覆盖”，上级文件和会议没有提过，这是肃宁改革实践中提炼出能够解决实际问题的一整套乡村治理的方法论。只要这样干下去，坚信可以破解三农这道难题。

经过两任县委班子的接力攻坚，五年来，“裘皮之都”肃宁的发展局面豁然开朗，摆脱了过去依靠简单做大经济“单腿蹦”的被动局面，一举实现了经济社会“两条腿跑步”：

一方面，肃宁农村治安案件下降了49%，刑事案件下降了36%，农村信访量下降了72%。另一方面，全县农村经合组织从最初的142家增加到目前的624家，农业产业化率达到79.7%，农民纯收入从2010年的5711元增加到2014年的近1万元，四年翻了近一番。四年间，全县GDP从2010年的90.8亿元增加到2014年的138亿元，财政收入从10.6亿元增加到19.3亿元，同比增长15.7%。

2011年7月，时任中央政治局常委习近平获悉肃宁改革详情，对“四个覆盖”做了一段精彩而准确的批示：“把分散农民重新组织起来，是加强农村社会管理，推进农村发展的现实需要。肃宁县推进‘四个覆盖’进一步健全了农村基层组织群众、宣传群众、服务群众的组织体系，对加强农村社会管理、推进社会主义新农村建设具有重要意义。效果也不错，值得总结推广。”

重在做强基层

“基础不牢，地动山摇。”令人遗憾的是，在现实中，县乡尤其是乡村，权力上收，财力弱化，基层贫弱一直是较为普遍的现象。

对此，不少专家将其归罪于财税体制改革的不完善，或者省级以下分税制改革的不彻底，更或者是地市财税的“挑肥拣瘦”等客观原因。然而，在一域之内谋划发展重心和利益分配格局时，地方主官能够有做强基层的全局胸怀、主动精神和改革胆略，同样重要，同样可能因此扭转局面。

近年来，黑龙江省经济社会发展，走得较为艰苦。但记者调研中发现，该省也有一些曾经的落后地区，通过大胆改革，经济社会发展逆势而上。

比如绥化地区，三年来结合本地实际，创新“乡镇村经济”和“异地经济”，“关键一招”就是壮大县乡经济、做强基层财政。

2011 年年初，担任过宾县和双城两任县委书记的朱清文履任绥化市委书记，深刻地感受到，乡村是当前财政支出的沉重负担，仅靠上级财政和转移支付，只能维持，难言发展。只有将基层改变为地区经济发展财源建设的主要生长点，乡村才能彻底走出困境。

“乡镇村经济”的创新之处在于，乡村招到的项目，地方财税收入归乡镇或用于村集体，建立税收分成向农民、农村倾斜机制；“异地经济”核心思路是，资源禀赋和地理条件差的县乡，可以跨乡跨县将其招商项目落户在发展条件优越的地区，两地之间按比例财税分成。一域之内，资源优势贫县富县共享，创造了一条劣势地区依靠自身招商创业、创造财富、加快发展、缩小差距的新路子。

如此激励下，绥化的县乡工业经济发生了翻天覆地的变化。2011—2013 年，绥化市共上投资千万元的乡镇村项目 1120 个，总投资 630 亿元。乡镇财政收入保持 60% 以上增长，收入超千万元乡镇达 65 个，超亿元乡镇达 6 个。

作为省级贫困县，绥化青冈县委书记王雪峰告诉记者，近年来，正是乡镇村经济支撑了青冈这个“弱县薄地”逆势上行。在全省艰难的 2014 年，青冈县 GDP 增长 7.3%，财政总收入实现增长 14%，固定资产投资增长 10%，城镇居民收入和农民人均纯收入均增长 15%，发展态势位居全省前列。

记者在辽宁本溪满族自治县也遇到了类似故事。本溪县“八山一水一分田”，全县人口 30 万人，其中农业人口 20 万人，山区农村看病难的问题一直较为突出。2005 年，地方预算收入只有 1.3 亿元的情况下，时任本溪县县长的李景玉就下定决心推动城乡医疗卫生体制改革，从“抢救”功能日渐萎缩的乡镇卫生院开始，一点一点往前拱。

2011 年担任县委书记后，本溪满族自治县的财税收入规模扩大，本溪满族自治县医改的投入也逐步加大。这期间，本溪满族自治县咬紧医改不松劲，不但理顺了乡镇卫生院管理体制，稳定了卫生院队伍，还健全了覆盖全县的 120 个村卫生所，形成了较为完善的县乡村三级卫生服务网络，基本解决了乡村“看病难”的问题。

难能可贵的是，李景玉离任后，2013 年履任县委书记的于庆伟继续接棒笃力深化本溪县医改，到 2014 年 3 月 1 日，全县卫生院和村卫生所全部实施国家基本药物制度，又大大缓解了乡村居民“看病贵”的问题，而且把医改延伸到了公立医院改革。这种做强基层的勇气和胆略，使得这个经济发展在全省并不起眼的民族自治县，走在了全国医改的前列。

冀盼依法改革

采访中，记者不断把社会舆论指责基层干部落实改革存在“懒症”“惰政”的疑问抛给这些县委书记，他们大多并不争辩，并且不否认有此类现象，与此同时也讲出了当前改革落实中不少客观现实矛盾：

一者，重点突破与系统推进的矛盾。从改革全局来看，以重点领域和关键环节为突破口，可以对全面改革起到牵引和推动作用。但基层落实中发现，有些改革之间关联性和耦合性研究还不够，局部突破了，但全局尚未配套，影响改革实效。比如行政审批制度改革，审批职能进一步归并，审批流程也进一步简化，则更需要政府加强后续监管，但社会信用体系尚未跟进，基层政府如何有效监管？

二者，基层力量配置与改革的要求不匹配。根据市场化改革的要求，要把该由市场决定的事交还给市场，把该由社会承担的事交给社会组织，但从全国县级层面来看，社会组织发育滞后，社会服务承接能力明显薄弱。

又如，审批制度改革后，更加重视事中事后监管，尤其是行政执法方面，城管执法人员不足。然而，省里又对执法公务人员编制暂停审批，造成专业执法队伍欠缺。

三者，重大项目审批难问题。国家发展改革委投资司一位负责人日前公开介绍说，目前项目审批核准制所涉前置审批和前置手续，大数是50项，按行政许可法的要求，每一项20天，可以延长到30天。这意味着，50乘以20就是1000天，乘以30就是1500天。面对市场主体，基层政府对此无能为力。

这些矛盾从另一个层面反映出，部门权力和部门行为对基层政府的改革形成了强烈的影响。一位县委书记对此深有体会，“一方面，部门将责任无限向下推，用行政命令代替政府职能；另一方面，基层政府权责不对称，责任越来越大，权限越来越小，限制了基层自下而上的改革活力和改革空间”。

也因此，与县委书记交流过程中，记者意外发现，这个被社会舆论认为惯于发号施令的群体，最头痛、最反感的竟然就是行政命令。好几位县委书记都强调，“新一轮改革，一定是全面依法治国基础上的全面深化改革，而不能再用行政命令推动改革”。

CHAPTER 06

第六章

消除变革阻力

历史的道路不是涅瓦大街上的人行道。它完全是在田野中行进的，有时穿过尘埃，有时穿过泥泞，有时横渡沼泽，有时行经丛林。

——车尔尼雪夫斯基

现在，改革到了一个新的重要关头，推进改革的复杂程度、敏感程度、艰巨程度，一点都不亚于30多年前。矛盾越大，问题越多，越要攻坚克难、勇往直前。

——习近平

变革意味着破旧立新。在变革过程中，组织需要始终致力于重组、再造、机构精简等活动，以提高其效率和服务品质。作为一种“创造性破坏”，变革往往难以达成帕累托最优，甚至必然触犯一些人的既得利益和权利，因而变革总是会遭遇阻力、承担阵痛甚至付出代价。改革家吕日周深有感触，“改革比打仗还危险”；莫瑞尔坦率地指出，“阻力会杀死变革”。弗特则委婉地说，阻力是“肮脏的、破坏组织的癌细胞，没有哪种因素具有更有效地阻碍进步和意图实现的类似作用力”。

然而，今天我们对待挑战和阻力，必须有全新的视野与更大的智慧。阿诺德·汤因比的“挑战与应战”学说认为，文明是通过其创造性的发展来保持生存的，这种发展是对新的大型挑战做出的反应。换句话说，成长过程与阻止过程之间，存在不可避免的互动关系。因此，我们有必要为“变革阻力”正名、脱敏。只有冷静分析反对力量的来源、性质和力度，并在此基础上消除阻力因素、驾驭抵制力量，才能最大限度保证变革有计划、有步骤地顺利实施。

第一节　变革阻力从哪里来？

对于变革型领导者来说，认识变革的阻力并处理大量变革事物，是一件十分艰巨的任务。马基雅弗利曾深刻指出：“没有比开创新事物的秩序实施起来更难、成功的希望更渺茫、处理起来更危险的了。因为改革者是所有旧秩序既得利益者的敌人，而即将从新秩序获益的人只会半心半意地支持他。”变革取得的红利与成果是潜在的、相对滞后的，但变革的潜在风险与不确定性如影随形。

显而易见，低估和抵制变革的阻力，是组织变革的最大陷阱。在这个机遇与挑战并存的大变革时代，义无反顾地主动出击、奋勇直前，往往比待在原地不动或打转更为安全。不过，推动和引领组织变革的前提条件是，必须充分了解那些使变革减速或停摆的阻力因素。

一、理性地认识变革阻力

在组织变革过程中，不是所有的人都会以相同的速度来适应变革。正是因为变革可能危及组织成员的安全、社会交往、地位、竞争或者自尊心等各方面需要，组织成员会对变革产生包括任何旨在怀疑、拖延或者妨碍工作变革实施等方式的抵制。只有当变革符合每个人的需要时，人们才会真正改变行为方式。否则，人们不会因为变革领导者而做任何改变。

事实上，如果在尝试一项新的事物时没有感到棘手，那么很可能并没有真正在推动实质性的变革。因为在变革的起始阶段，每个人都必须改变思维模式和行为模式，变革阻力是大量存在的。拉塞尔·M. 林登的一项研究结果显示，美国公共部门变革主要障碍包括：地盘之争（51%）；对职位变动的抵制（45%）；没有权威人士的推动（42%）；缺乏动力（41%）；难以放开眼界进行宏观思考（41%）；资源限制在遗产制度之下（41%）；高级管理层态度不积极（38%）；对其他管理变革尝试持怀疑态度等。

在现实中我们可以发现，很多组织变革在行动的初期势如破竹，但经过一段快速推进的阶段之后，便会放缓脚步甚至停滞下来。“变革”似乎成为人们经常挂在嘴边的“信仰”或口头禅，但最初的顺利推进并没有实现最终的脱胎换骨。其中一个重要原因，就是变革的发动者缺乏必要的控制、协调、沟通能力来驾驭变革。在某种程度上来说，只有孕育出变革所必需的共同献身精神，只有当组织成员具有反思和交流的技巧，才能公开讨论复杂和相互矛盾的问题而不必担心动辄得咎，才能开始讨论一些“不可讨论的”话题而不必考虑自我防范。也只有在这样的前提下，才能触动阻力的根源和变革的本质，否则持续变革将会受到根本性的制约。

关于变革阻力的大多数讨论，都将领导者视为变革的支持者，而将较低层次的员工视为变革的抵制者。这种观点和假设无疑是有失偏颇的。虽然在大部分情况下是这样，但是许多组织中的领导者未必总是真心支持改革。认识到这一点非常重要。事实上，变革的阻力有时来自一般员工，有时来自中层管理者，有时则来自决策层内部意见的冲突。由于变革本质上是资源的重新分配、利益的重新调整、权力的重新安排，广泛涉及每个人的切身利益。一般员工往往是变革中裁员的首选对象，也是变革谈判主体中的弱势群体，必然因担心失业、失去经济来源而抵制变革。中层管理者往往更加惊恐不安，他们觉得自己好不容易熬到今天，担心因精兵简政而被剥夺地位、职权。高层决策者往往也会因变革的复杂性和前途未卜而带来的混乱，以及变革有可能导致与下级矛盾的激发而犹豫不决，甚至表面上赞成而实际上消极、被动乃至反对。

需要特别注意的是，对于这些反对力量，不应当一棍子打死。诚然，反对力量的抵制会减缓变革的进度，组织成员的抱怨会影响变革的声誉，但同时我们也应认识到，抵制变革有助于平衡鼓励变革与寻求稳定之间的内外部力量，可以帮助领导者找到变革与稳定之间的最佳平衡方法。很多时间，领导者做出的决策未必完全理性、正确，变革有可能会存在先天缺陷，如果得不到他们的有效建议，很可能提不出多种解决方案，最终给组织发展带来潜在的威胁。在变革过程中，成员抵制变革引发的冲突和带来的不稳定，可以吸引领导层更多地关注这些潜在危险。罗宾斯也认为："从某种意义上说，组织和成员抵制变革，是积极的。它使行为具有一定的稳定性和可预见性。"更进一步来看，组织变革的反对力量是革新的源泉，抵制变革目的是解决冲突，鼓励高层决策者寻求另一种更好的办法。

二、抵制变革的个体因素

罗宾斯认为，组织变革一般有个体和组织两方面的原因。从个体阻力上看，变革阻力来源于基本的人类特征，诸如知觉、个性和需要。他认为，具体包括习惯、安全、经济因素、对未知的恐惧、选择性信息加工等。综合其他研究者的观点，可以进一步归纳为以下几点。

（一）变革不确定性导致的不安与恐惧

心理学研究表明，人们一旦处于不确定的环境中，会对未来产生不安全感和恐惧感，进而产生抵制变革的情绪与行为。组织的兴衰在于变革，变革是一切问题之源。变革的意义在于给组织带来新的观念、使命、结构和行为，但人们对这些不了解、不熟悉，会使人产生程度不同的不安、紧张，从而对变革保持观望的态度，进而产生抵制变革的情绪与行为。加之组织变革的复杂与难以量化，人们很难在变革付诸实践之前证明改革是有益的，更难对自己从变革中获得的预期收益进行精确计算，这容易使人们对变革产生疑虑，进而形成消极态度和抵制性接触，妨碍和制约变革的顺利进行。不只是组织的一般成员，就连组织的领导者、倡导者和指挥者，面对变革的不确定性也只能摸着石头过河，一边学习、一边改革，其中掺杂的风险性不言而喻。

（二）内部既得利益引起的阻力与冲突

变革不仅是机构、人员等要素的重组，更是利益的重组。一般来说，当组织变革所带来的预期收益低于预期成本时，人们就会对变革持反对态度。从整个组织变革的整体角度可能，由于利益资源的稀缺性，利益群体的需要与欲求不可能完全得到满足，满足和需求之间的差距就有可能引起组织内部成员的心理失落，并可能导致行为的偏激，成为引发组织不稳定的隐患。同时，由于组织利益群体的多元化和利益要求的日益多样化、复杂化，在利益分化的基础上，部门之间、个人之间、部门与个人之间就必然会产生相应的利益竞争、利益摩擦和利益冲突，并有可能发生某种形式的对抗。从实质上来说，组织的变革意味着权力、利益和资源的调整或再分配，因此必然会触动组织、部门和个人的切身利益，进而形成强大的反对力量。

（三）习惯、价值观与变革的冲突与碰撞

变革与个人的习惯、价值观发生冲突时，也会引起员工对组织变革的抵制。斯蒂芬·P. 罗宾斯说："人类是有习惯的动物。生活很复杂，我们每天必须做出数百种决策，但不必对这些决策的所有备选方案逐一考察。为了应付这种复杂性，我们往往依赖于习惯化或模板化的反应。但是当你面对变革时，以惯常方式做出反应的趋向会成为阻力源。"个人的习惯、价值观是长期积累、相对稳定的心理结构，改变起来相对困难。一旦组织变革冲击到个人习惯和价值观，抵制变革的阻力便会随之产生。特别是在不同组织文化的组织合并过程中，习惯、价值观与变革的冲突更加常见。

（四）对变革目的、要求不了解引发的抵制与干扰

人们对组织变革的目的、意义、机制和前景了解不足，其结果可能导致基于理解不清或理解混乱而抵制、干扰变革。加之部分组织管理层总是愿意一厢情愿地认为，变革是领导者的事，只要领导层，主要是高层领导者清楚变革的目的、意义，将任务分配给下属去完成就可以了。其实，成员如果不清楚变革的目的与意义，他们会很快便失去参与变革的热情。另外，由于变革往往伴随着新业务流程、新技术、新工作方法的导入，因此，对员工个人现有技术能力提出挑战。当员工能力不足以完成工作任务时，阻力便随之产生。组织成员容易产生对未知的恐慌，担心不能胜任变革后的工作或规范，进而产生消极态度或功能失调的冲突。在变革过程中，组织要对提供员工足够的资源支持，不能"既要马儿跑，又要马儿不吃草"。

三、抵制变革的组织因素

从本质上来看，组织总是保守的，总是天然地积极抵制变革。影响变

革的组织因素，就是从组织视角考虑对变革的各种制约作用。具体来说，包括以下几个方面。

（一）领导层不积极参与导致的停滞与缓慢

领导层的积极参与，对变革成败具有重要意义。一旦领导层参与的积极性降低，变革的效果就受到影响。罗宾斯说：“任何决策权力的重新分配，都会威胁到组织长期以来已有的权力关系。在组织中引入参与决策或自我管理的工作团队的变革，就常常被基层主管和中层管理人员视为一种威胁。”领导层对组织变革的积极参与，是组织变革成功的关键。但领导者可能不重视组织变革，认为组织不需要变革，或者本身观念陈旧，不愿意轻易变革，或者对组织变革的前景没有信心时，会有意无意地阻碍变革。在企业改革中，领导层的利益不明确，是挫伤他们积极参与变革的一个重要因素。组织的再造尤其要求改变中级领导者，这也是变革抵触最多的地方。

（二）组织变革成本引发的压力与怀疑

组织变革需要付出一定的成本，如果成本投资大于收效时，改革与发展就难以继续进行。这里所说的变革成本投资，主要是指所需用的改革时间、改革中所造成的各种损失以及所需用的财政经费。美国利特尔咨询公司提出一个公示：C=（a·b·d）>X。公式中，C 指变革，a 指对现状的不满程度，b 指对变革后可能到达情况的概率，d 指现实的起步措施，X 指对变革所花的成本。这个公式说明，是否进行组织变革，取决于需要变革的各种因素的乘积，要大于变革所花的成本，否则进行变革就得不偿失。

（三）官僚制环境形成的习惯与惰性

卡斯特、罗森茨韦克认为：“不管一项建议有多少优点，叫人忘掉花在现在的系统中的血、汗和泪是困难的。”即使对现代社会而言，组织在本领域上的一些作用、机制、功能上仍然是独占的，缺少竞争者和对手，没有可以替代的私人部门。组织成员长期处在一个特定的组织环境中从事特定工作，在自觉或不自觉之间形成对这种环境和工作的认同和情感，并发展成一套较为固定且趋于僵硬、保守、缓慢的惰性或习惯。而组织变革是对传统官僚制模式和习惯的一种否定，因此容易引起组织和成员下意识的不良反应，从而产生抵制和阻挠。同时，组织文化对组织中成员行为的影响已经被证实，但相当一部分组织在变革过程中还是未能充分注意官僚制文化的重塑，而是任其墨守成规、僵化缓慢。在变革过程中，注重组织文化的重塑，变革的阻力会少很多。

（四）变革方式选择上的不足引起的不满与对抗

组织由一系列相互依赖的子系统组成，而变革不可能只对一个子系统实施变革而不影响到其他子系统，否则子系统中的有限变革很可能因为更大系统的问题而变得无效。例如，组织流程再造、信息系统引入需要组织结构的变化配合，改变技术工艺同时要求改变组织结构与之相配套。如果组织在变革中没有与之相适应的组织结构或管理制度，特别是缺少为了鼓励利于变革的员工行为而做相应调整的人力资源管理体制（如薪酬、考核、员工发展），甚至夹杂一些组织为使员工参与到变革过程中去而不惜使用强硬专制的做法，都会引发对变革的抵制。

第二节　消除阻力与增强动力

库尔特·卢因认为，当变革遇到阻力时，如果用控制的手段压制下去，可能会一时平息，但抵制的因素会积聚力量、卷土重来。因此，他主张把变革的动力与阻力因素进行分析，充分了解哪些是促进变革的因素，哪些是限制变革的因素，什么力量需要消除，什么力量需要增强。他认为，动力因素与阻力因素常常相互作用，你进我退、此消彼长。因此，要推动组织变革可持续、制度化，就必须消除阻力、增强动力，变负面效应为正面效应。

一、开发变革的动力源

应该注意到，人们并不总是阻碍变革的。与此相反，人们常常会“拥护变革”，充满热情地支持变革。之所以会支持变革，原因很多。柯克帕迪克指出，可能存在如下一些原因使得人们支持变革：一是安全。变革的发生可能会要求个人提高能力，或者使得组织占据更为安全的地位，这将会影响员工的前景。二是收入。变革可能会带来员工收入的增加。三是权力。变革可能会带来提升，或者更多的决策制定权力。四是地位和名誉。员工的职位、工作职责、办公场所配置等可能会改变。五是职责。可能会引起工作职位变动。六是更好的工作条件。实际环境会发生变动，可能会拥有新的设施。七是自我满足。个人可能会拥有更大的成就感，面临更多挑战。八是更好的人际关系。变革可能会为个人带来与周边人士更好的人际关系。九是较少的工作时间和较低的工作强度。变革可能会使工作效率更高。

卢因通过研究带来或阻碍变革的环境和条件，提出了操作性很强的变革动力模型分析法。他把变革过程概括为“解冻—转变—再解冻”三个阶段。这一变革模型表明，在新的行为形成之前，必须抛弃旧的行为，只有这样，新的行为才能被人接受。“解冻”阶段，通常是指减少维持组织现在行为水平的力量。为了真正掌握员工对现状的不满情绪，需要鼓励员工大胆批评目前工作的不足，让员工充分自由地表达他们的恐惧感、愤怒与不满，这会帮助他们逐步变成忠实的变革支持者。积累的愤怒与不满是变革的发动机。从不满和危机中可以看到变革的动因，不满的情绪中蕴含着变革的火种，它们都是变革的杠杆。只有员工能够掌握自己的命运，拥有了主人翁意识和责任感，真心投入到变革中去，才会把变革的阻力变成变革的动力。解冻意味着破除组织的稳定性。变革有风险，不变革只能是死路一条。应当鼓励员工告别舒适地带，经常轮换工作，流动到其他部门、其他岗位甚至其他单位；提倡更加开放的心态，增加员工变革的技能与自信。“转变”阶段，就是实施变革。这就要求组织分析现在的形势，制定变革的计划与方案，继而采取必要行动，通过变革来发展新的行为、价值和态度。“再解冻”阶段，是指把组织稳定在一个新的均衡状态，目的是保证新的工作方式不会轻易改变，这是对支撑起这一变革的新行为的强化。

至于开发变革的动力源，卢因认为，首先是驱动力，包括雄心壮志、目标、需要和恐惧等，它们驱使团体远离老路，并踏上新的征程。与驱动力相对的阻力则恰恰相反，无动于衷、团体惯性可能是它们的典型特征。两股力量持平时，就会相互抵消，此时团体就取得了平衡。可见，为了驱使变革的诞生，我们必须朝着更高的目标，不断地强化驱动力。

二、尊重变革的反对者

彼得·德鲁克指出：“谈到变革，仍然不免有如谈到‘死亡和缴税’的意味，能拖延则拖延，没有人会热烈地张开双臂去拥抱。”为此，组织变革取得成功的关键，在于尽可能地减免变革的阻力因素发挥作用，最大限度地缩小反对变革的力量。

莫雷尔认为，变革阻力不应该被认为是必须被克服的力量。他提出了一种利用变革阻力来支持变革实施的方法。“这种方法是建立在这样的基础之上的：对抵制变革的反对者给予充分尊重，这样会与他们之间建立更为强大的关系，并由此提高变革成功的可能性。”他还提出了五种重要的试金石：一是保持清醒的注意力。将注意力集中到目标上；保持注意力并且不要转移，或者如果其他人的直接反应是抵制时，不要气馁。二是认识阻力。加深对变革阻力的理解。哪些人是反对者，他们反对变革的原因是什么。需要认识到，在这些明确说出的原因背后，可能存在更深层次的原因。三是尊重变革的反对者。假设那些对你的变革计划持反对意见的人是出于好意，即使你认为他们是被误导了。尊重他们和他们的观点。四是放轻松。如果遭到攻击，不要轻易还击。紧张会限制你进行更深入思考的能力。倾听会使得你更深入地理解反对者的愿望、他们对可能需要采取的行动的恐惧。五是与阻力成为朋友。倾听那些共性，例如恐惧、兴趣，来建立共同的基础。

捷克、佩珀尔的观点与此相似。他们认为管理人员应该对变革阻力进行再思考，将其视为一种适应性调整过程的自然组成部分，一种能够被开发的能量，一种关于变革过程的反馈。但是，只有这些变革组织是积极的时候，才可能产生潜在的好处。在某些情况下，消极的变革阻力可能会表现得悄无声息，也就是说，并没有反馈、信息。

三、加强与员工的沟通

变革时代占主导地位的是组织成员，克服阻力当然需要员工的积极配合。员工对变革的认同感，就是在思想和行动上理解、支持变革，并向着变革目标行动。培养员工对变革的认同感，需要变革组织充分认识和理解员工的行为和动机。麦格雷戈认为，随着社会的进步和人类自身的发展，领导工作应建立在对人的本性和行为动机更为恰当的认识上。具体包括：

人们并非天生就对组织的要求采取消极或抵制的态度；人们并不是天生就厌恶工作，而是看工作条件如何，是否受到尊重；外来的控制和惩罚并不是促使人们为实现组织目标而努力工作的唯一方法；人们对自己参与制订的目标能够实行自我指挥和自我控制，在自我领导的情况下工作成绩最佳；大多数人都具有相当高度的解决组织方面问题的想象力、独创性和创造力；个人目标与组织目标没有根本冲突，如果条件具备，个人会自觉地把二者统一起来。

可见，任何反对变革的人都不是绝对的，而是随着环境的变化而变化，在变化中转变他们对变革的态度。在变革实施之前，决策者应该加强与员工的沟通，让员工明白变革的意义。通过营造一种危机感，让员工认识到变革的紧迫，让他们了解变革对组织、对自己的好处，并适时的提供有关变革的信息，澄清变革的各种谣言，为变革营造良好的氛围。在变革的实施过程中，要让员工理解变革的实施方案，并且要尽可能地听取员工的意见和建议，让员工参与到变革中来。与此同时，组织还应该时刻地关注员工的心理变化，及时与员工交流，在适当的时候可以做出某种承诺，以消除员工的心理顾虑。

沟通变革之前，认清变革的反对者相当重要。布罗哥、卡明斯将变革的反对者划分为以下九种类型：一是冷眼旁观型。对组织变革采取听之任之的旁观者态度，并认为变革将自生自灭。二是联合抵制型。联合变革的不支持者或变革摇摆不定者结成联盟，以增强对变革的反击力量。三是蓄意破坏型。有目的地利用突发事件破坏变革的进程。四是执行缓慢型。同意变革，并执行变革的方案，但是执行行动非常缓慢并有意拖延时间。五是利用谣言制造混乱型。传播错误信息，制造谣言以阻止变革的进行。六是将计就计型。按变革方案执行，但是不努力去做甚至将事情做砸，试图证明变革方案是不可取、不可行的。七是表面应付型。当上级主管在的时候努力工作，当上级主管不在的时候则放水。八是沉默反对型。同意变革，但是只说不做，不采取与变革相关的任何行动。九是强烈反对型。强烈表现自己的不满与愤怒，以引起更多人的注意，从而制造混乱。在变革中，只有分清变革反对者的不同类型，并采取相应措施进行沟通与管理，对症下药，才能有针对性地克服变革中的重重阻力，不断推进变革。

此外，培养员工的认同感，激发员工的积极性，还需要进行以下努力。一是适当下放决策权，发挥员工自主能力。二是推行弹性工作制，提高员工创新能力。三是强化工作挑战性，激发员工潜在能力。四是实施双重性激励，满足员工价值需求。五是关心员工的生活，培养员工的忠诚感。

四、增强组织变革能力

托德·杰克认为，成功变革的关键是要求必须同时关注两个方面：一是增加组织对变革的准备；二是培养组织进行变革的能力。对变革的准备情况，取决于是否存在足够的变革动机，以及从变革中能否取得预期的收益与结果。变革的能力，则取决于是否有足够的资源支持、条件保障以及良好的变革技能。他提出了十条非常有针对性的变革戒律：

首先，增加组织对变革的准备阶段。一是分析形势及组织对变革的需要。即评估所需变革的程度、支持力量的大小以及预期的抵制。二是明确共享的愿景和共同的方向。即厘清多方面的变革活动，并统一思想。三是与过去告别。即类似于人们所熟悉的“解冻”概念，同旧方式决裂，关键问题是多快或多猛以及如何做。四是创造紧迫感。即在真正的危机到来之前创造一种紧迫感，但不要产生“狼来了”效应，以免削弱领导层的号召力。

其次，培养组织的变革能力阶段。一是维持强有力的领导作用。即把强有力的领导与员工的广泛参与结合起来，取得快速而持久的优势。二是善于发挥支持者的作用。三是精心制订执行计划。四是建立能够起到促进作用的结构。即变革各种制度和结构，包括雇佣、培训、职业道路、考评、奖励、组织结构等。五是沟通，促进参与并保持诚实，但要同新目标和价值观相一致。

最后，使变革的持久化阶段。要努力鼓起人们的劲头，以克服通常会出现的疲惫；使变革制度化，成为组织生活中一个恒定的部分。

第三节　打通“最后一公里”

2016 年 8 月 30 日，习近平在中央深改组第二十七次会议上强调：“当前和今后一个时期，是全面深化改革的施工高峰期，是落实改革任务的攻坚期，抓谋划、抓统筹、抓落实的任务依然艰巨繁重。”[①]

从最初的“摸着石头过河”到现在的“急流深水区”，改革已经逐步迈入全面深化和打通“最后一公里”难题的关键决胜阶段。因此，有必要全面深刻地认识改革“最后一公里”的内涵，理解把握其生成机制，探索形成科学有效的破解之道。

一、改革“最后一公里”的界定

“最后一公里”（Last Kilometer），也称“最后一英里”（Last Mile）。最初，“最后一公里”是用以描述公共交通末梢和微循环的问题。随着经济社会的演进变迁，概念的范畴不断扩大，逐步被其他领域和行业所使用，不再

---

① 习近平：《强化基础注重集成完善机制严格督察　按照时间表路线图推进改革》，《人民日报》2016 年 8 月 31 日。

局限于交通、通信、网络等“线路最后一段”的狭义内涵，而“被引申为事物已经发展到了它的关键环节，通常意指该环节与事物最终的成败密切相关”更为广义的概念。也即完成一件事情的最后而且关键性的步骤，通常此步骤还充满困难且意义重大。蕴含着办一件事，越到最后越要坚持，否则就前功尽弃的内涵。

作为改革的“最后一公里”，就是要在改革中处理好顶层设计与基层探索的关系，保持中央决策实施和人民群众获益之间畅通无阻，不打折扣地贯彻中央的部署，使人民群众真正享受到改革开放的成果。其本质是关系到人民群众能不能切实感受到改革开放、市场经济发展的“红利”的问题。从哲学视角来看，在根本的世界观层面上，改革“最后一公里”问题就是一个群众观点的问题。“最后一公里”表面看是物理上的距离，实质上反映的是干部与人民群众心灵上的距离，可以说是隔阂，是对群众缺乏感情。在具体的方法论层面上，改革“最后一公里”问题就是如何正确看待和处理好现象与本质、量变与质变、整体与部分、当前与长远的关系问题。从公共管理和政府治理的视角来看，政府治理从中央到地方到具体的领域和项目的最终对象，是一个自上而下的环环相扣的关系网络。治理的权力一环扣一环，方式和责任也一环扣一环，一直到达治理的最后一环联系的对象。而要保证政府治理的有效性，首先是网络链条必须完整，缺了哪一环都不行；然后是政府治理的工作方法必须合理得当。改革作为政府治理的重要手段，其“最后一公里”就是政府改革的路线、方针、政策执行和落实过程中最后一环，也即改革由具体政策转化为人民群众享有的利益和好处的关键一步。那么，改革“最后一公里”难题主要表现为两个层面：一是改革链缺乏最后一环，也即改革最终的成果与人民群众的享有之间缺少有效的衔接转化机制；二是改革链条完整，但是在改革链末端，政策的执行实施主体的不作为和管理的方式方法的不得当，而造成人民群众无法有效共享改革成果。

通过上述分析，在全面深化改革的宏大背景下，改革的“最后一公里”就是各项改革政策落地的最后一步，就是改革者历尽千难万苦、经过长途跋涉需要跑完的最后一段路程，就是发展经济、社会治理、管理城市、改善民生等的最后一环。这个阶段往往也是改革阻力最大的地方，是实现改革目标的最后瓶颈，是实现量变到质变的最后一环。如果不集中力量加以突破，如果不持之以恒攻坚克难，改革方案和政策意图的实现就有可能前功尽弃，最终让老百姓产生望洋兴叹的失望感觉，对政府改革的决心、诚意和执政公信力丧失信心，就不能让老百姓实现更多的“获得感”。改革的“最后一公里”，是对承担改革任务的各级政府执政能力、改革决心、为民情怀、责任担当的最大考验，也是对改革者改革韧劲的最后检验。

二、“最后一公里”的生成机制

从目前改革的理论和实践来看，改革“最后一公里”难题是“由于在特定时刻汇合在一起的多种因素共同作用的结果，而并非它们中的一种或另一种因素单独作用的结果”。主要由改革动力退减、政策执行不力、公众参与不足、监管机制不完善等诸多因素生成。

（一）“改革疲劳症”显现

作为一种社会现象，任何改革的背后都存在着多样化的驱动因素，这些因素通过不同传导渠道作用于不同主体形成某种合力，这种合力就是改革的原动力。一般而言，政府改革的动力来自两个方面：“外生的”和“内生的”。从经济社会发展和改革实践来看，目前我国改革的外生动力和内生动力都有所退减。20 世纪 70—90 年代的改革，一方面，经过十年浩劫后，经济到了崩溃的边缘，社会秩序混乱，党内的思想也很不正常，党的权威性、党的威信都降到了低点。邓小平等党和国家领导人对改革的意识和决心也很强烈。另一方面，因为吃大锅饭、吃计划经济的苦头太多了，都一穷二白，老百姓发自内心地希望改革，最后自然而然汇入改革的洪流中。但经过三十多年的改革，以短缺为主要特征的国民经济窘况基本上成为过去，影响多数民众的低层次生存危机不再构成改革的推动力。与此同时，改革进入深化阶段触动了更深层次的利益，加上“带有清教色彩的坚毅骁勇的改革精神被奢靡享乐的生活追求所取代，机会主义的即期利益战胜了理想主义的长远价值，……在这一过程失去的，还有改革的道义感召力和凝聚全民的理想”。

（二）改革执行力不足

改革中执行不力主要表现为两个层面：第一个层面是指有令不行、消极执行、不作为和执行低效等问题；第二个层面是指有禁不止、执行滥权、执行越权、乱作为、“擦边球”以及“上有政策，下有对策”等问题。自改革开放以来，我国在各个领域的政策执行中普遍存在“上有政策，下有对策”和“有令不行，有禁不止”的现象，尤其是改革“最后一公里”中搞各取所需挑肥拣瘦，甚至借改革之名强化地方利益，导致政策制定没有起到预期的效果，反而出现了变形、受阻甚至是阻滞的情形。造成改革“最后一公里”政策执行不力的原因有以下几点：首先，利益冲突。利益主要是指人们从满足自身需求的角度来判断获取资源的多少，改革政策涉及利益的结构调整和重塑，充斥着组织与目标群体之间的利益博弈。表现为，改革政策执行者与受影响者双方在需求和观点上可能存在不一致，改革政策制定者与基层政策执行者之间的价值理念和利益偏好的差异性。其次，改革政策本身设计有缺陷。“当政策指令模糊不清时，中央的政治团体和精英就会产生严重的政策分歧，同时当政策方案与行政领导自身的利益相违背时，政策的执行就会变得非常糟糕。”改革过程中有一些改革政策设计不科学，内容脱离实际不具有操作性和适应性，导致基层执行者陷入执行困境。最后，改革政策执行职责不清。我国政府部门机构繁杂，导致很多行政人员职责不清、造成“政出多门”，当出现问题时，相互推诿，推卸责任，从而为政策执行“钻空子”留下空白。

（三）公众参与互动不足

一是一些民众参与改革的意愿不强。受传统思维惯性和教育程度偏低的影响，大部分的民众对政治权力仍存有较高的依附、臣属、顺从心理，导致权威崇拜，缺乏自主评判的意识和通过参与改变现状的信心，对自身参与的权利并不看重。二是民众参与改革的整体水平不高。一方面，民众很难获取参与公共事务所必需的信息资源；另一方面，民众参与改革的组织化程度不高。目前，作为民众参与改革的三大载体村委会、居委会及社团组织的独立性还不够，对政府部门还有很大的依赖性，并不能充分发挥其民众参与载体的功能，极易造成缺乏影响力的碎片化公民参与。三是民众参与改革的制度体系不完善。从总体上来说，民众参与改革的角色制度化规定不健全，民众参与制度体系的配套性及利益表达渠道的畅通性不足，参与的操作性规定欠缺。目前我国民众参与的途径存在着结构不合理，结合实践情况的具体设计缺乏，多数路径和方式畅通性不佳难以发挥作用。

（四）监管体制不完善

一是改革相关的监管机构设置不合理。主要是监管职能被条块分割到了多个部门，导致政出多门、管理职责不清、互相推诿的问题，而出现在改革“最后一公里”上的政府监管形式化。如一些改革政策规则制定与监管执行脱节。中央出台的改革政策规定与基层的执行“两张皮”，政策写的是一套，做的又是另外一套，政策规定成为一纸空文，甚至出现与规定冲突的现象而无人问责。二是社会监管的乏力和缺失。一方面，由于改革“最后一公里”的复杂性和难度不断增加，以及改革信息搜集的成本和信息公开的透明度不够，民众和社会组织不易准确获取改革的信息；另一方面，目前我国社会组织发育和成熟度还不够，发展仍然处在“宏观鼓励与微观约束、现实空间广阔与制度空间狭小”的尴尬局面，从总体上看，我国社会组织发展在规模和能力上都存在很多不足和问题。这就导致改革过程中的社会监管乏力，甚至缺失。

三、“最后一公里”的破解之策

改革的“最后一公里”，本质上是指改革方案的执行落地环节，也是改革的收获阶段。把党和国家制定的各种改革方案变成各行各业的实际行动、变成惠及人民的改革成果，这是中国改革最关键的“最后一公里”，必须敢于担当、勇于担当。为此，必须从以下几个方面做起。

（一）理顺改革动力布局，提升改革动力

进一步增强和提升打通改革“最后一公里”的驱动力，科学合理地谋划布置好改革的动力布局至关重要。改革动力布局，是指各方面改革的推进主体、实施主体、承受主体和监督与评价主体之间的互动所形成的总体格局。首先，要在健全完善改革领导小组的基础上，坚持以改革“最后一公里”问题为导向，进一步细化改革政策方案，将改革的目标、责任、压力、方式等分解到各个层面和各个机构部门，甚至到具体的每一个人。比如，要梳理哪些改革需要等中央“发令枪”；哪些是形成大多数共识的，不必等待观望，而要抓紧落实，同时要建立第三方评价机制，定期向社会公示；哪些仍需要把握时机、创造条件推进的，由各地结合本地具体情况，

先行先试。其次，要落实改革压力和责任，层层压紧，一级做给一级看，一级带着一级干，并明确将改革创新智慧、改革担当精神和改革的结果作为选拔新一代领导干部的依据，形成突破改革“最后一公里”难题的压力责任层层传导机制。同时，要进一步筑牢干部的宗旨意识，树立改革的根本目的就是为人民服务的核心意识。引导干部自觉强化“不忘初心继续前进”的改革担当精神，把人民拥护不拥护、赞成不赞成、高兴不高兴、答应不答应作为衡量一切工作得失的根本标准，不断激化和提升干部改革创新的不竭动力。

（二）强化改革的政策执行力

党和政府制定的改革政策在实际执行过程中能否得到执行或者执行的效果如何，直接影响着改革的效果和目标的实现。根据“最后一公里”生成因素中政策执行不力存在的问题，可从三个方面进行化解：首先，统一改革政策目标，协调整合改革各方利益。牢固树立改革的大局意识，建立改革利益矛盾冲突的协调机制，可在现有的中央和地方全面深化改革领导小组下设立专门的改革协调办公室，对全面深化改革过程中出现的矛盾冲突进行及时有效的协调化解，统一改革各方利益形成合力。其次，优化改革政策制定的决策机制。不断完善政府充分调查研究、公众广泛参与、专家集中论证、政府最终决定相结合的政府决策机制，将改革政策制定的科学性、民主性与效率性有机地结合起来，制定出科学合理、更具有操作性、实效性与稳定性的改革政策。最后，建立健全改革政策执行的运行机制。从提高透明度和行政效率的角度出发，以“结构合理，配置科学，程序严密，制约有效”的原则为基础进行政府改革运行机制的更新和再设计，建立合理的政府改革权力运行机制和高效灵敏的执行指挥体制，以及高效的政府组织资源配置机制，从而确保改革政策的执行在“最后一公里”畅通无阻。

（三）强化民众参与互动

一方面，培育民众参与改革的意愿和能力。加强公民政治参与意识培育，建立以学校教育、家庭教育和社会教育为主要形式的公民政治参与意识教育的立体网络。在学校教育中，实现小学、中学、大学各阶段公民政治参与意识教育模式间的有机衔接。通过强化教育，不断增强民众的主体意识、理性意识、权利意识、法治意识，使社会主义民主法治、自由平等、公平正义等理念内化为民众的内心信念和自觉意识，成为公众参与改革的内驱力，促进民众有序的参与改革和自觉地推动改革。另一方面，理顺和拓宽民众参与改革的渠道。健全和完善包括立法听证、行政听证、重大决策社会稳定风险评估听证等在内的民众参与改革的渠道和路径。对民众参与改革给予真正的尊重、支持，通过动员民众有序的政治参与实践来唤醒公民的权利意识。同时，民众也要充分珍惜每一次改革参与机会，通过积极主动地参与实践，提高改革参与的技巧，积累参与的经验，发展参与的能力，体会参与的功效感。最终使民众参与从目前的政府主导型参与和象征型参与转变为完全型参与，达到民众享有合法的实体性参与权利与程序权利，依法有序参与改革政策的制定和实施，化解改革“最后一公里”难题。

（四）完善监管督察机制

要实现对改革的有效监管督察的首要条件就是获取改革信息，“信息提供行使权力的能力”，通过对获取的信息进行分析和判断，实现对改革行为活动的监管。从政府治理的角度看，信息公开是指政府对所掌握和拥有的信息，除涉密免予公开外，通过法定形式和程序主动向社会公众发布，或依申请向特定公民或组织公开的法定行为。要以《中华人民共和国政府信息公开条例》为依据，在强调政府信息公开义务的同时，进一步明确民众对政府信息公开的知情权。通过设立改革信息公开领导机构，具体负责制定改革信息公开的相关政策和督促执行；加强改革信息公开渠道建设，确保信息公开以简便、快捷、低成本的方式准确获取。同时，进一步强化政府监管督查，针对改革中监管部门条块分割、职能交叉、职责不清、效率低下、责任推诿等弊端，进行各部门监管职能的明晰化，明确各个部门的监管权责及职能范围，防止监管职能交叉重复、模棱两可的情况出现，对于重复设置的监管机构可以依法撤销进行职能归并，禁止设立功能交叉的机构，在此基础上加强各监管部门的沟通、协调与合作。此外，要进一步提升社会监管能力，在培育民众改革参与的同时，培育壮大社会组织，激发社会组织活力，创新社会组织扶持机制，支持社会组织参与改革为社会提供服务，通过政府购买服务为社会组织的发展提供空间、资金和政策引导，不断提升社会组织参与改革和实施监管的能力。

案例

“督查风暴”下的地方政府[①]

安徽省宿州市政府督查室的杨泽好，已连续半个多月没有休息了，没日没夜地忙。用他的话形容，他们部门是“搞材料的人屁股不离板凳，去现场督查的人屁股不沾板凳”。

杨泽好正处在一场风暴的“暴风眼”。对于地方政府来说，这样的强度前所未有。2014 年，新一届中央政府高举督查“利剑”，向政策落实

① 吴明华、查英、张旭:《新督查时代》，载《决策》2016 年第 7 期。

"中梗阻"宣战。2015 年国务院大督查，查出 382 个突出问题，问责处理 1456 人，给地方官员带来极大震撼。

这是一场怎样的"风暴"？给地方政府带来哪些压力与改变？

督查之变

亲历大督查的杨泽好，对"督查风暴"有着切身体会。在行政审批制度改革专项督查中，督查组对他们全市一千多个行政审批事项进行逐项审查，每一个细节都不放过。

"有的收费项目晚取消一天就多收一天钱，督查规定是从中央文件下发之日起立即停止。督查组发现一个收费项目，立即把部门负责人叫过来说明情况。"三天高强度的督查让老杨印象非常深刻，"过去督查不像现在这么细致，有系统性的，督查到每一个点，这样才能真正起到督查的作用"。

督查并不是新鲜事物，过去从上到下每年都会有各种专项督查。但从 2014 年开始，督查发生了根本性的改变。近两年国务院大督查，都由李克强总理亲自定调、亲自拍板督查主题和对象，其规模之大、规格之高、主题之广均为历年罕见。

2014 年，国务院派出 8 个督查组赴 27 个部门及 16 个省督查，每个督查组都由部级官员带队，督查形式"注重创新"。不仅要听取省市工作汇报，还要召开座谈会，听取不同部门、基层和企业的意见。同时会针对特定主题展开调研和暗访，并抽查相关文件、材料及档案。派往地方的督查组还深入现场等进行实地督查。

2015 年国务院督查组增至 11 个，督查范围扩大到 35 个部门及 18 个省，不仅时间更长、规模更大、阵容更强，而且对发现问题的整改和追踪落实更动真格，"该办就办，奖罚分明"！由此，一场"督查风暴"席卷全国。

“任何战略部署、任何政策措施，如果没有督查和评估，就不会产生预期效果。”参与国务院督查的国家行政学院教授王满传说，长期以来，我国各级政府部门重视抓落实不够，导致很多工作光有部署，没有跟进督查，往往是虎头蛇尾，甚至不了了之，达不到预期效果，“督查是提升执行力一个必不可少的环节”。

在王满传看来，与以往的督查相比，近两年的督查有几个特点：一是力度更大；二是增加了督查主体，除上级政府对下级政府的督查之外，还委托相对独立的专业部门开展第三方评估，使结果更加客观；三是将审计与督查相结合，2015 年对一些重大项目资金使用情况进行了审计；四是重视督查成果的运用，国务院要求相关部门和地方针对督查发现的问题，逐项制定解决问题的措施。

大督查将压力自上而下传导，有压力才有动力。“督查风暴”促使基层干部不敢懈怠、积极作为，从而打破政策执行“中梗阻”。

自我革命

事实上，这场“督查风暴”之前，一些地方已经先后开始主动地自我督查。这些地方上的督查行动并没有大张旗鼓，但同样在当地卷起了一场场小的风暴。

宿州市早在国务院大督查之前，就已经建立了大督查工作机制。每个月都会召开大规模的工作任务调度会，市委书记、市长亲自参加，对全市重点工作进行现场督促，这样高规格的督查多年来风雨无阻。市级领导挂帅的“高层次”督查，与重大决策多部门联合督查、两办督查室专项政务督查，形成了“三位一体”的大督查机制，在地方抓落实中发挥出强大的威力。

而山东潍坊、深圳罗湖等地，彻底改变了传统督查方式，创新网上督查督办系统。利用信息化手段，使得督查督办更加高效便捷、公开透明，效果立竿见影。2014年年底，重庆市首次对重大决策部署督查工作引入第三方评估，取得了很好的效果。重庆市还将探索推进第三方评估的制度化、常态化。

近年来，像宿州、潍坊等高度重视督查的地方并不少见。从中央到地方，为何会在此时不约而同地刮起“督查风暴”？

“每年相关的政策、大政方针很多，到了基层重点还是抓落实，我感觉现在的督查抓住了工作的‘牛鼻子’。在工作推进机制上，可能以前抓落实的力度还不够。现在督查机制跟上来以后，基层执行力有了很大的改观。”安徽一名县级官员说。

从地方自身发展来看，同样也需要依靠督查来强力推进工作。从地方经济社会发展来说，各地都制定了很好的发展战略，但“三分战略，七分落实”。区域发展综合实力的竞争，最终比拼的就是地方政府的执行力。

“如果有很好的执行力，可以把战略变成非常好的发展蓝图；如果执行力差，再好的战略也没用。各地政府也意识到这个问题。”在上述官员看来，地方政府施政的重心就是要抓执行、抓贯彻落实，所以地方上才会主动掀起“督查风暴”。

无论是抓执行力还是督查，最终的工作落点都是在基层，基层如何看“督查风暴”？“新的发展阶段、发展理念，特别是依法治国背景下，所有工作都要依法依章办事，这就给基层工作带来一定难度，很多以前司空见惯的工作方法，现在都行不通了，所以执行难度加大，导致一些基层干部不想干、干不好。”皖北一名乡镇干部说，现在基层推进工作过程中出现很多新变化。

“转型期基层干部也需要一个转型的过程，基层干部需要吸收消化新的思维理念，建立新的工作方法。在这个转变的过程中，你不催他他可能就慢慢干，你要催他他也很快能适应过来。”参与督查的国务院发展中心研究员包雅钧认为，督查推动了基层行政方式的变革。

行政方式变革

包雅钧所说的行政方式变革，在基层已切切实实发生了。

2015 年国务院大督查，问责处理 1000 多人，其中地厅级 77 人，县处级 469 人，乡科级及以下 910 人。这给基层干部来带来强烈的震撼效应，“只能得出一个结论，就是上面是动真格的”。在这种情况下，地方官员的执政理念和行为模式都发生了巨大改变。

地方政府在提出工作目标和年度计划时，会非常重视当地具体实际，提出切实可行、通过努力可以达到的目标，而不会虚报数字，搞虚假繁荣。无论是总体目标还是单项计划，比如 GDP 增速、规上工业产值、安置房项目等，都会非常务实，把本地自然禀赋、各种不可控因素都考量其中。

同时，地方上一旦提出自己的目标，会在政策许可的范围之内，用一切手段，调动一切力量，确保完成自己的承诺。而不是到年底考核时虚以应付，能不能完成目标也无关痛痒。

“现在政府抓工作有点像军事化管理，军令如山。承诺的事必须在规定的时间内按质按量完成。”在合肥市某官员看来，督查给地方行政方式转变带来很大的正面促进作用。

在 2015 年国务院大督查中，全国共处置闲置土地 85.4 万亩，中央和地方各级财政收回存量资金 3000 多亿元，这对地方传统的行为模式同样带来巨大的改变。

过去，地方习惯对上跑项目、争资金，而这些资金往往需要地方配套，项目需要在规定期限内落地，但地方上常常不管有没有条件，先跑下来再说。项目拿下来以后怎么落地，往哪里落？这些在申报的时候并没有充分的论证，最终导致项目迟迟落不了地。

“上级专项资金是‘打酱油的钱不能用来买醋’，地方把打酱油的钱申请下来以后，种种客观因素导致短期内打不成酱油。资金花不出又不能花到其他地方，这样就形成了资金沉淀问题。”这位官员说，过去很多地方都会沉淀这样的资金，不是缺钱而是资金没办法发挥效益。

在大督查中，这些沉淀资金不但要收回还要问责。“一些地方干部可能会觉得上级资金是‘烫手山芋’，跑项目也成了‘双刃剑’。甚至不排除少数基层干部因此少干事、不作为，因为不报项目反而没有压力。”安徽省某智库专家认为，从地方发展看，没有上级的支持是不行的，没有项目地方就无法发展。

“督查风暴”使得基层干部必须改变原有“跑部钱进”模式，“应该是地方上先有了项目，再去争取上级的政策和资金，而不是瞄着上级的政策，临时包装项目去申报，那肯定是不行的”。同时，项目跑下来后，必须在规定的时限内落地，这也倒逼基层干部立“军令状”，提升执行力。

适应新督查时代

“督查是为了促进上级的政策能够落地生根，真正发挥政策的效益，同时督查也会促进地方更好的发展。”在前述智库专家看来，一些基层干部认识还停留在以前，在新督查时代就会疲于应付，“基层干部必须转变观念，适应这个新时代”。

“过去，上有政策，下有对策。中央政策出台后，文件发下去就完了，落实就是从纸上到纸上。在新督查时代，这样行不通了，必须把工作干好，把政策执行到位。”这名专家指出，地方上要以积极的心态适应这样一个变化。

一些基层干部认为，近年来中央政策很多，来不及消化，更来不及落实。在专家看来，这与基层干部政策理解水平有关，基层干部了解政策首先宏观掌握，第二直奔要点，第三吃透“干货”，“中央一个政策洋洋洒洒很多字，字字千金都很重要，但是里面核心的，或者跟原来有重大变化的干货要读懂。把握政策的核心点非常关键。”

在政策执行中，各级干部则要将压力向下传导，“上级督查很严，就必须把这种严厉的工作作风、明确的工作要求、赏罚分明的工作模式传导给基层，绝不能上面惊涛骇浪，底下风平浪静”。

同时，要创新地方政府的目标考核管理机制。公务员队伍的绩效管理、目标管理，长期以来是一个巨大的难题，因为政府很多工作很难向企业那样进行量化，公务员队伍的激励方式也不像企业那样多元化、灵活化。这就导致基层干部缺乏有效的激励手段。

在现有模式下，如何创新目标管理考核体系，使之成为一个能够有效调动积极性，奖优罚劣、运转有效的机制，这就需要各地在实践中进行探索。

一些基层干部也希望，在刚性的督查中能增加一定的弹性机制和容错空间。由于区域之间发展不平衡，各地基础条件千差万别，中央的一个政策要想在各地真正落地生根，就不能按照一个模式来执行。

因此，督查硬性的标准要根据各地不同的情况，能够区别对待或者有一定的弹性。如何在刚性督查和地方实际中找到一个平衡点，同样也需要探索。

CHAPTER 07

第七章

用好考核指挥棒

不仅要重视改革施工方案质量，更要考核验收改革竣工结果，没有完成或完成不到位的要问责。

——习近平

如果谁能解决绩效考评问题，那么他就有资格在同一年中获得诺贝尔奖、普利策奖和黑斯曼奖。

——美国联邦人事官员

管理学有一个经典定律：“考核什么，就得到什么。”（what you measure，what you get）考核 GDP，官员就热衷于 GDP。同样的道理，一旦官员认识到“干改革有好处，不改革很危险”，就会争当改革促进派和实干家。而如果没有一个科学的判断标准，我国的改革就有可能走偏，甚至出现方向性问题和颠覆性错误。因此，建立健全“激励兼容”的改革绩效评估机制，必然成为新一轮改革的“指挥棒”和主抓手。

1992 年，邓小平在南方谈话中指出，判断我国改革开放得失的标准，“应该主要看是否有利于发展社会主义社会的生产力，是否有利于增强社会主义国家的综合国力，是否有利于提高人民的生活水平”。2016 年，习近平在中央深改组第二十一次会议上提出：“把是否促进经济社会发展、是否给人民群众带来实实在在的获得感，作为改革成效的评价标准。”[①] 这两个改革“指挥棒”一脉相承，必将对改革发挥重要的引导作用。

第一节　组织变革的绩效评估

绩效评估，犹如“指挥棒”和“导向仪”，它指向哪里，受其制约的组织和个人便会奔向哪里。当前，全面深化改革已进入攻坚期和深水区，达标时间更加紧迫、利益格局更加复杂、改革对象更加多样、改革风险更具不确定性。通过动态化的绩效评估进行实时信息反馈，可及时纠正改革试点中出现的各种偏差，使各项改革试点始终沿着正确方向前行。

一、西方发达国家的理论与实践

公共部门绩效评价发轫于西方。对绩效评估的概念界定，西方学界有以下几个视角。一是绩效评估的内容。经济合作与发展组织（OECD）认为，绩效评估是对投入、产出和成效的评价。英国国家审计署认为，绩效评价是对公共部门经济、效率、效果（“3E”）的评价。此外，政府的回应性、公平性、服务质量、公共责任、公众满意度等，也被视为绩效评估的重要内容。二是绩效评估的理念方法。詹姆斯·威尔逊认为，政府绩效评价是这样一种制度设计：在该制度框架下，以取得的结果而不是以投入要素作

① 习近平：《深入扎实抓好改革落实工作　盯着抓反复抓直到抓出成效》，《人民日报》2016 年 2 月 24 日。

为判断政府的标准。三是绩效评价的过程。彼得·罗西认为，绩效评估是搜集、报告和解释绩效指标的过程。马克·霍哲认为，绩效评价是一个测量政府绩效的程序、系统或过程。四是将绩效评价内容与过程相结合。欧盟研发的通用评估框架（CAF）模型，由绩效内容和绩效测量两部分组成。其中，绩效内容包含绩效、顾客、雇员和社会效果四个要素；绩效测量则通过领导力、人力资源管理、政策和战略、合作伙伴和资源管理，以及变革管理等过程来实现[①]。上述研究视角各有千秋、相互补充。质而言之，所谓公共部门绩效评估，就是运用科学的方法、标准和程序，对公共部门的业绩、作为及其影响作尽可能准确的评价，以提供组织绩效的信息、诊断组织存在的问题，从而推动公共部门工作效率和服务质量的提升。

作为一种具体的公共管理工具，绩效评估在西方发达国家已经沿用数十年。总体上看，经历了“效率（1900—1940）、预算（1940—1970）、管理（1970—1980）、民营化（1980—1992）、政府再造（1992—）”的发展历程。[②]伍德罗·威尔逊在开辟这个研究领域时就曾指出，行政学的目标和任务之一，就是“要弄清政府怎样才能够以尽可能高的效率和尽可能少的金钱或人力上的消耗来完成其职能”。20世纪70年代末，以英美为代表的西方国家新公共管理运动，本质上是一场在绩效评估理论指导下的行政改革运动。

英国政府绩效评估可分两个阶段：一是效率优位阶段。1979年，撒切尔保守党政府上台后，立即启动大刀阔斧的改革，相继推出“雷纳评审”、部长管理信息系统、“财政管理动议”等改革举措。其中，“雷纳评审”是以雷纳勋爵为牵头人的评审小组，由高级公务员、资深学者和顾问公司参加，对政府日常工作把脉问诊，寻找导致效率不佳的因素，以降低运营成

---

① 李文斌、郑方辉：《公共部门绩效评价》，武汉大学出版社2010年版，第4—6页。

② 尼古拉斯·亨利：《公共行政与公共事务》，项龙译，中国人民大学出版社2002年版，第286页。

本、提升政府效率。二是质量优位阶段。1988 年开始，撒切尔夫人及其继任者梅杰，连续推出“下一步行动方案”、“公民宪章”运动、“竞争求质量”运动等，开创了质量和顾客满意的新方向。“下一步行动方案”提出，在部门内部设立执行机构；给予执行机构更大灵活性、自主性；各部门大臣与执行机构签订绩效合同，使其对服务结果负责。1997 年，布莱尔工党政府上台，推出了“合作政府”新模式。在政策制定方面，强调结果导向和公众参与；在公共服务输出方面，把绩效评估作为监控质量的主要途径；在公务员制度改革方面，完善结果导向的个人绩效评估体系。

美国是世界上最早开展政府绩效审计的国家。20 世纪 60 年代之后，从国防部的“规划—计划—预算制”，到尼克松的“目标管理系统”，到卡特的“零基预算系统”，再到里根、老布什的“全面质量管理”，几乎每届政府都出台了相应的绩效改革措施。但总体上看，进展不大，成效不佳。直到 20 世纪 90 年代，美国公共部门绩效评估才取得根本性突破。1993 年年初，克林顿总统成立了由副总统戈尔主持的“国家绩效评审委员会”。该委员会很快提交了第一份报告《从繁文缛节到以结果为本——创造一个工作更好并且花费更少的政府》。这份“戈尔报告”提出了 384 项改革建议、1250 个具体步骤，成为克林顿政府改革的行动指南。同年 7 月，克林顿政府推出政府改革的纲领性文件《政府绩效与结果法案》，首次以立法形式将公共部门绩效评估制度固定下来，标志着公共部门绩效评估法治化的开端。此后，所有的联邦政府部门都制定了绩效目标并评估其实现绩效目标的结果，制定了长期战略规划、年度绩效计划和年度绩效报告。在州政府层面，绩效评估也获得了巨大成功。

由此不难看出，西方国家公共部门绩效评估，蕴含着结果为本、顾客至上、解制分权、崇尚创新、鼓励参与等价值理念，与新公共管理的内涵不谋而合，契合了公共行政的发展趋势。从具体特征看，一是定量化。主要体现在它所使用的指标体系和方法技术上，这就倒逼政府以更加清晰、直观的绩效语言，向公众展示机构运作和项目实施情况。二是法治化。每一次绩效评估的发起都“于法有据”，往往伴有制度化的立法或行政命令支持，严格地规定绩效评估的目标、措施和责任。三是专业化。表现在两方面：设置专门的绩效评估机构，确保改革举措落地生根；运用大量的信息技术，确保绩效信息的精准度。四是持续渐进。很多国家都推动了多次绩效评价实践，呈现出明显的波浪式前进趋势。这些经验对我国新一轮改革，无疑具有较强的借鉴意义。

二、我国改革评估的进展与不足

处于改革前沿的地方和基层，不间断进行各种探索与尝试，同时出台了各自的改革考核评价办法。但是，不少地方和部门仍然集“运动员”“裁判员”于一身，降低了改革公信力和公众满意度。具体表现在以下几个方面。

（一）规范化程度低

价值取向是改革试点绩效评估的灵魂，也是绩效管理的深层次软件要素，无时无刻不在影响并制约着评估主体、指标设置和评估行为。从最近两年的情况看，由于缺乏相应的法律法规作为保障，地方和部门对改革试点的绩效评价活动较为零散。有的地方和部门随意性比较大，往往基于自身需要进行“运动式”评估，其结果必然是流于形式、难以持续。少数重要改革举措未经事前评估便仓促推出，导致改革试点要么一入深水区就没了声响，要么稍有突破就撞进了雷区。更有甚者，仅仅出台一份文件，就宣告改革已大功告成。

（二）评估主体单一

菲利克斯·尼格罗认为："评估活动应该由一个符合评估内容的组织来进行，应该由那些不受项目发展结果影响的人们来进行。"一般来说，改革试点的绩效由外部组织进行评估往往更客观、更真实。然而遗憾的是，有些地方和部门仍一味强调"组织掌控、内部实施"，以上级对下级评估为主，单位自我评估为辅，公众、学界、媒体缺失，导致相关改革"数字很好听、成效不明显"。此外，各地零星探索的第三方评估，或因信息不对称难以有效勘察，或因经费不独立容易手下留情。

（三）指标设置片面

绩效评估指标的设置极其复杂，是整个绩效管理中最为关键、最具争议的环节。如果过于强调结果，疏于过程控制，则绩效评估在实际运作中容易异化为数字游戏，层层分解、层层加码；如果过于强调过程，过分突出领导关注、财政支持、组织保障等指标，则容易导致改革结果与公众需求不一致，造成人财物的巨大浪费。有的地方仍然过度强调经济绩效，认为只要经济改革涉及了、经济指标好看了，社会公平、民生改善、生态环保等其他改革任务都可以缓一缓，由此在设置绩效评估指标时往往对后者赋予较低的权重。

（四）结果运用失当

绩效评估结果的运用程度和运用方式，直接影响到评估本身的功能和权威性。在实践中弹性空间过大，往往呈现两个极端：一是形式化。存在着"为评而评"的现象，评估启动时宣传造势、轰轰烈烈，而是否产生了结果、如何运用评估结果，到最后没有了下文。二是高压化。奖惩机制原本是绩效评估的保障，评估结果一旦与奖惩机制、资源配置相脱节，绩效评估也就失去了意义与价值。但个别地方采用“一票否决”等激进举措，导致被考核对象穷于应付甚至弄虚作假，这就背离了初衷、走向了反面。

三、改革绩效评估为何难以深入

绩效评估兼有计划辅助、预测判断、监控支持、激励约束和资源优化等多项功能，理当成为改革试点绩效改进的助推器。但在具体操作环节往往会引发诸多问题和争议，能被各界共同认可的改革评估案例并不多见。究其深层次原因，可以从两个层面进行讨论。

（一）主观因素

我国绩效评估实践的发起大多属于内力驱动型，也就是由主要领导根据工作需要及内在责任感主动推行。当前不少地方和部门对改革试点绩效评估重视不够，没有真正理解绩效管理的正面作用。即使在沿海发达地区，对改革试点的评价监测都是新生事物，不仅是公众缺乏这方面的观念和意识，就连很多官员也缺乏相应的知识和技术。已有评估结果的应用方法更是匮乏，相当一部分改革评估报告被束之高阁，没有充分发挥评估的效力。更有甚者，个别地方和部门根据自身利益的需要，任意选取数据进行绩效评价，最终有选择地向社会公开评估结果，尽可能地渲染成绩而回避问题。有的改革试点早已进行多年，由于缺乏刚性的绩效评估和外在约束机制，时至今日仍然在原地打转，这就很难说是真改革。

（二）客观因素

改革试点的价值取向和目标设置通常是多重的，相互间甚至还会存在着冲突，而改革的主导者通常也将目标模糊化处理。从绩效评估视角看，最大的难题是搜集改革信息，而判断改革成败的数据也难以量化。评估者的立场差异，往往会得出不同的评估结论。我国的公共政策绩效评估尚处于起步和探索阶段，2004 年国务院颁布《全面推进依法行政实施纲要》，“绩效评估”才首次出现在中央的官方文件中。此后，中央部委和甘肃、杭州、厦门等地纷纷开展各种公共政策绩效评估探索，虽积累不少新鲜经验，但总体上亟待规范与提升。

四、把改革绩效评估作为突破口

较之其他领域的公共政策绩效评估，改革试点绩效评估影响范围更广泛、启动时间更紧迫、受重视程度更高。故此，可将改革试点绩效评估作为突破口，来提升全社会公共政策绩效评估的整体水平。

（一）制定改革评价条例

国际经验表明，成熟、完备的法律框架是绩效评估成功的前提和保障。从法治角度看，改革试点绩效评估就是以强制性法律规范评价、约束、规范、引导改革试点行为的“应然”模式和规则体系。它既包含对改革试点投入与产出的量化测量，又包含对改革试点行为正当性、合法性的价值判断；既包括对改革试点行为的评价规范，又包括对评价结果的公布和运用以及对改革试点行为的反向指引。我国绩效评估总体仍停留在抽象层次上，缺少具体的、可操作性的政策指导，更缺少相对成熟、完备的法律框架。“于法有据”是新时期推进改革的一项要求，因此建议拟定并出台统一的改革试点评价条例（或办法）。这样有利于摆脱传统模式下的自发性和随意性，突破条块分割体制和“信息孤岛”现象，保障改革试点绩效评估有效、持续、健康推进。

（二）形成多元评估机制

彼得·德鲁克认为：“绩效存在于组织外部。”因此，改革试点绩效评估除了党政机关的自我评估、上级评估外，还应当涵盖公众评估、专家评估和媒体评估等。官方评估方面，可进一步强化改革领导机构的顶层设计和总体协调作用，加强人大、政协对改革试点的绩效评估与监督检查作用。公众评估方面，可通过社会调查、民意测验等多种方式，定期征询公众、企业等受益主体对改革试点的满意度。例如对公立医院改革的绩效评估，就必须格外重视患者的意见和建议。第三方评估方面，可采用改革专项财政资金方式购买服务，以增强第三方的公正性和独立性，避免地方和部门“花钱评自己”。

（三）优化评价指标体系

拿什么作为绩效的评估标准，人们往往各执己见。从这个意义上来讲，所有改革者都会选择合适的时机宣布改革取得成功。面对这个难题，波里特提出“拿目前的状况与如果它不改革的状况和改革之前的状况进行对比”，这一观点为各方所认同。从指标设置看，除了经济投入、短期产出外，还应将社会公平、民生改善、政治清明、生态环保等纳入其中。从测量方式看，单纯的定量指标容易导致短期性，而定性指标则更多依赖于评估人员的主观判断。因此，建议将调研素材、案例分析、社会舆情和公众满意度、上级满意度等主观意见转化为客观指标，实现定量指标与定性指标的深度融合和优势互补。

（四）强化评估结果运用

改革试点的评估结果，既可以对外公开也可以内部把握，但最终的落脚点必须是推动改革试点的绩效改进。应当将评估结果与部门的奖励及下一年的预算相挂钩，与领导和公务员的职位晋升及评优、薪酬、末位淘汰等挂钩，让改革促进派受益、让改革不力者受损。形成绩效评估报告后，还应将评估结果反馈给部门和个人，以取得及时的回应；比较个人、组织、地区以及不同项目之间的绩效水平，以扩大改革试点的竞争性；更加关注评估中发现的问题，有针对性地加以整改；以适当的方式反馈给公众，使改革试点置于公众的监督、评判之下。

第二节　让改革者上，不改革者下

2016 年 6 月 27 日，习近平在中央深改组第二十五次会议上强调："改革是一场革命，改的是体制机制，动的是既得利益，不真刀真枪干是不行的。探索创新要抓实，继续鼓励基层创新，形成改革者上，不改革者下的用人导向，及时总结推广地方的创新做法。"①

选人用人是风向标。全面深化改革是一把尺子，能量出干部是否与党和国家同频共振，是否有攻坚克难的能力，是否有所担当。中央深改组发出的"改革者上，不改革者下"，可谓掷地有声。

一、选人用人是一张"王牌"

全面深化改革，不能在半空中飘着。伴随改革进入最艰难的实施阶段，顶层设计能否落地，尚需一个关键性的支撑：人事。

政治学者郑永年认为，虽然有经济、政治权力的下放，但中国仍然是一个单一制国家，始终在维持集权化的政治结构。启动改革之后，地方官员拥有很大的自主权，但他们仍然只是中央政府的代理人，中央对

---

① 习近平：《聚集改革资源激发创新活动　更加富有成效抓好改革工作》，《人民日报》2016 年 6 月 28 日。

他们有相当的控制力，尤其是在人事的选拔和任命上。中央一直坚持“党管干部”的原则，强调党对干部任命的绝对控制。党对干部的日常管理相当集权，每一级干部的考核、任免、调动都必须由上一级党委和组织部决定和执行。人事权是中央控制地方的最后的王牌，是对地方官员的最根本的制约①。

十八届三中全会以来，改革的集结号已经吹响。中央深改组成立以来，不断夯基垒台，推出改革举措，力度之大、范围之广、影响之深，前所未有。但是，值得警惕的是，现在仍有一些干部谈“改”色变。基层普遍反映，这一轮改革的难点集中在“自上而下的公权力改革”，这意味着改革的执行者同时也是被改革者。

2015 年，新华社《半月谈》记者在中部某省采访“改革政令落地梗阻”时，不少地方干部婉言拒绝，一位当地干部坦言，改革难免触动利益，一些干部害怕“枪打出头鸟”。除了“不敢改”的心态，认为“改了没什么好处，不改也没什么坏处”的心态在基层并不少见。一些基层干部告诉记者，“只听说谁腐败下台了，很少听说谁改革提拔了，更少听说谁不改革下台了”。这充分说明，让以改革论英雄的氛围尚未真正形成，改革指挥棒发挥作用乏力。

郑永年也发现，党的十八大之后，中国各级官员中，GDP 主义普遍回潮。相当一部分官员很少谈改革，甚至不谈改革，但大谈特谈 GDP 增长。因为体制背后都是庞大的既得利益，不少官员避重就轻，转而选择做政府动员式的经济发展。个别官员甚至根据自己偏好来解读高层的意图。例如，李克强总理明明说“改革是最大的红利”，但有人将此解读为“发展是最大的红利”。他们没有可持续发展观，有的不过是“任期发展观”。

---

① 郑永年：《中国模式：经验与困局》，浙江人民出版社 2010 年版，第 145 页。

《人民论坛》问卷调查中心在访谈数十名公务员基础上，就“争当一名改革促进派，难在哪”这一问题展开调查。在 8243 份有效样本中，62.6% 的受访者认为争当改革促进派难在“‘枪打出头鸟’，‘能官’不一定有好下场”。一位基层干部坦言，“改革利益错综复杂，牵一发而动全身，改革所触及的深层次矛盾越来越多，稍有不慎就有可能引发群体性事件，一旦出现群体性事件，处理不当就会受到行政问责，搞不好连乌纱帽也没了”。调查数据还显示：71.1% 的受访者认为，“想改革、谋改革、善改革”的干部比例低于 40%。此外，逾六成受访者对“改革干部正遭遇断层现象”持认同态度。

2015 年，湖北省委组织部原常务副部长王增康投书媒体，疾呼“政坛改革者断层现象亟待关注”。他以宋亚平主导的“咸安政改”为例，直言改革越动真格，风险就越大。一旦稍有不慎惹出点事来，改革者极易成为“谢罪天下”的祭品。遥想当年，“咸安政改”的成功，让过去默默无闻的小小咸安，成为震动全国的改革“名胜”。不过，让人始料未及的是，与铺天盖地的鲜花、掌声和赞美同步而至的，还有不绝于耳的怀疑、猜忌和指桑骂槐的弦外之音。无论在咸宁市还是在省直单位，很多人听不开心、看不顺眼、接受不了“咸安政改”给自己带来的冲击，纷纷打着“为民做主、维护正义”的旗号讨伐宋亚平。回过头看，咸安当年的很多改革举措，不仅逐渐为社会实践所成功检验，而且被十八届三中全会所高度肯定。

由此，王增康感慨道：“这无疑是个值得认真反思的教训。我觉得现在的改革评价体系应该维护社会公平正义，干部管理体制则应该旗帜鲜明地支持、鼓励和保护改革者，让干事儿的人放开手脚去创新，这个社会才会有活力，各种矛盾与困难才能被突破。”

中央深改组第二十五次会议，提出“改革者上，不改革者下”的用人导向，可谓切中肯綮。“用一贤人则群贤毕至，见贤思齐就蔚然成风。”把改革指挥棒的作用发挥到极致，真正让改革者上，不改革者下，引导干部做促进派和实干家，才能最大限度地增强改革内生动力，从根本上推动改革举措落地。

二、让一线改革者成为“香饽饽”

2015年12月1日，浙江省委常委、温州市委书记陈一新，上调中央改革办担任专职副主任。

中央改革办领导大多出自中央部委，陈一新是唯一来自地方的官员。他曾是浙江省委、省政府核心智囊之一，先后出任金华市委书记、温州市委书记，具有丰富的政策调研经历和改革操作经验。在离开温州前夕，他特意召集各县（市、区）党政一把手座谈，提出温州未来要做“中国全面深化改革的模范生”，还强调说，“底层创新与顶层设计有着内在的逻辑联系，以底层创新成果赢得上级认可和支持，并为顶层设计提供更多经验”。上调中央改革办以后，陈一新很快奔赴安徽、广东两省，督查县级公立医院改革工作。在安徽定远县，他提出要让更多的群众知道改革成效，真正形成全社会理解改革、关心改革、参与改革、支持改革的氛围；要加大支持底层创新的力度，为顶层设计提供经验，同时检验顶层设计的科学性。

此前，在中央深改组第十七次会议上，习近平特别强调，中央通过的改革方案落地生根，必须鼓励和允许不同地方进行差别化探索。全面深化改革任务越重，越要重视基层探索实践。基层改革创新，要尽可能多听一听基层和一线的声音，要最大限度调动地方、基层以及各方面的积极性、主动性、创造性。①

① 习近平：《鼓励基层改革创新大胆探索　推动改革落地生根造福群众》，《人民日报》2015年10月14日。

在这个背景下，陈一新上调中央改革办，其肩负的使命不言自明。特别是眼下，既得利益者不愿放手，改革出现“空转”的苗头，亟待择天下英才而用之。这样的英才未必局限于体制内，一方面要能洞悉地方在全面深化改革中的优劣势，另一方面又不存在与中央各部委之间的利益纠葛。未来几年，中央和地方能否起用更多“改革促进派”，将最终决定全面深化改革的成败。毕竟，距离2020年，时间越来越迫近了。

那么，如何营造改革者群体辈出的生动局面？回望一部改革开放史，我们不难发现，关键在于“地方党委对本地区改革承担主体责任，既要把中央部署的改革任务落实到位，又要结合实际部署实施地方改革、鼓励支持基层创新”。也就是说，各级党委必须以强烈的使命感和责任感，从大局着眼、从长远考量，把改革促进派和实干家用起来，让他们吃香、受追捧，成为“香饽饽”。只有汇聚一朵朵改革浪花，改革大业才能够潮起潮涌。

“郡县治，天下安。”县委书记处于改革发展最前沿，这个群体仕途的升降浮沉，精准地应和着革故鼎新、选贤任能的时代节拍，因而也成了洞悉中国政治密码的独特标本。1995年6月，中组部表彰了100名全国优秀县（市、区）委书记。他们是从2800多人中精心遴选而来，入选概率仅为3.5%。在“政治锦标赛”模型下，经济绩效被作为官员选拔的核心指标。此后，李玉妹主政莱芜5年，现代化的“钢城煤都”迅速崛起。毛万春担任洛阳市委书记期间，经常与网民互动。20年后，已有2人晋升到正省级，14人晋升到副省级，此外至少42人晋升到正厅级。“领跑者”杜家毫，已升任湖南省委书记[①]。至于他们被“用起来”后，是否有所作为，历史自将评说。

2015年6月，中组部再次表彰102名全国优秀县（市、区）委书记。不同的发展阶段赋予了他们不同的责任与担当。与20年前评优标准侧重

① 贺海峰：《100名县委书记的20年》，载《决策》2015年第2—3期合刊。

于 GDP 业绩有所不同，新一轮评选更突出县委书记的改革创新意识[①]。例如 2013 年夏，浙江开化县委书记鲍秀英甫一上任，就提出抢抓国家主体功能区建设契机，践行“两山”思想、追梦国家公园。通过积极争取，衢州市委不再考核其工业经济和 GDP，实行以生态为先、民生为重的单列考核。此后，鲍秀英从抓规划开始，壮士断腕、治气治水，着力寻求转型突破。2015 年，开化县被确定为浙江省唯一的国家公园体制试点，鲍秀英也被提拔为浙江省监察厅副厅长。2016 年年初，在中央深改组第二十一次会议上，她的继任者、新任县委书记项瑞良与会，详细汇报了开化县“多规合一”试点进展，获习近平总书记充分肯定。

客观地说，允许这些改革先锋的存在，已经证明历史在进步；如果能把这些改革先锋用起来，那么则更能证明时代在前进。而要做到这些，一要为改革者创造良好的舆论环境，使“敢闯”者有所“依”；二要为改革者提供必要的制度保障，使“敢试”者有所“靠”；三要辩证认识对改革者的争议，正确处理改革中的失误。

表 7—1　部分市县改革家的仕途轨迹

姓名	原任职务	主要事迹	去向
刘日	河北无极县委书记（1985—1993）	1988 年，无极县 13 名科局级干部集体上省纪委联名状告县委书记刘日“收受贿赂，贪赃枉法”。省委联合调查组调查数月后，却“查获了一个廉洁的好书记”！1991 年，刘日被中央组织部授予“全国优秀领导干部”称号，受到党和国家领导人接见，并被安排到中央组织部介绍改革经验。	后调任石家庄地区行署副专员，省农业开发办副主任，省物价局副书记、副局长，河北行政学院党委书记、常务副院长。现已退休。

① 陈融雪：《百名县委书记为什么受表彰》，载《瞭望东方周刊》2015 年第 26 期。

续表

姓名	原任职务	主要事迹	去向
吕日周	山西原平县委书记（1983—1988）、长治市委书记（2000—2003）	在原平县，创造性提出“政府搭台，群众唱戏”。三年后“咸鱼翻身”，财政收入相当于周边12个县总和。在长治市，掀起传媒治市、与市民对话、精兵简政、国企改革等“变法”运动，“大部分工作在全省都是第一”。	后调任山西省政协副主席。现已退休。
陈　光	山东诸城市市长、市委书记（1991—1997）	主政诸城期间，推动全市282家国有和集体企业改制，90%以上的企业改成股份合作制，将企业净资产卖给内部职工。1995年，被中央组织部授予“全国优秀县委书记”称号。1996年，朱镕基亲抵诸城，肯定了这项改革。	后调任菏泽市市长、市委书记，省长助理。现任山东省政协副主席。
张锦明	四川遂宁市中区委书记（1998—2000），雅安市委常委、组织部长，副书记（2002—2009）	在市中区，主导乡镇长、乡镇书记的公推公选，甚至推动了大胆的“乡长直选”，首开全国先河。在雅安市，推动党代会监督委员会、市委委员结构分类管理、县级党代会常任制、乡村党组织负责人公推直选等改革。	后调任遂宁市副市长，雅安市委常委、组织部部长，市委副书记，绵阳市市委副书记。现任绵阳市政协主席。
宋亚平	湖北咸宁市咸安区委书记（1999—2004）	以霹雳手段，大刀阔斧地推行了包括“五保合一”、“两推一选”、干部打工、撤销乡镇“七站八所”等十四项改革措施。	后调任湖北省委政策研究室副主任。现任湖北省社会科学院院长。
罗崇敏	云南红河哈尼族彝族自治州委书记（2002—2007）、省教育厅厅长（2007—2012）	在红河哈尼族彝族自治州，推进全国最大规模的乡镇长直选，废除城乡二元户籍制，实现迁徙自由；在省教育厅，率先取消全省统一中考，实行变一次考为多次考，改变教育评价机制，在教育落后的云南引进国际化办学。	因年龄原因退休。现任国家督学、云南省人民政府参事。

续表

姓名	原任职务	主要事迹	去 向
王晓桦	河北成安县委书记（2004—2009）、大名县委书记（2009—2011）	推动“通透式”办公、干部任免“票决制”“县委书记权力清单”等一系列改革。2009 年，成安被中纪委、中组部确定为全国 3 个县委权力公开透明运行试点之一。	后调任河北省质监局副局长。现任河北省委改革办专职副主任。
郭宝成	陕西榆林市委常委、神木县委书记（2005—2010）	力推民生政策改革，一个是从小学到高中实行 12 年免费教育；另一个是全民住院实行“免费医疗”。这两个先于沿海省市实施的“免费政策”，让偏僻的神木成为舆论焦点。	2010 年 9 月 —2016 年 2 月，任榆林市人大常委会副主任。
王天琦	江苏睢宁县委书记（2008—2011）	以“双严管”为切口，立下睢宁规矩，增强社会管理的能力；推进行政语言与行政行为改革，掌控话语权，增强社会动员能力；构建“一述双评三监督”制度，推进县委权力公开透明运行，增强组织公信力。	后调任淮安市委常委、纪委书记，苏州市委常委、纪委书记，宿迁市委副书记。现任宿迁市委副书记、市长。

（截至 2016 年 10 月。根据公开资料整理）

三、“谁反对改革，就让谁下台”

改革，本质上是利益格局的深刻调整。在改革进程中，因为畏惧风险或者贪恋权位，而抵制改革的官员大有人在。20 世纪 90 年代初期，改革开放陷入僵局。1992 年 1 月 17 日，邓小平果断到南方视察。抵达武昌火车站时，他发了一通脾气后，说出了他的要点：“谁反对改革，就让谁下台。”[①] 抵达深圳之后，邓小平掷地有声：“不坚持社会主义，不发展经济，不改善人民生活，只能是死路一条……谁改变三中全会以来的路线、方针、

① 傅高义：《邓小平时代》，冯克利译，生活 · 读书 · 新知三联书店 2013 年版，第 620 页。

政策，老百姓不答应，谁就会被打倒。”杰出人物之所以杰出，乃是因为他的背后有广泛的社会情绪[①]。此前，上海《解放日报》发表“皇甫平”系列社论，其中一篇引用了荀子的话：“治国者敬其宝，爱其器，任其用，除其妖。”结果已众所周知。“社会主义市场经济”，被党的十四大确立为经济体制改革的目标；改革迅速打开局面，为此后20多年的高速经济增长奠定了基础。

2004年冬，政治学者辛宇曾与一位省委书记长谈，主题是“如何从干部‘能下’方向实施战略突破”。得出的结论是：改革开放20多年，干部“能上”方向的创新空间已经极小，但“能下”方向的空间相当广阔。如果“能下”空间一旦打开，干部队伍的素质就能在流动中不断提高，唯“年轻化”是举的僵局就能顺利打破，改革中的优秀人才就能脱颖而出！据此，在干部“能上与能下”这对矛盾中，“能下”才是主要矛盾[②]！

党的十八届三中全会提出了全面深化改革方案，这无疑将成为决定中国能否跳出“中等收入陷阱”、实现可持续发展的历史转折点。但与过去30多年相比，此次改革所面对的既得利益格局极其庞大，且以触动官员权力的奶酪为核心目标，堪称是一场“政府的自我革命”。一个人能否自己揪着自己的头发离开地球？显然将异常艰难，只能是壮士断腕。但是，“户枢不蠹，流水不腐”。任何一个组织体系，既需要源头活水，也需要定期排污，才能保证组织的健康发展。

因此，政治家必须敢于撼动那些对改革阳奉阴违的官员，否则难免出现“政令不出中南海”的尴尬局面。回望1998年，时任总理朱镕基在国务院第一次全体会议上就强调，“如果本届政府都是‘好好先生’，我们就

---

① 凌志军：《变化：1990—2002年中国实录》，中国社会科学出版社2003年版，第102、131页。

② 辛宇：《如何让改革者群体辈出》，载《南风窗》2009年第23期。

对不起人民，要做‘恶人’，不要说‘我们现在这个社会已经变成庸人的社会，都不想得罪人，我不同流合污就行了’，这样想是不行的。”①

时至今日，一些官员非但没有“争当改革促进派”，反而明哲保身，“不作为”“慢作为”，甚至出现“上层官员踩油门，中层官员挂空挡，底层官员踩刹车”的改革僵局。李克强总理多次怒斥：“国务院常务会讨论通过的一些政策，现在却还‘卡’在那儿，难道让几个处长来‘把关’，这不在程序上完全颠倒了吗？这不是闹笑话吗？”“尸位素餐本身就是腐败，不作为的‘懒政’也是腐败！”“政策千条万条，不干就等于白条。”“对那些为官不为的官员坚决采取组织措施。”②

2014年9月，习近平在中央深改组第五次会议上指出，随着改革方案不断出台，抓落实的任务越来越重。要把抓改革举措落地作为重要政治责任，强化主责部门和一把手责任，要敢于担当，主动作为。不仅要重视改革施工方案质量，更要考核验收改革竣工结果，没有完成或完成不到位的要问责。③

2015年7月，中办印发《推进领导干部能上能下若干规定（试行）》，明确提出“政治上不守规矩、廉洁上不干净、工作上不作为不担当或能力不够、作风上不实在的领导干部”，要“坚决进行组织调整”。其中，第二条指出，本规定所称推进领导干部能上能下，重点是解决干部能下问题，“着力解决为官不正、为官不为、为官乱为等问题”。

需要注意的是，让改革者下，除了体制内的运行机制，更要借助群众的监督力量。改革涉及大多数群众的利益，群众对改革的获得感如何，对

① 朱镕基：《在国务院第一次全体会议上的讲话》，《朱镕基讲话实录》（第三卷），人民出版社2011年版，第4页。

② 任春：《李克强斥繁冗流程：国务院通过了难道还要由处长们“把关”？》，中国政府网2015年4月15日。

③ 习近平：《严把改革方案质量关督察关　确保改革改有所进改有所成》，《人民日报》2014年9月30日。

当地主政者是否真改革，改革用了多少力，最有切身感受。让群众参与，倒逼“不改革者下”。因此，通过政务公开，引导群众参与改革决策讨论，激发改革者积极作为，倒逼不改革者下。

第三节　既要纠错，也要容错

善于从探索和错误中学习，是中国改革的鲜明特征。习近平强调指出：“既鼓励创新、表扬先进，也允许试错、宽容失败，营造想改革、谋改革、善改革的浓郁氛围。”[①]当前，全面深化改革进入深水区和攻坚期，诸多观念障碍和利益坚冰都亟待冲破，热切呼唤大批不惧风险、敢于担当的改革者激流勇进，迫切需要构建科学合理的“容错机制”为他们撑腰鼓劲。

一、全面深化改革的有力保障

改革本质上是全新的探索性试验，没有现成的模式可循，存在巨大的不确定性。党的十一届三中全会以来，中国改革主要采取“摸着石头过河”的渐进主义策略，通过不间断的摸索、试错、优化，在无数不确定的偶然性中寻找必然性。特别是对那些必须取得突破但一时还把握不准的重大改革，鼓励和支持部分有胆有识的干部和一些具备条件的地方先行先试。邓小平在南方谈话中指出：“改革开放胆子要大一些，敢于试验……不冒点风险，办什么事情都有百分之百的把握，万无一失，谁敢说这样的话？”[②]

---

① 习近平：《鼓励基层改革创新大胆探索、推动改革落地生根造福群众》，《人民日报》2015 年 10 月 14 日。

② 邓小平：《在武昌、深圳、珠海、上海等地的谈话要点》，《邓小平文选》（第三卷），人民出版社 1993 年版，第 372 页。

通过营造允许试验和失败的环境氛围，既降低了改革的信息成本和风险，也赋予一线改革者相机决策、灵活执行的空间，有利于调动他们啃硬骨头、勇涉险滩的积极性。试点成功了就表彰推广，出现偏差了就容错纠错，这正是造就中国经济奇迹的重要方法。

党的十八届三中全会对全面深化改革进行了系统的顶层设计和总体规划，明确提出“到二〇二〇年，在重要领域和关键环节改革上取得决定性成果”。面对错综复杂的变革环境和艰巨繁重的改革任务，我们比以往任何时期都更迫切需要打造“容错机制”升级版。一方面，全面深化改革对干部的胆略与智慧提出了更严苛的要求。过去，推进改革的方式是由浅入深、由易到难、逐步深化，改革者很容易摸到“石头”，也容易达成“帕累托最优”。但进入深水区和攻坚期后，涉及的利益群体越来越多，遭遇的现实阻力越来越大，推进改革的敏感程度、复杂程度前所未有。不仅如此，在世界经济整体复苏疲弱乏力的背景下，我国发展又面临一系列新的问题和挑战，特别是宏观经济正处于“三期叠加”阶段，如何平衡促改革与稳增长、调结构、惠民生、防风险的关系成为当务之急。

另一方面，“为官不为”、庸政懒政怠政等现象有所抬头，某些地区和领域甚至出现“改革空转”的苗头。党的十八大以来，伴随着全面从严治党的强力推进，干部“乱作为”现象基本上得到了遏制。但与此同时，面对法纪、民意和舆论的多重考问，有的干部虽有心改革，却又担心会动辄得咎；有的干部曾被造谣，“一朝被蛇咬，十年怕井绳”；有的干部畏首畏尾，对矛盾和问题退避三舍；有的干部求稳自保，稍遇阻力就当起了“鸵鸟”；更有甚者虚张声势，以试点为名行拖延之实。在改革动力不足的情况下，通过构建完善的“容错机制”，形成鼓励探索、宽容失败的改革氛围，能够最大限度激发干部的改革热情，为全面深化改革提供更有力、更持久的制度保障。

二、宽严相济、便于操作

对于改革的“容错机制”，地方和社会上存在一些疑虑，主要是担心在执行中边界不清、标准不实、把关不严，容易异化为少数干部推卸责任的“保护伞”。针对这些突出问题和潜在的风险点，有必要进一步厘清边界、细化标准、严格把关，真正做到干部激励、保障和约束的有机统一。

构建“容错机制”，首先应当回到改革的价值原点。“不忘初心，方得始终”，中国共产党人的初心是党旗下庄严许下的铮铮誓言，是融入血脉的全心全意为人民服务的不变宗旨。党的十八大之后，中央旗帜鲜明地提出“人民对美好生活的向往，就是我们的奋斗目标”；强调必须以更大的政治勇气和智慧，不失时机深化重要领域改革；强调要把改革方案的含金量充分展示出来，让人民群众有更多获得感。对于一线改革者来说，不可避免会触动僵化的思维观念和固化的利益格局，甚至有可能面临各种非议、谩骂甚至公然抵制。在 2016 年全国“两会”上，习近平总书记特别指出：“要保护作风正派、锐意进取的干部，真正把那些想干事、能干事、敢担当、善作为的优秀干部选拔到各级领导班子中来。”这就释放出一个强烈的信号：只要干部守纪律、讲规矩，为党和人民利益而锐意改革，非但不会遭遇“秋后算账”，反而将受到保护和重用。

在具体的改革实践中，不少地方都曾尝试构建“容错机制”，但“勤勉尽责”“未谋取私利”等条款仍过于笼统、失之宽泛，难以从虚悬的提醒变为可操作的细则。古人有云：“宽以济猛，猛以济宽，政是以和。”这就启示我们，“容错”最首要的任务是设立宽严相济的区间限度。

从“宽”的角度看。在落实“三个区分开来”的过程中，尤其要重点关注以下三种情形：一是在执行上级改革举措中出现的无意过失。“一分部署、九分落实”，当前改革落地的“最后一公里”难题开始凸显。对于那些经验丰富、冲在一线的基层干部，只要对党忠诚、个人干净、敢于担当，就不必求全责备、揪住小辫子不放。二是在上级尚无明确限制的探索性试验中出现的错误和失败。改革是没有先例的事业，在一些风险较大、敏感性强的领域，无论成败都将留下宝贵的改革遗产，给后来者以深刻启迪。对于这样敢为人先、不计毁誉的改革者，只要不在方向上犯颠覆性错误，理当给予包容和免责，给予关心和鼓励，给予再次试错的机会。三是在改革中因动真碰硬、敢于得罪人而被匿名诬告和造谣中伤。过去个别地方对此存在顾虑，即使这些改革者不存在任何问题，也往往因社会影响不好而被暂缓提拔。因而，必须注意甄别正常举报、恶意诬告，既大力支持正常举报者，又严肃查处恶意诬告者，还改革者“清白”的形象，保护干部改革创新的积极性。

从“严”的角度看。“容错”标准不宜无限放宽，必须设置严格的底线。一是坚持依法推进改革，凡属重大改革都要于法有据。有些干部片面地认为，勇闯法律的“禁区”“雷区”，不仅不应该被追究责任，反而最能体现改革者的魄力与能力。这种观点将改革与法治机械对立起来，没有看到“违法式改革”的种种弊端，也没有认识到改革已进入理性、规范、有序的新阶段。实际上，我国现有法律框架为改革探索提供了足够的制度空间，具体方式包括立法引领改革、立法授权改革、立法确认改革成果、立法预留改革空间和立法消除改革障碍等，完全可以灵活运用。二是坚持科学民主依法决策，最大限度避免决策失误。决策失误造成的损失和危害，在某种程度上甚至超过贪污腐败。过去，由于缺少责任认定和责任追究，不少“拍脑袋”导致的决策失误，都以“集体决策”的名义“集体免责”了。对于这种“三拍”型干部，无论多么勤勉、清廉，都不能予以“容错”。三是善于抓住改革机遇，及时打开新局面、实现新突破。“事之当革，若畏惧而不为，则失时为害。”改革如逆水行舟，如果任由问题积累，就会引发更大的风险。因此，要高度警惕那种犹豫、敷衍的消极态度，对于故意拖延改革的干部，必须追究坐失良机的责任。

三、推进一整套制度建设

领导情境理论认为，领导者首先设计和营造情境，再通过情境间接影响追随者，往往比直接发号施令更有成效。从这个意义上来说，构建改革的“容错机制”，重点是营造鼓励创新、宽容失败的制度情境。除了设置科学合理的“容错”标准之外，还应同步推进包括决策监督、考核评价、纠偏纠错、激励凝聚等在内的一整套制度体系建设。

（一）规范严密的决策监督机制

改革不仅需要“容错机制”，更需要与之相制衡的“防错机制”，其中关键在于避免决策失误。要把公众参与、专家论证、风险评估、合法性审查、集体讨论决定，确定为重大行政决策法定程序，确保决策制度科学、程序正当、过程公开、责任明确。要建立健全重大决策终身责任追究制度及责任倒查机制，做到重大决策严重失误原因不查清不放过，责任人不处理不放过，整改措施不落实不放过。

（二）多元参与的考核评估机制

在对改革成效的评估上，政府和社会的评估结论往往存在较大落差。因此，要制定一个全国通用的改革评估标准，厘清改革的价值与方向，并以此考核评估各项改革的实际成效。要探索将智库机构、各领域学者等纳入评估主体范围，充分发挥不同评估主体的优势，形成既相互联系又相互制约的多元参与的评价体系，客观地反映改革的真实情况。

（三）反应灵敏的纠偏纠错机制

纠偏纠错不是追究责任，而是当偏差、失误初见端倪时，及时纠偏纠错，避免放任错误扩大，造成更大的损失。当前的改革形势比以往任何时期都更复杂，涉及的利益关系盘根错节。改革难免会有局部的失误，失误之后如果没有及时矫正，很可能带来系统性的社会风险。因此，建立健全反应灵敏的信息反馈和纠偏纠错机制至关重要，这其实也是对改革者最好的关心爱护。

（四）科学有效的激励凝聚机制

“众人拾柴火焰高”，越是处于改革攻坚期，越需要汇集众智、增强合力；越是处于发展关键期，越需要凝聚人心、众志成城。一方面，要提升对干部改革失误的容忍度，尽快把更多改革促进派用起来，赋予他们更大的试验空间。另一方面，人民群众是改革的根本动力，在创业创新中难免会出现一些失误和不足，对他们同样应当予以善待、包容和引导。总之，通过充分的激励与凝聚，让所有群体都能放开手脚、甩开膀子，心无旁骛地投身到深化改革的洪流中。

案例

“问题”干部“回炉”再造[①]

汽车可以召回，干部也能召回？没错，在贵州黔西南布依族苗族自治州，正在开展一个名为“干部召回”的“运动”——

干部完不成年度目标任务，召回；在干部队伍里闹不团结，召回；上班期间打麻将玩游戏上网聊天，召回；在急难险重任务前畏缩不前、临

① 罗欢欢、徐菲、席郁兰：《“干部召回”的贵州试验》，《南方周末》2015 年 5 月 8 日。

阵退缩，召回；工作方法简单粗暴、态度生硬，还是召回。凡是涉及包括上述问题在内的5类共计30种问题的，一旦触犯，干部就会被组织部门召回。

干部召回之后去哪儿？除参加集中教育外，还有转岗、降级降职、免职、辞退等几种较为严厉的处理方式。

黔西南布依族苗族自治州的干部召回制度，正是从“商品召回”中找到的灵感。实施大半年来，截至目前，整个黔西南布依族苗族自治州被召回干部已有1668名，其中132人被转岗或免职，67人仍待岗，占到全州公职人数的2.3%。

干部召回制度正成为黔西南布依族苗族自治州的一块招牌，在州府兴义市的主干道上，宣传“干部召回”的标语，每隔50米就能看到一块。

有人形容这一制度是在现有的体制内，放入一条专吃末位者的鲇鱼，事情是否果真如此？

“摊派指标，硬性召回”

召回制度的出台，要追溯到2013年，群众路线教育实践活动开始之后，贵州黔西南布依族苗族自治州提出口号“向惰政宣战、向惰政问责”，号召各个区县、单位积极创新自选动作。

据黔西南布依族苗族自治州群众路线教育实践活动办公室副主任梁喜明回忆，全州都在想办法搞“新意思”，如“晒比述评”干部工作、开设“勤政先锋榜”和“惰政曝光台”等。次年8月活动进入总结阶段，兴仁县提出干部召回制度。

时任兴仁县委书记郭云海是这一制度的主设计者之一，他曾对《人民日报》表示，因为常听到下属抱怨自己单位职工如何不服从安排，不遵守纪律，但让他们报名单，大家又都不愿得罪人，结果成了“都还干得不错”。

在他推动下，县里仿效“汽车召回”制度，推出了人事管理上的干部“召回”制度。

时任兴仁县委组织部部长谭云临解释说：“商品出现问题了，要把它召回来。干部是组织部派出去的，当干部出现问题了，组织也要把他召回。其实就是干部能上能下制度。”

2014 年 8 月，兴仁下发《不胜任现职干部召回管理办法（试行）》，规定将对完不成任务、闹不团结等 12 种不胜任现职情形的干部实行召回，根据情节轻重处以“集中教育、跟踪考察、组织处理”三种方式进行管理。

文件下发后，公务员议论纷纷。“是否执行得下来？召回后达不到处分标准，按照公务员法或者事业单位管理条例规定，达不到辞退、改聘的要求，怎么办？”某乡镇纪委书记宫伟说。

直到强制分配指标的命令下达，大伙才知道县里“动真格的了”。

当时兴仁县下派指标，每个单位都必须出人，“35 人以下单位召回至少 1 人，70 人以上单位至少召回 3 人，中间规模的单位召回 2 人”。文件仅规定了被召回情形，但是判定这类情形的标准以及选出召回干部的方式，都由各单位自行决定。

当时在兴仁县的各级单位中，有些单位甚至没有规章制度，大多数单位即使有规章制度，不少也处于“挂在墙上”的状态，如何选出一个被召回对象，大家都没有准备好方案。

在硬指标的巨大压力下，最终，民主测评成了大多数单位选出被召回对象的方式。全单位同事一起对单位成员的业务表现、工作态度等情况打分投票，居末位的人被召回。也有单位由于人数太少，召回干部会影响工作，最后领导选择将自己召回。

摊派指标的做法，让一些被召回干部感觉委屈。一位曾为召回干部进行培训的党校老师对记者说，他曾听到多位被召回干部向他抱怨，自己工作并不差，但单位必须选出一位，不得已为集体“牺牲”。

作为制度设计者之一，谭云临向记者解释：“末位淘汰和民主测评肯定不是唯一的、最好的办法，但是在工作开始之初，我们需要有一个突破口。”

“当时末位淘汰和摊派指标争议最大。”谭云临说，为了突破第一个瓶颈，他向各单位一把手表示，“要用末位这种方式，是因为你们不作为，就要倒逼你们建章立制”。

2014 年 9 月，干部召回制度交出第一份成绩单。兴仁县第一轮共召回不胜任现职干部 148 人（科级干部 25 人）。其中，集中教育 125 人，免职 1 人，辞退或解聘 5 人，跟踪考察 2 人，转岗 15 人。

不走斑马线，也要被召回

在黔西南布依族苗族自治州活动办主任梁喜明看来，兴仁县第一次就召回 148 名干部的数据，“震慑了全自治州”。在自治州主要领导的重视下，9 月 24 日，黔西南布依族苗族自治州委常委会决定：在全州范围内开展不胜任现职干部召回管理工作。

才在兴仁试点一个月的制度要在全自治州推广，操作上的难题逐渐浮出水面。首先要解决召回标准的问题，兴仁县提出的 12 种召回情形，并不适用于全州。

当时有两种意见争论得厉害。一种主张出台细、周、全的统一标准，全州一盘棋。另一种则主张州里出原则性政策，各个县市各单位根据实际情况制定标准。

最终州里选择了后者，原因在于“所有惰政情形根本无法穷尽，拿到基层也没有操作性”。按照这一思路，州里出原则性政策，各县区、单位据此制定实施细则。

各单位的规定五花八门，比较普遍的内容包括：干部出现失误，任务不能完成，班子不团结，有连续旷工情况，不请假外出，乡镇驻村干部走读，上班开会打瞌睡，被纪委暗访通报批评，等等。出现这些情形的干部将被召回。

公务员李毅所在的单位，当时也公布了本单位的召回干部管理细则。按照规定，单位需要开会学习管理细则，但当领导念到其中的一条时，“我们单位要求不按规定过斑马线遭抓了，也要被召回”，李毅告诉记者，当时全场哄堂大笑，最后领导自己也笑了。

干部召回在全自治州推开后，干部管理的一些基本原则被重新遵守，例如过去沦为形式的考勤，被摆到了重要位置。

在安龙县委会议室门外，每到开会时间也会临时多放一张桌子。据工作人员介绍，开会无论是谁都需要签到，如果不签到，到时候各个单位办公室核对不到，就算缺勤处理。

“签到”令一些人颇不适应。安龙县一名副县长，有一次就遭遇纪委暗访，被质问“怎么不签到”。这个副县长负责农业口业务，常常要外出下乡。

在安龙县卫计委，一名业务骨干被评上“惰政之星”，个人照片被登在单位的大门口，原因正是“一次上班迟到”。

一旦被上级通报，就属于“一票否决”、必须被召回的对象。乡镇干部王飞和他的同事们现在最害怕纪委，他们单位有一位同事仅是在桌子上眯了一会，就被召回。他告诉记者，当时他同事因为重感冒倒了杯水准备吃药，结果遇到纪委暗访，“被纪委拍下照片时，桌子上的水还是滚烫的”。

根据梁喜明统计，被召回的干部中，两个群体比较突出，一是接近退休的干部，这部分人往往是由于工作懈怠被召回。另外就是刚进来的年轻干部，因为业务、工作失误被召回。最常见的召回情形集中表现为两点，一是作风问题，也就是常说的“冷硬横推拖”；二是惰政，既不犯错，也不干活。

目前，李毅的单位还没有人因为不走斑马线被召回，但是李毅仍然有些害怕，“万一被逮到，被召回还是有点丢脸”。

全州推广之初，阻力自然不少，梁喜明说，“一是一些干部认识不到位，胆子不够大害怕得罪人，召回名单报不上来。二是被召回干部也有些情绪”。

黔西南布依族苗族自治州州委书记张政坦言，现在一些领导干部不仅“惰政”甚至还“躲政”，认为提拔当了领导就等于上了保险，干与不干没关系、没人管，坏了干部风气。“干部‘召回’引起大反应，说明造成了压力，带来了杀伤力。”

2015 年年初，张政曾连续十一天上门约谈，当即就召回了 4 名县委常委。

谭云临介绍，在兴仁县，为了保证这项制度落实到位，“如果你们单位召不出干部，但是工作又没有干好，那么就要召回一把手”。

“自尊心压得我喘不过气”

大半年来，整个黔西南布依族苗族自治州被召回干部已有 1668 名。按制度设计，干部召回后有集中教育、转岗、降级降职等几种处理方式，最为主要的还是集中学习。

干部的“回炉”教育主要依托党校进行。学习内容主要是各类法律法规、党建理论教育、观看教育警示片、撰写学习心得四部分。

差别主要体现在学习时长和学习强度上。一些县较为严格，不但规定学习时间长达一周，而且实行封闭式管理，甚至会安排军训。如安龙县和晴隆县就是一周的全封闭式管理，早上 6 点钟便要起床跑操。有些地方也会加入一些特色内容，如兴仁县的召回干部就需要到县里面最为艰苦的中心项目去参观，“看看那些单位的同志‘5+2，白＋黑’的工作，让他去感受到自己不足”。

中国法律援助志愿者刘松律师，曾两次为望谟县的召回干部提供行政法的培训。在与这些干部交流过程中，他发现大家的心结还是在于面子问题；另外一些干部觉得在外学习耽误工作，还要花钱，有经济损失。但由于召回并不记录档案，对他们的仕途影响并不大。

晴隆县花贡镇人社中心的章俊就因为一次工作迟到而被召回。当他走进晴隆县委党校报到时，他感觉“五味杂陈，强烈的自尊心压得我有些喘不过气来，我不知道家人和朋友将会怎样看我，恨不得立刻找个地洞永远地钻下去”。

梁喜明介绍，在参加集中教育培训的人当中，有 70% 的人考核合格后可以回到原来岗位上班，但仍有 30% 的人将面临“跟踪考察 3 个月、转岗、待岗、免职、降级降职、辞退解聘”。

兴仁县史志办原副主任熊忠卫就面临转岗。在接受过集中教育之后，他通过“招拍挂”的方式，转岗到回龙镇担任该镇副镇长。

召回制度实施大半年来，黔西南布依族苗族自治州纪委提供的暗访情况显示，2014 年 4 月至 8 月，月均发现各级干部违反作风建设规定问题十余起，最多的一个月达 20 起。不过，在“召回”制度实施后，2014 年 12 月仅发现并查处 3 起。

记者采访发现，对召回制度感触最为深刻的，当属各个单位领导。“人好管了。”一位官员说。

干部召回的撒手锏，无疑是“摊派指标”和“末位淘汰”，这也是争议最大的地方。中国人民大学公共管理学院教授刘昕就觉得用“抓坏蛋”的方式召回干部不妥。“评估一个人要长期、稳定的评估，不能因为一两件事来决定。”

在黔西南布依族苗族自治州，摊派指标和末位淘汰的做法也在修正。据梁喜明介绍，从第二轮召回开始，要求不准摊派指标。一个单位允许干部零召回，但没有干部被召回的单位，需要提交报告，且该单位将被列为重点工作对象。一旦发现存在问题，单位的领导班子将面临问责。

“末位淘汰现在也不建议使用，还是要根据召回情形，事实依据要清楚；如果用末位淘汰或者大家投票，这就存在有些人人际关系不好被召回，实际上他没有什么错误，这个做法不太科学。”梁喜明说。

实际上，干部被召回后，重新回到工作单位，压力也不小。一些召回干部学习归来或调岗后，感觉单位气氛“微妙起来”。例如李毅所在的单位，有一名女同事因为民主测评排在末位被召回学习，如今回到单位，同事们都小心翼翼的，“从来不在她面前提到那个敏感词”。

C H A P T E R 0 8

第八章

推动持续变革

我相信，凡是符合最大多数人的根本利益，受到广大人民拥护的事情，不论前进的道路上还有多少困难，一定会得到成功。

——邓小平

改革既要往有利于增添发展新动力方向前进，也要往有利于维护社会公平正义方向前进。

——习近平

在影响和制约经济、政治、社会生活的诸因素中，制度“更带有根本性”。只有在各方面形成一整套更加成熟更加定型的制度，国家治理现代化才能平稳持续地向前推进。20 世纪 80 年代，邓小平就深刻指出：“改革的意义，是为下一个十年和下世纪的前五十年奠定良好的持续发展的基础。没有改革就没有今后的持续发展。所以，改革不只是看三年五年，而是要看二十年，要看下世纪的前五十年。这件事必须坚决干下去。”①

① 邓小平：《抓住时机，推进改革》，《邓小平文选》(第三卷)，人民出版社 1993 年版，第 131 页。

2012 年 12 月 31 日，习近平总书记在十八届中央政治局第二次集体学习时强调指出，解决我国进一步发展面临的一系列突出矛盾和挑战，必须深化改革开放。他还特意引述了邓小平的上述讲话，认为“邓小平同志看得很远、想得很深。这说明，我们党早就估计到，改革开放是一项长期的、艰巨的、繁重的事业，必须一代又一代人接力干下去”。①

第一节　跨越变革的“陷阱”

变革是 21 世纪组织的生存法则。未来社会的真正赢家，属于那些能够快速、有效实施根本性、系统性、持久性变革的组织。不过，一个不容回避的事实是，变革实质上是一柄“双刃剑”。从地方政府层面来看，尽管当下的变革运动风起云涌，但很多组织的变革收效甚微，有的甚至由于变革而一蹶不振。

究其根源，乃是领导者对变革的风险和陷阱认识不足，同时也没有根据变化采取正确的应对举措。公共政策学者罗伯特 · E. 奎因在《深刻变革》一书中警告说：“每一个陷阱都可导致慢性死亡——有些时候甚至是快速死亡。”正因如此，领导者必须识别变革中常见的问题和错误，穷尽一切办法跨越隐藏在变革征途上的各种陷阱。

一、变革的可持续难题

地方政府创新是当今全球范围内政治经济发展的普遍趋势，也是我国

① 习近平：《在十八届中央政治局第二次集体学习时的讲话》，《习近平关于全面深化改革论述摘编》，中央文献出版社 2014 年版，第 3—4 页。

实施创新型国家战略和发挥制度后发优势的重要抓手。按照包国宪的定义，地方政府创新可持续性，是指在地方政府间竞合构成的联动环境、自身嵌套的行政文化和技术环境下，地方政府革新创新精神，进行适应性学习和创新知识积累，不断突破原有的创新路径，使其创新适应多样性选择主体的内生需求形成的选择机制，致使地方政府创新的优良因子在选择、模仿和试错性学习的过程中得以保留、扩散，产生新的征服创新，从而保持持续的创新活力。

经济学家约瑟夫·熊彼特最早注意到创新持续性问题。他认为，首次创新会为随后的类似创新带来积极的示范效应。在私营部门中，创新被定义为“一切对你而言的新东西”，只要能满足盈利的需要就值得一试。但是，对于政府来说，创新则必须是做一些有价值的探索。劳伦斯·林恩认为，公共部门的创新，必须是“一种原创性的破坏行为”。如果把创新定义为一种既创造公共价值又颠覆传统思维的行为，那么创新型组织就可以被看作是构建并引导这种创新行为更自觉、更频繁发生的组织。也就是说，只要政府能够随着时间的推移而不断微调，使得唯一的创意在本领域中总能保持优势地位，那么就可以被认为是一个创新型组织。

美国公共政策学者保罗·C. 莱特研究发现，诸如戴维·奥斯本、特德·盖布勒的著作《政府再造》(1993)以及利斯贝思·肖尔的著作《在我们的控制范围之内》(1989)中所颂扬的那些创新案例，在启动之后不久即告夭折。比如，《政府再造》一书所高度颂扬的 35 家明尼苏达州创新项目，大约有 1/3 的项目到 1997 年下半年都已夭折或者奄奄一息了。其中，有几个项目的夭折是因为新任领导者将其束之高阁，有几个是因为资金和精力都已经耗完了，还有几个则仅仅是因为迫于生计不得已而为之。至少从明尼苏达州政府的创新项目来看，誉满全国的知名度，并没有为其创新成功提供有力的保障。有一点必须突出强调，这就是对于政府来说，创新的启动成本如此之昂贵，即便是 10% 的失败率也难以承受。

毋庸讳言，我国地方政府的创新实践，同样也面临着类似的尴尬。2015 年 12 月，北京大学中国政府创新研究中心公布了“第八届中国政府创新最佳实践”获奖项目。此次评选共收到 119 个申请项目，最后选出了 21 个入围和获奖项目。在主办方看来，这项启动于 2000 年的民间评奖活动，遭遇到一次不大不小的低谷与寒潮。此前，这项活动每次都能吸引 300 余份申请项目，在政界、学界都产生了广泛的影响力。从 2003 年起，该奖项申报量下降到 245 项，到 2009 年前后一度达到峰值 358 项。但此后开始急转直下，到 2011 年跌至历史最低点 213 项，到 2013 年、2015 年更跌落到 200 项以下。

从 20 世纪 90 年代末开始，我国地方政府创新进入活跃期。“中国政府创新最佳实践奖”的前身“中国地方政府创新奖”，在政治改革、行政改革和公共服务等领域评选出了一大批有代表性的创新案例，展现出我国政治体制以及公共治理改革的最新进步。2008 年前后，组委会成员跟踪并梳理了这些案例的后续改革，他们在为不少地方政府创新不断深化而欣喜不已的同时，也遗憾地发现相当一部分地方政府创新仍面临严重的制度瓶颈。即使是那些曾经获得“中国地方政府创新奖”的项目，“也有差不多三分之一名存实亡了”。这一结论也得到了其他学者研究的支持。2011 年，包国宪、孙斐对“中国创新网”112 个地方政府创新样本进行分析，发现具有可持续性的案例为 34 个，仍有待后续观察的案例有 4 个，二者加起来仅占总案例数的 33.9%，显示出我国地方政府创新可持续性不强的严峻现实。

党的十八届三中全会以来，中央着力推动全面深化改革，举措出台的数量之多、力度之大前所未有，总体呈现全面发力、多点突破、蹄疾步稳、纵深推进的态势。但也应清醒地看到，改革进入攻坚期和深水区，容易改的都已经改得差不多了，剩下的都是难啃的“硬骨头”。在局部领域和某些地方，由于主客观因素的影响，改革难免遭遇重重阻力，甚至前功尽弃、难以持续。

变革是有风险的，充满了不确定性。但是，正如郑永年所言，目前中国最大的风险不是来自改革，而是来自不改革。不改革所产生的风险，任何人也控制不了；而改革所产生的风险，可以理性地加以控制和解决。约翰·科特也同样指出，只要意识到这些问题，再加上适当的方法，它们可以避免，或至少可以被大大减轻。

二、变革的陷阱与误区

在复杂多变的现代社会中推动变革，领导者必须首先超越思想观念上的局限，进而走出变革认识上的陷阱与误区。

（一）突然袭击

一些公众期望值原本很高的改革方案，出台之后非但没有得到高度评价，反而破坏了政府的公信力，打击了公众对改革的信心。其中一个很重要的原因，就是改革方案由各部门自行制定，并未遵循“多方协商、集体决策”的原则，既没有真诚、广泛地征求社会的意见，也没有真正执行必要的第三方评估程序。某些部门和地方甚至秘而不宣，致使方案带有严重的不彻底性，对改革的持续推进造成致命伤害。

例如养老金并轨方案的出台。2014 年 3 月 28 日，国家人力资源和社会保障部一位前副部长向媒体披露，“机关和事业单位将来都要纳入到养老保险缴费的行列”。这一消息让很多对养老金并轨抱有期待的公众感到欣喜，以为养老的“公平时代”即将来临。然而，该部委的社会保险事业管理中心一名副主任随后回应，公务员养老金并轨方案还在讨论之中，仍未形成定论，“之前传出的消息不可靠”。一时间，质疑声此起彼伏，相关部委的好评率也高开低走。到了 2015 年 1 月，养老金并轨方案突然落地，由于事前未经充分评估、讨论，公众普遍感到难以接受。

又如，2014 年 12 月 29 日，深圳市政府突然举行新闻发布会，发布《关于实行小汽车增量调控管理的通告》，抛出“限购令”，在颁布了限购政策仅 40 分钟后，就派出了上万名警察进驻各家 4S 店封店，让 4S 店与深圳市民措手不及。而此前，市政府主要领导和市交通运输委员会相关负责人则多次表态，深圳将以市场手段治堵，不会采取行政手段限购。这个突然袭击式的失信之举，使市政府在市民心目中的形象一落千丈。

（二）急于求成

变革本质上是一种间接投资，也即通过潜移默化地提升人的素质，以期产生更大效益、获得更多回报。由于存在不确定性，这种投资可能是最有价值的投资，但也是世界上最昂贵的投资。很多变革领导者往往急于求成，恨不得用三五天时间就立竿见影，企图通过变革快速解决一切问题。这种做法往往忽视变革的规律性、时序性与关联性，例如缺少明确的战略目标、只注重出台一些成文的制度、方案很少涉及组织与流程等，片面地认为“只要变革，就能收到成效”。结果，往往会摧毁组织原有的核心优势，撕裂历时多年构建起来的关系网，触动组织内部大范围的利益格局，进而制造内部的激烈对抗情绪，致使变革遭遇到极大的内部阻力。

2014 年 5 月 22 日，河北省涿鹿县启动了“三疑三探”教学改革。改革发起者、县教科局局长郝金伦，这样解释改革的初衷：“为使几万学子不用背井离乡，就能获得更优质的教育。”但由于对改革推进方式和节奏把握欠妥，挫伤了学生、家长以及一线教师的积极性，使他们产生了质疑、排斥和抵触的情绪。2016 年 7 月 5 日，300 余名家长走上街头，坚决要求叫停改革并罢免郝金伦；当天下午，涿鹿县委常委会议迫于压力，决定全面停止“三疑三探”模式教改。7 月 12 日，愤而辞职的郝金伦发表了激情演讲，将此事件推向了舆论的风口浪尖，他哀叹改革就像“万里行军，回头一看，孤军深入，既无援兵，又无粮草”！一场方向正确的改革，仅仅两年就宣告失败，不能不让人唏嘘叹惋。

（三）忽视参与

改革要获得可持续发展，需要解决两大根本问题，一是动力问题，二是手段问题。以四川省平昌县为例，2001 年试点乡镇党委领导班子“公推直选”，2006 年获得第三届“中国地方政府创新奖”。这项党内民主改革的直接动因，是当地农村干群矛盾突出、对立情绪严重。实践证明，“公推直选”也的确在群众对干部的支持上发挥了一定作用。但是，当改革环境发生变化、改革动力转变为官员政绩之后，不同看法和新的挑战就随之而来了。

新的挑战主要体现在两个方面：其一，县里部分干部开始抱怨，主政者为了个人的进步，很少顾及其他人的利益；其二，改革者一旦更多考虑个人晋升，就很有可能超越现实条件，加快推动更激进的改革举措。这种政绩盲动，势必导致改革脱离正规，驶入到更高风险的领域。比如，从 2002 年到 2003 年，平昌县委将 61 个乡镇撤并为 27 个，力度之大前所未有。但此后众说纷纭，也给县委造成了困扰，最终又从 27 个乡镇反弹到 43 个。

显而易见，由于不自觉地排斥了公众的主动参与，这项改革事实上变成了一把手的政绩工程。2008 年，时任县委书记被迫远走他乡，改革参与者则走的走、换的换，留下的也大都被边缘化了，“公推直选”更是成为禁区。这就揭示了现有体制的一个悖论：改革的启动和推进，呼唤具有创新意识、手中掌握实权的领导者；如果完全依赖权力高度集中的领导者，又很有可能导致改革走进死胡同，人走茶凉、人走政息。

（四）制度迷信

通常认为，要使改革可持续、可推广，必须使这种改革制度化。这种观点把制度神话了，有“泛制度化”的嫌疑。制度化当然是平衡多元利益主体的理想的、规范的渠道，但只有在各方力量大致均衡的前提下才能真正发挥作用。力量对比一旦失衡了，制度将不可能被遵守。因此，仅仅靠制度显然不够，还需要执行制度的人，制度和人缺一不可。

2004 年 5 月，江苏省徐州市贾汪区，诞生了“公众全程监督政务”的改革。这项改革的发动者、时任区长王天琦，为了保证改革能够持续进行，一揽子推出了 30 多个文件。2005 年年底，他在一次座谈会上表态：“如果人亡政息了，那就不是好制度。如果我们都走了，新上任的官员不想做都不行，这就达到目的了。”但是，改革者 2006 年调任睢宁县之后，这项改革在贾汪区名存实亡了。最明显的例子是，王天琦在任一年多时间，全区召开 4 次民众质询会议，但自从他调离之后的两年时间，这样的会议再也没有开过，区政府网站也删去了改革信息。可见，一项改革要想持续下去，除了需要具体、管用的制度，还需要强有力的制度执行者，更需要让普通民众有获得感，能够监督政府、与政府平等对话。当然，这又涉及另外一个话题了。

三、持续变革的决定因素

现代组织的变革，最显著特征就是系统性、连续性。从历史长时段看，改革的征途上既铺满鲜花也布满荆棘，考验改革者的不仅是爆发力，更是引领变革的韧性与定力。零零星星的改进，并不能扭转组织的原有困境；单一领域的变革，同样很难使组织脱胎换骨。要想成功推进组织的持续变革，就必须用全面、系统、连续的眼光，牢牢把握住影响持续变革的决定因素。

（一）外部因素

在应对新环境的变化和新现实的挑战时，地方政府总是面临着来自多样性选择主体的内生需求所施加的压力。所谓多样性选择主体的内生需求，包括中央或上级政府的改革意愿、本地市场经济的发展需求，以及公民对公共产品和服务的诉求等。包国宪等学者认为，这些内生需求不仅是地方政府改革创新的根本动力，而且对改革创新能否持续具有关键性作用。

创新是一个不断试错并对试错自然选择的过程，而选择机制对犯错的容忍度又有一定底线，因此领导者必须赶在被“淘汰”之前成功。也就是说，推进改革必须汇聚众智、凝聚人心、形成合力，充分调动方方面面的积极性、主动性和创造性。当地方的创新项目适应中央和上级政府预设的创新战略时，才更容易获得来自中央和上级政府的肯定与支持，进而获得在更广阔的空间传播和推广经验的机会。同时，当创新项目能满足本地区经济社会发展的内生需求，并能积极回应企业和民众的诉求时，可以给本地区带来良好的效益与回报，创新项目将会被连续并向更深层次推进，从而激发更高层次的后续变革，以期满足更高层次的内生需求。

地方政府创新属于制度创新范畴，但在全球化、信息化时代，还必须借重技术创新的激发与支持。按照纳尔逊的观点，技术是“物质技术”，制度是“社会技术”，二者相互交织在一起，新的“物质技术”的发展往往会带来新的理解、认知和规范等“社会技术”。中央编译局杨雪冬研究发现，有四类地方政府创新引入了新的技术手段：通过互联网实现政府信息公开；通过互联网实现社会参与；通过互联网简化政府审批环节；将现代企业管理的技术运用于政府中。可以说，技术创新决定了制度创新的空间和机会。一旦地方政府创新获得持续不断的技术创新支持，其后续创新的深度、广度和实现机会就会增强，从而推动创新可持续性的不断递增。

2014 年 12 月，安徽省亳州市运用互联网技术，创建了网上办事大厅，打造“一站式”网上办事平台，使市民足不出户就能申办行政审批和公共服务事项。2015 年 12 月，网上办事大厅手机客户端正式上线，实现互联网移动终端与政务数据的汇集共享，相当于把网上办事大厅揣到口袋里，随时随地可以申办业务。这项创新之所以能持续下去，至少得益于以下几点：一是上级的支持。这个创新案例得到多位省领导批示肯定，极大提振了改革信心、增强了改革动能。二是企业和民众的支持。有些改革者之所以“人走政息”，就是由于排斥了民众的主动参与。蒙城县委书记车照启认为，基层改革要多考虑企业和老百姓的接受度，通过共享改革红利唤醒他们的改革热情，“这样的改革看似慢，但是最能持久”。三是新技术的引入。互联网与政府服务的深度融合，推动了简政放权和政府职能转变，增强了企业和民众的改革获得感。

（二）内部因素

成功的组织变革，本质上就是将试错、学习或模仿过程中积累的知识保留下来。这种动态的、循环往复的知识积累，既是发动创新的前提，又是持续创新的结果。就地方政府而论，创新往往较少以理想为导向，而更多以解决问题为导向。问题和矛盾、冲突表现得最突出的地方，更容易成为变革与创新的生长点。当创新得到成功实施之后，便将创新中积累的所有知识保留下来，并与原先的知识体系融合起来，进而有效实现知识的新组合。由此，拓展了后续创新的可能性边际，也增加了创新的自主能动性。同时，更高层次的地方政府创新，又将促进知识的继续积累，形成源源不断的知识新组合。在这种循环往复的知识积累中，政府创新注入了持续不断的动力之源。

与自然生物般的被动学习行为不同，地方政府在创新的过程中，更多地体现为一种主观的“心智”因素，包括目的性、主动搜寻、学习与创新。在选择环境的压力下，地方政府将基于原有惯例所形成的知识、经验，进行有目的、有意识的适应性学习行为。当这一创新获得了满意的结果后，创新中的优良基因就被惯例化了，进而促使适应性学习行为逐渐稳定下来。亳州“互联网+政务服务”就是一个生动实例。从全国范围来看，经过十多年的简政放权，地方能够自主取消的权力事项已相当有限；立法往往滞后于改革，地方的某些改革因冲撞法律红线而遭争议；缺少统一设计和规范，上下级或不同地区之间不同程度存在制度脱节。其中蕴含的改革风险，对市一级更有不可承受之重。亳州及时抓住“互联网+”的机会窗口，运用新技术对传统政务服务加以嫁接改造，进而激发出更高层次的后续创新。可以断言，如果没有政府的主动学习和强力推动，根本无法扫清观念障碍、冲破利益樊篱，更不可能产生可持续性变革的稳固基础。

约瑟夫·熊彼特认为，创新活动之所以会发生，是源于企业家的创新精神，也就是企业家精神。财经作家吴晓波判断，未来任何企业都很可能会像一支排球队，呈现为一个突击队的模型。他以中国女排夺得里约奥运会冠军为例，认为郎平的胜利体现出一个规律，就是人的要素大于一切组织，体制和制度的力量将让位于领导者，特别是让位于人的力量。从地方政府创新案例看，持续变革的背后总是有一些新锐的领导者，堪称具有企业家精神的“政治”企业家。对于组织变革，他们具有敏锐的洞察力、睿智的判断力和果断的决策力，擅长接纳新技术与新知识、运用新思维与新方法，对原有的组织资源进行创造性的重组。“政治”企业家精神不仅是地方政府创新的动力之一，也是地方政府创新持续力的动力之一。具有这种精神的领导者，能够快速打开解决实际问题的突破口，并为随后的持续变革提供源源不断的内部激励。

第二节　洞悉并把握改革的大趋势

变革领导力，首先体现在思想力和方向感。举凡真正的大改革家，首要标志就是胸怀全局、洞悉大势，多谋善断、直指要害，给追随者一种稳定、明确的心理预期。具体到当前来说，“一是国家的方向感，二是精英和上层的安全感，三是老百姓的希望感。这些东西不解决，改革就无从谈起”。[①] 而且，在制定正确的愿景战略之后，改革家总是以非凡的定见和定力，一以贯之地坚持，久久为功、从不动摇。

推进全面深化改革，方向问题至关重要。党的十八届三中全会提出，“完善和发展中国特色社会主义制度，推进国家治理体系和治理能力现代化”。这个改革的总目标，无疑就是根本方向。2016 年 4 月 18 日，在中央深改组第二十三次会议上，习近平进一步强调：“改革既要往有利于增添发展新动力方向前进，也要往有利于维护社会公平正义方向前进。”[②] 这就为落实改革方略、厚植发展优势、增进人民获得感，指明了行动遵循。

一、“改革首先要刀刃向内”

“啃硬骨头多、打攻坚战多、动奶酪多，是新一轮改革的特点。全面

---

① 孙立平：《转型与预期》，在腾讯 2016“思享会”夏季论坛上的演讲，2016 年 6 月 28 日。

② 习近平：《改革既要往增添发展新动力方向前进　也要往维护社会公平正义方向前进》，《人民日报》2016 年 4 月 19 日。

深化改革，首先要刀刃向内、敢于自我革命。”[①]2016 年 4 月，习近平在安徽调研时指出。此言可谓深谋远虑、恰中肯綮。

党的十八届三中全会的《决定》，设想通过启动 15 大领域、60 项具体改革，到 2020 年实现国家治理体系和治理能力的现代化。但需要进一步讨论的是，这一目标需要与什么样的制度条件相匹配？道格拉斯 · C. 诺斯认为，从制度变迁的过程看，国家的确存在使社会福利最大化与使管理者岁入最大化的双重属性，进而会导致国家的所有权制度安排偏离社会经济持续增长的方向[②]。由此，他发现了著名的“诺斯悖论”，亦即“国家的存在是经济增长的关键，然而国家又是人为经济衰退的根源”。从国际经验看，过度迷恋国家意志与政府能力，进而形成根深蒂固的路径依赖，在理论上是不可靠的，在实践上也是有害的。

一段时期以来，少数中国学者将政府主导经济的发展模式，当作是中国实现现代化的终南捷径和终极模式。这个理论误区导致的后果是，政府对凯恩斯主义的过度热衷和频繁运用，对微观层面的经济活动干预过多，宏观的政策缺乏连续性和稳定性。政府的“越位”“错位”和“缺位”，导致政府与市场、社会边界的混乱，市场难以在有效配置资源上发挥决定性作用。一些有识之士指出，当前中国面临的诸多深层次矛盾和问题，都与政府职能转变不到位密切相关。例如，政府与民争利、行政干预增多、经济结构不合理、产业结构失衡、收入分配恶化、城乡差距扩大、消费驱动偏弱、机会不均、环境污染、雾霾围城、腐败现象增多、社会矛盾频发、

---

① 习近平：《全面落实“十三五”规划纲要　加强改革创新开创发展新局面》，《人民日报》2016 年 4 月 28 日。

② 道格拉斯 · C. 诺斯：《经济史中的结构与变迁》，陈郁等译，上海三联书店、上海人民出版社 1994 年版，第 24—25 页。

民众幸福感下降，等等[①]。

许多中国学者认为，中国的政治改革并不是一些西方学者所期待的以民主化为内容的政治体制改革，而是一种以改变政府管理体制为核心的政府治理改革。过去 30 多年，“政府主导”被视为“中国模式”的重要特色，但长此以往，政府成为社会矛盾焦点的风险也越来越大。新近政府管理理论和实践的基本原理，比如共管共治、上下互动、公司合作、平等协商等，应当在中国政府改革中得到应用。正如福山所言，“对于很多国家的改革来讲，最好的路径是在缩减国家职能范围的同时提高国家力量的强度”。因此，中国必须进行制度创新，改变传统政府管理模式，变全能政府为有限且有效的政府[②]。

从十八届三中全会《决定》的文本看，对转变政府职能秉承了两条主线。其一，明确政府职能定位。减少对微观经济活动的直接干预，转向宏观调控、市场监管、社会管理、公共服务，加快推进政企分开、政资分开、政事分开、政府与市场中介组织分开。善于底线思维，注重宏观思考，深入研究全局性、战略性、前瞻性的重大举措和问题；围绕建设法治政府和服务型政府，切身解决政府职能越位、缺位、错位的问题。其二，提高政府执行能力。建设有效精干的政府，提高政府的决策能力、执行能力、财政汲取能力、再分配能力、维护社会和谐稳定能力。建设公共服务型政府，推进以公共服务为主要内容的政府绩效评估和行政考核制度，为社会提供公平、可及、优质、高效的公共服务。

值得注意的是，党的十八大以来，新一届中央始终把“简政放权”视为全面深化改革的“当头炮”。2013 年 3 月，李克强总理在十二届全国人

① 田国强、陈旭东：《中国改革：历史、逻辑和未来——振兴中华变革论》，中信出版社 2014 年版，第 168 页。

② 燕继荣：《国家治理及其改革》，北京大学出版社 2015 年版，第 90—92 页。

大一次会议举行的中外记者招待会上说："不是说政府有错位的问题吗？那就把错装在政府身上的手换成市场的手。这是削权，是自我革命，会很痛，甚至有割腕的感觉，但这是发展的需要，是人民的愿望。我们要有壮士断腕的决心。"他承诺，现在各部委行政审批事项还有 1700 多项，本届政府下决心要再削减 1/3 以上。截至 2015 年 7 月，国务院召开 100 次常务会议，其中涉及简政放权的议题多达 40 多项。结果，原本规划 5 年的目标，仅用 2 年就全部完成了。

在改革的过程中，有两个经典案例。一是投资项目审批《万里长征图》。这个长达 8 米的项目审批环节图，由广州市政协常委曹志伟绘制。该图显示，按照规范的审批流程，一个投资项目从立项到审批，要跑 20 个委办局、53 个处室，盖 108 个公章，需 799 个工作日。2013 年，经媒体密集报道后，此图在全国引爆了震撼弹。随后，广州"自我革命"，在不到 100 天内，将这一审批时间压缩到 37 天。二是"1 枚公章取代 109 枚公章"。2014 年，天津滨海新区在全国率先成立了"行政审批局"。区政府 18 个部门的行政审批职责，连同相关编制、人员被整体划转到该局。与让出审批权力同步的是，这 18 个部门原有的 109 枚公章被减少到 1 枚。这些后来被封存、废弃的公章，又被国家博物馆永久收藏，成为政府"自我革命"的见证。

2016 年，国务院又进一步提出，"推动简政放权、放管结合、优化服务改革向纵深发展"。但改革实践表明，越到"最后一公里"，改革的阻力也越大，任何的跑冒滴漏、虚晃一枪，都会使改革成效大打折扣，甚至走形变样、半途而废、前功尽弃。正因如此，李克强说："'放管服'改革实质是政府自我革命，要削手中的权、去部门的利、割自己的肉。计利当计天下利，要相忍为国、让利于民，用政府减权限权和监管改革，换来市场活力和社会创造力释放。以舍小利成大义，以牺牲'小我'成就‘大我’。”[①]

二、进一步激发市场的活力

市场经济是迄今为止人类发现的较有效的资源配置方式。约瑟夫·熊彼特说：“这种竞争（指市场经济条件下的企业间新产品、新技术竞争）比所有其他方式都要有效，这就好比用大炮轰一扇门是打开它的最好方式。”国内外经验也表明，市场机制是经济活力的源泉，是提高企业效率的最佳途径。正因如此，邓小平南方视察之后，中央正式确立了社会主义市场经济改革的方向，提出“使市场在国家宏观调控下对资源配置起基础性的作用”。党的十八届三中全会进一步提出，“使市场在资源配置中发挥决定性作用和更好发挥政府作用”。从“基础性”到“决定性”作用，是深化经济体制改革的“牛鼻子”。紧紧抓住这个关键环节，就能更充分地发挥好牵引作用，带动和影响其他各个领域的改革。

（一）抓好国资国企改革

在十八届三中全会提出的60项具体改革中，国资国企改革可能是难度最大、争议最多的改革。1999年，十五届四中全会启动了大刀阔斧的国企改革，取得了显著成效。国企从改革前的普遍亏损转变为盈利，其中不少央企甚至成为超级利润企业。进入21世纪以来，“国企病”遭到广泛诟病：一度推开的管理层收购（MBO），因被指国有资产流失而戛然而止；“两桶油”的利润，一度轻松超过民企500强利润总和；国资委曾责令78家央企退出房地产，但央企不理不睬、无动于衷……凡此种种，集中体现

① 李克强：《在2016年全国推进简政放权放管结合优化服务改革电视电话会议上的讲话》，新华网2016年5月23日。

了思想观念、既得利益的阻隔。北京大学经济学教授厉以宁尖锐地指出："国有资本最大的问题是配置不当，该发展的新兴产业进行大量的国有资本投入，不重要的或者是市场可以解决的、民营企业可以解决的，不要在这些领域搞了，退出来，专门从事国有资产的最优配置。"毫无疑问，国资国企改革需要重回正轨。

2015 年 9 月，党中央、国务院印发了《关于深化国有企业改革的指导意见》。与十八届三中全会《决定》相比，该《指导意见》主要在以下几个方面取得突破：一是强调"全面推进依法治企"；二是国企分类管理；三是人员分类管理（双轨制）；四是股权结构的灵活性；五是"管企业"转变为"管资本"；六是国企的战略性重组。此后一年之内，中央相继制定出台 18 个配套文件，"1+N"文件体系不断完善，为新时期国有企业改革"指明了方向，确立了原则，明确了路径，实化了措施"。国资委先后选定 21 家企业，参与到国有资本投资运营公司、央企兼并重组、落实董事会职权、国企信息公开等 10 多项试点改革。地方层面的国企改革开始提速，上海、重庆等多个省市都迈出了实质性步伐。

国企改革能否蹚过"深水区"，关乎中国经济转型成败，影响新一轮全球化竞争。但不容忽视的是，一些部门和地方在改革过程中，总是再三强调"防止国资流失"，束缚住了国企和基层政府的手脚。此外，对于混合所有制改革，很多民营企业还存在顾虑。比如，政府拿什么东西来混合？民营资本能占多大比例？"联姻"后会不会受到干预？……而要彻底破解这些难题，一靠解放思想、勇于担当。尤其是要大胆冲破思想观念、既得利益和官僚主义等多重障碍。二靠精准拿捏、精细操作。"魔鬼往往在细节中"，因此关键在于细则、成败也在细则中。总之，国企改革将是一场艰辛、漫长的博弈，必须做好承受压力和成本的准备，甚至可能将面临"置之死地而后生"。

（二）助推民营企业转型

如果说国有企业是中流砥柱，那么民营企业就是重要力量。中国的改革开放每前进一步，都始于对民营经济的不断“松绑”。从不允许到允许，从“有益补充”到“都是重要组成部分”，表明非公有制经济与公有制经济地位日趋平等，成了“一母同胞的孪生兄弟”。在2016年全国“两会”上，习近平特别强调：“非公有制经济在我国经济社会发展中的地位和作用没有变，我们毫不动摇鼓励、支持、引导非公有制经济发展的方针政策没有变，我们致力于为非公有制经济发展营造良好环境和提供更多机会的方针政策没有变。”

但是，在中央政策的具体执行中，所谓的“玻璃门”“弹簧门”“旋转门”现象，以及“市场的冰山”“融资的高山”“转型的火山”这“三座大山”，依然在阻碍民营经济的健康发展。2016年，国务院在大督查中也确认，国内营商环境还亟待改善。国家行政学院教授王满传认为，中国民间投资增速在短期内明显下滑，原因是“不愿投、不敢投、不会投和没钱投”。他在参与国务院民间投资第三方评估时注意到，少数地方在招商引资中出现了“JQK”现象，即个别地方政府通过各种优惠政策把企业“勾”（J）过去，企业落地后通过各种限制政策把企业“圈”（Q）在当地，再搬走成本高，硬着头皮在那干，各种管理、不规范现象把企业拖死（K）。

2016年8月30日，中央深改组第二十七次会议审议通过的《关于完善产权保护制度　依法保护产权的意见》明确指出，地方各级政府及有关部门“要严格兑现向社会及行政相对人依法做出的政策承诺，认真履行在招商引资、政府与社会资本合作等活动中与投资主体依法签订的各类合同，不得以政府换届、领导人员更替等理由违约毁约，确需改变政府承诺和合同约定的要严格依照法定程序进行”。这无疑将给民间投资者吃下一颗定心丸。而从长远来看，完善政府守信践诺机制，对于产权保护法治化具有决定性影响。

三、让老百姓有更多获得感

党的十八届三中全会强调，“人民是改革的主体”“改革的根本力量在于民众，办法来自基层”。无论是“大包干”还是股份制改革，无论是农业规模经营还是混合所有制改革，正是基层和民众的探索实践、创新创造，推动着中国改革的车轮滚滚前行。激励机制设计理论认为，任何一项改革或制度安排的顺利推进，都要满足两个基本约束条件：一是参与性约束条件；二是激励相容约束条件。前者要求改革能符合公众的根本利益，尽可能让多数人甚至所有人都从中获益，至少是不受损；后者要求改革举措能极大调动个体的积极性，并在个体逐利达到均衡之后也能实现改革者的目标。

正因如此，高层一再突出强调“群众的获得感”。例如，2015 年 8 月 21 日，习近平在党外人士座谈会上提出，“改革发展搞得成功不成功，最终的判断标准是人民是不是共同享受到了改革发展成果”。2016 年 4 月 28 日，中央深改组第二十三次会议明确要求：其一，老百姓关心什么、期盼什么，改革就要抓住什么、推进什么，通过改革给群众带来更多获得感。其二，关注群众多方面、多层次需求，创新方式方法，多用善用会用多予少取、放活普惠的办法推进改革，多谋民生之利、多解民生之忧。其三，认真分析归纳民生领域的热点难点问题，列出清单，拿出措施，每年办成几件实实在在的事情。其四，坚定不移把改革总体设计中有关社会事业、保障和改善民生的改革要求落到实处。

清华大学社会学教授孙立平表示，公平正义问题已成为今天中国社会的基本症结。比如，经济缺乏活力是由于缺乏公平竞争的环境；社会矛盾突出是由于老百姓没有说理的地方；体制脆弱是由于无法提供公平正义。他据此认为，过去 30 年，我们建立了市场经济的基本制度框架；今后 30 年，要在这个基础上建设一个公平正义的社会。这个理念至少包含以下特点：有明确的价值目标，而且能得到社会的广泛认同；这个理念有建设性，极能解决中国社会的实质性问题，又能避免大的社会动荡；有巨大的潜力，这是一场真正的思想解放运动；社会达成广泛共识，能避免分歧和分裂，将阻力缩减到最低限度①。他进一步指出，“将公平正义作为社会变革的基本取向，可以使变革者占领道义的制高点，使反对者在道义上处于被动地位”。

经济学者华生、政治学者郑永年等不约而同地提出，中国改革的第一阶段是以经济改革带动整体改革，但也留下了城乡两极分化、社会严重短腿等遗留问题。眼下到了以社会改革带动整体改革，突破发展瓶颈和推动社会进步的时代。社会改革以公民权利的平等为旗帜，其主攻方向是打破对人口主体农民的身份歧视，提供和保障在财产、权力等资源分配很不均等的市场经济中民众参与竞争的机会平等，实现公民在从业、迁移、教育、医疗、居住和社会保障等各方面的权利均等化，实现效率与公平、劳动与资本、公众与权力之间的制衡，实现不断拓展和更加可持续的发展②。并在此基础上，通过从经济改革、社会改革到政治改革的“接力跑”，最终在 21 世纪中叶完成中国的现代化转型。

---

① 孙立平：《确立社会转型新思维》，《读懂中国改革：新一轮改革的战略和路线图》，中信出版社 2014 年版，第 114—115 页。

② 华生：《中国改革：做对的和没做的》，东方出版社 2012 年版，第 106 页。

第三节　正视艰巨性，用好方法论

改革不可能是“在涅瓦大街人行道上踱步”。没有矛盾的行动谈不上改革，没有风险的举措称不上变革。尤其是在当前，全面深化改革进入深水区和攻坚期，越来越触及复杂多变的思想观念、盘根错节的利益关系，稍有不慎就会导致改革人仰马翻、前功尽弃。有人一针见血地指出，现在改革存在“两种温度”，中央和省委改革温度高、决心大、力度大，但有的地方改革温度层层递减、力度层层减弱；对改革存在“两种感受”，一些政府部门自我感觉良好，但人民群众的获得感不强。

《论语》有云：“工欲善其事，必先利其器。”要想破解这些改革难题，不仅要有正确的方向，而且要有正确的方法。如果改革方法不当或者操作失误，势必会遭遇曲折反复甚至引发灾难性后果。而只有掌握正确的改革方法论，才能确保中国这艘“改革号”巨轮行稳致远。

一、变革与秩序

“怕出乱子”，往往是不改革的最大借口。当前一些部门和地方，该改的不改，甚至不作为，往往与这个因素直接相关。要想成功推进新一轮改革，首先必须处理好变革与秩序的关系，因为这个问题实在是太重要了。在古今中外的改革史上，由于变革失败而造成人心惶惶，甚至天下大乱的案例比比皆是。但在剧烈的大变革时期，保持社会平稳、有序的情形也不鲜见。众所周知，邓小平领导的中国改革，通过重新界定权利、充分激活市场合约，通过确立市场价格为基础的协调机制，从根本上改变了传统社会主义的超级国家公司模式。在这个变革过程中，社会并没有发生大的波折与震荡，经济连续多年保持两位数增长，中国也因此成长为有全球影响力的大国。

下一步的全面深化改革之路，将会异常艰难、逼仄，甚至充满对立、冲突，具有很大的风险和变数。田国强等学者认为，改革重中之重的任务是，必须同时解决好让市场发挥决定性作用和社会公平正义的问题，并以此解决好市场效率和社会公平正义的问题。然而，由于社会的板结和社会阶层严重分化，造成了极大的社会矛盾和脆弱的社会心态，让当前的改革陷入两难境地。究其深层原因，一是经过 30 多年单一的经济改革，中国已形成强大的既得利益集团。这是当前许多弊端特别是社会不公的根源，但由于他们掌握很大的话语权，成为全方位改革的最大阻力。二是单兵突进的经济改革，导致贫富差距过大、社会公平缺失，广大弱势群体和低收入阶层被剥夺感增加，从而很难在全社会达成改革共识，也很难平衡好分权和集权的关系。

过去 30 多年，中国改革的基本经验是“摸着石头过河”。这种渐进式变革策略，至今仍有重要的实践价值。特别是“先试点、再推广”的思路，在本轮改革中不仅被广泛运用，而且使用得越来越频密。同时，试点的功能从单一试验转变为综合试验，试点的规模更大、层级更高，甚至呈现出跨区域化的态势。自由贸易试验区，就是一个典型的案例。2013 年 9 月 29 日，中国（上海）自贸区挂牌成立。其战略使命是，顺应全球经济治理新秩序，主动对接国际规则，主动以开放倒逼改革，进而引领整个经济棋局之“势”。2014 年 12 月，中央在全国范围内复制推广上海自贸区 28 项试点经验，同时明确在广东、天津、福建特定区域新设立 3 个自贸试验区。2016 年 8 月，中央又在辽宁、浙江、河南、湖北、重庆、四川、陕西增设 7 个自贸试验区。从“一花独放”到“百花齐放”，这场关乎政府职能定位和观念变革的试验，正在更广阔的疆域和更久远的未来，让中国在全球化浪潮中抢得先机、赢得主动。

不过，伴随着时间的推移，渐进式变革的弊端，已越来越凸显出来。国际经验表明，在以渐进式改革实现转型的国家中，既得利益集团从容形成的条件更为有利，更容易陷入“转型陷阱”。而且，对于有些改革，只强调渐进、不大刀阔斧，是根本改不动的。以公车改革为例，由于既得利益阻碍，过去一直推不动。在这种情况下，渐进式改革往往成为不改革的借口。萨缪尔·亨廷顿将改革方式分为两种：闪电战和费边主义。闪电战，即“尽可能把所有的目标公之于众，然后尽可能逐个实现，以图尽可能有所收获”。费边主义，即“藏而不露的战略，隐匿自己的目标，把改革目标分开实现，一事一办”。正如亨廷顿所言，“在大多数备受现代化所带来的压力和纷争的国家中，改革的最有效的方式是将费边主义与闪电战术配合起来使用”。面对众多的社会问题和繁重的改革任务，将这两种变革方式结合起来无疑是最佳之选。

需要注意的是，变革的时机非常重要。“圣人之于事，似缓而急，似迟而速，以待时。”要抓住稍纵即逝的改革时机，在正确的时间做正确的事情。这就需要超强的判断力和果敢的决断力，需要综合考量社会承受力和改革力度。如果错过了变革的最佳时机，改革一旦病入膏肓，就很可能无法挽救。例如1988年春，邓小平开始推进价格改革。这是经济体制改革的核心和关键，所以在中国又被称为“价格闯关”。这是一个风险很高的“关口”，波兰等原先的苏东国家，就在这项改革上出了大问题。尽管如此，邓小平以及他的同事们，仍对“价格闯关”给予了强有力的支持。当然，1988年那一波“闯关”并没有成功，全国一度发生了大规模的抢购和挤兑。主要的教训是，在货币太多的情况下，放开价格就把隐性的通胀变成显性的通胀，群众无法接受。不过，邓小平并没有因此就把价格改革当作“不能再碰的禁区”。他耐心地等待了几年，直到把超发的货币收拢得差不多时，于1992年再次推动“价格闯关”改革。1993年，改革终于取得了决定性成果，连最厉害的粮食价格都放开了。此举为社会主义市场经济体制的确立，奠定了一个非常扎实的基础①。

表8—1 社会承受力与改革力度

	社会承受力大（愿意并且有能力承担改革风险）	社会承受力小（不愿意或者无能力承担改革风险）
改革快、宽、大	共识较大，改革环境优化（最优状态）	风险大（社会反对声音加大）
改革慢、窄、小	社会对改革滞后不满	不改革

（资料来源：魏加宁等著《改革方法论与推进方式研究》）

二、认识与行动

全面深化改革，必须处理好“知”与“行”的辩证关系，实现从思想自觉到行动自觉的高度统一。“知”，是“行”的前提；“行”，是“知”的目的。“知行合一”，是古往今来有识之士的共同追求。中国古代很早就有“非知之艰，行之惟艰”的说法，而且历来为人们所遵奉；到了近代，由于探索真理的艰难，孙中山先生又提出“行之非艰，而知之惟艰”的相反的命题。质而言之，这两种不同的说法，都是对事物发展不同阶段的不同侧重。

时至今日，对于深化改革，“该不该改”的认识问题虽然还部分存在，但其已经不成为主要障碍。不过，这里的最关键之处，还在于解决“如何改”的问题。诺贝尔经济学奖得主罗纳德·R.科斯（2011）判断说：“中国经济面临着一个重要问题，即缺乏思想市场，这是中国经济诸多弊端和险象丛生的根源。在一个开放的社会，错误的思想很少能侵蚀社会的根基，

① 周其仁：《改革的逻辑》，中信出版社2013年版，第67—68页。

威胁社会稳定。思想市场的发展，将使中国经济的发展以知识为动力，更具可持续性。”中国的改革是一个庞大的系统工程，实践探索每向前推进一步，都会带来更多复杂的理论和实际问题，这就对理论创新提出了新的更高要求。

1984年的“莫干山会议”，一度产生过广泛的影响。当时一批年仅二三十岁的青年学者，与部长、局长们纵论天下大势，为中国改革的出路和对策争论得面红耳赤，为接下来的改革厘清了思路。当前，中国的改革大业已进入关键时期，更离不开生产真知灼见的思想者。2014年，中央深改组第六次会议审议《关于加强中国特色新型智库建设的意见》，这无疑是一个新的里程碑。作为介于政府、社会、学术界之间的第三方，新型智库一方面可以对已确立的改革方向和路径进行理论分析、论证，促进上下改革共识的凝聚和改革方案的执行；另一方面还可以对现有改革的不足进行理论剖析，指明下一步改革的方向和可能结果。若能从根本上挑战人们的思维习惯和既有成见，为政策制定者和执行者提供新范式和新理念，那么所带来的影响往往更为深远。

对于地方和基层政府来说，除了需要好学深思、多谋善断，还需要有超强的改革行动力。要真正做到“知行合一”，重要的是人的主动性。改革永远不该有观望者和局外人。但从具体的实践看，“知”与“行”并不必然就是统一的，在现实中至少存在4种情形。一是知之而改之。这是最佳状态，既知道问题所在，又愿意推动改革。二是不知而改之。这就类似“盲人骑瞎马”，存在着很大的风险性。对形势和信息误判，不清楚社会的需求而盲目变革，最终导致社会的不稳定。三是知之而不改。对改革不付诸行动，等到想改革的时候，最佳时机已经错失，被迫启动激进式改革。四是不知而不改。“既不闻楼梯响，更不见人下来”，这种情形当然就更危险、更可怕了。

建议领导者从以下几点做起：一是激励人心。懂得肯定、奖励和庆祝别人的成就是至关重要的领导能力，而这有可能是组织变革中最易被忽略的激励方式。变革是一件长期的事情，领导者不能失去那些帮助变革成功的富有才华、能力和动力的下属。二是高度重视员工素质的提升、变革创新能力的养成，使探索变革成为他们的自觉行动。有些领导者在变革初期热情高涨，但稍有成效便忘乎所以，导致变革最终一败涂地。其实，支撑变革成功的往往不是爆发力，而是来自组织上下全体员工的长途跋涉和不懈努力。三是对变革的重心、方向和节奏等进行系统性把握、平衡性驾驭，从而实现资源的有效协同、变革的稳步推进。四是尽快建立有效的改革进展评估、问责和监督机制，有效防止改革试点的拖延乃至变异，保障既定的改革能够持续向前推进，从根本上扭转某些改革“久攻不破”的困局。

三、制度与人才

在全面深化改革过程中，到底是制度的作用更重要，还是“人”的作用更重要？有两个被普遍认同的观点，一是制度更带有根本性，二是人治总是靠不住的。从理论上来说都是正确的，但现实的问题则是：制度建设从哪里来，制度建设如何可能？所谓“非常之功必待非常之人”，由此看来首先还取决于“人”的作用，核心则是这里所说的“非常之人”，在得到必需的位置以后能不能转向制度文化建设。这又取决于两个关键点，一是有没有推动改革的意愿；二是能不能造成制度建设的“势”。

（一）关于制度文化

“小智治事，大智治制。”领导学研究认为，能否处理好行为变革、制度变革、文化变革的协同与竞争关系，是对领导者能否将变革进行到底的重大考验。相较于行为变革、制度变革，文化变革更为艰难，也最为关键。

彼得·圣吉认为，使用“深刻变革”一词描绘组织变革，改变战略体系是不够的，除非它赖以产生的思维方式也发生变化。他提醒变革的领导者：“大多数革新者的战略最根本的错误在于，他们只局限于他们本身的革新，集中精力做他们想做的事，而不去理解一个更庞大的文化、体制以及准则规范是如何对他们的努力做出回响的。”

在某些情况下，将变革融入组织文化中可能需要花费很多年的时间。尤其是组织的价值观因素，是变革中最稳定的慢变量之一。柯林斯和波勒斯研究发现，有强烈价值观的组织拥有更强的耐力和弹性。形成普遍指导和约束组织的共同价值观，才意味着组织变革真正走上了正轨。因此，约翰·科特指出，应该反对“太快地宣布成功”。他建议，“虽然庆祝一次胜利很不错，但过早地宣布战争获胜了，可能会带来灾难性的后果”，这是因为除非变革能够完全融入组织文化中，否则一定会存在倒退回变革之前的可能性。

具体到下一步的改革，同样需要形成一种刚柔相济的、社会成员自觉遵守的规范性制度安排。比如，将大的改革决议以法律、法规的形式确定下来，对反对改革者特别是有话语权的人进行规制和制约；化解“黑车”“黑户”等法外行为，把对他人与社会无甚损害的法外活动，尽可能地纳入法内框架。又如，对政绩考核激励机制、动力机制进行再设计，特别是要加大民意的权重，发挥好第三方监督的作用，确保改革举措落地生根。

（二）关于改革人才

在改革执行过程中，一线政府和一线改革者，负有重大的责任。这是因为，改革的主体不只是中央政府，中央政府仅仅是顶层设计者，在更多的领域不是主体。除了中央和地方政府，改革的主体归根结底是市场和社会，迫切需要企业和社会组织积极创新、发挥活力。但正如经济学者魏杰所言，某些部门和地方政府“本来要减少行政干预，现在是既不作为，又没放弃权力，导致整个经济没有出现反弹的状态”。此外，当前的改革不但要跟腐败或溃败赛跑，还要跟年青一代对改革的期望值赛跑。要是跑不赢，麻烦在后头。

这就迫切要求在改革人才的配置方面下大力气。特别是一线政府的改革者，扮演了举足轻重的角色。他们知道问题是什么、办法在哪里，他们是改革大业的实际执行者，在地方和基层可以发挥“关键少数”作用。“把事情做好”比“什么都不做”要难得多，意味着更大的风险、责任与担当。因此，要让一线改革人才啃硬骨头，就必须大胆起用，并对他们充分授权、充分信任；必须营造氛围，鼓励创新创造、宽容失误失败；必须提升待遇，必要时甚至与企业“争夺”人才。唯其如此，才能使之成为一个个强劲的改革发动机，最终促成良性互动、可持续、可复制的生动改革局面。

案例

什么样的地方创新最可持续[①]

从 2005 年开始，《决策》杂志启动了“地方公共决策案例”年度评选活动。在数百个地方创新案例中，浙江省温岭市的参与式预算改革，是少有的从未间断的长青样本，10 年来一直沿着螺旋式上升的轨道，完成了一个完整的创新系统。而河北省邯郸市首创的“市长权力清单”试验，却仅仅是昙花一现，最终未如温岭那样，实现制度化的可持续演进。

地方创新制度化与否、可持续与否，背后的支撑因素究竟是什么？过

① 夏自钊:《地方创新 10 年: 跌撞中累积制度遗产》，载《决策》2015 年第 1 期。

去 10 年的地方创新，呈现出怎样的阶段性和区域特征？

"靶点"形成怎样一条曲线

综观 10 年地方政府创新，创新"靶点"具有一定的阶段性特征。为呈现这种变化曲线，我们选取了这 10 年榜单中的 115 个有效样本进行了梳理。这些样本大致可分为五个类别，其中行政改革类和政治改革类分别以 46 个、30 个位列前两名，此两类改革细分领域也最为丰富；社会管理和公共服务类改革分别有 16 个和 15 个；"三农"类改革最少，仅有 8 个上榜。

在细分领域中，行政改革中的流程优化和简政放权类改革上榜数量最多，有 10 个。政治改革范畴中的基层民主和干部人事制度改革，与社会管理创新中的政社互动类改革均有 9 个上榜，并列第二。同有 6 个上榜并列第三的是预算改革和财产申报、规范政府行为和依法行政类，两者分属政治改革和行政改革范畴。

民主选举类创新 2005 年前后出现了一个小高峰，随后逐年下降，创新重点也退回到民主决策、民主监督和预算改革等风险较小的领域。这一时期的民主选举类创新也最为丰富，村委会"海选"、"两票制"选举村书记、"公推公选"乡镇长和乡镇党委书记、乡长候选人直选、县级党代表直选、乡镇人大代表直选等。探索最多的当属乡镇党政领导产生方式的改革，并出现了一些突破性变革。

过去 10 年里，每年都有上榜且年度分布、区域分布最均匀的是行政改革类创新，显示出旺盛的生命力，创新重点也从节约成本、提高效率、流程再造等浅层次改革转向依法行政、政府绩效和简政放权。

2008 年之后，公共服务和社会管理创新开始遍地开花，数量仅次于行政改革类创新，成为创新最密集的两个领域。

继 2005 年基层民主之后的第二个创新高潮出现在 2011 年。当年的十大地方创新中，有6个属于社会管理类创新，而且区域分布极为均衡，6个创新分属6个省份。

与基层民主试验高潮更多源自底层自发突破“禁区”不同，2011年社会管理创新直接来自高层的推动。是年，“加强和创新社会管理”频见于中国政治话语，顶层设计使得社会管理创新获得极大的势能，这也解释了为何2011年之后的社会管理创新遍布东、中、西部。

中央编译局研究员丁开杰分析认为，创新的阶段性与改革的机会窗口有很大关系，2005年前后的公推直选是某些地方和官员抓住了机会窗口，而现在改革创新更多来自公众需求的压力。同时，改革也从机会窗口过渡到了平台期，公共服务就是一个大平台，而且公共服务创新无风险，属于“加分型”改革，各层级、各部门都可以从中找到创新的点，所以近年来该领域创新最为密集。

“10年前基层社会还没有那么多利益纠葛，基层民主无非是举举手、说说话，但现在有利可图的村居、社区又受到家族和各种势力的影响，急于搞选举的是想在集体资产和利益中分一杯羹，由此出现了很多贿选。无利可图的地方却没人愿意出来选举。”北京大学教授燕继荣认为，这样的“基层民主”往上推已经意义不大，就暂时搁置了。

从近期来看，行政改革类和公共服务类将继续成为政府创新的热点，而从中长期来看，政治改革将不得不继续完成其未竟的使命。

115个样本中，立法和司法领域的创新都只有1个上榜，分别是2007年重庆试行立法回避制度和2014年上海的司法改革，排名末尾。地方立法和司法改革尚任重道远。

地域图景中的“主力军”

省级行政区中，浙江、广东以18个样本位居榜首，看似不相上下，各自的18个样本却大有分析价值。梳理发现，两省不相上下仅仅在行政改革领域，分别有8个和7个上榜，然而在政治改革和社会建设方面这一“上”一“下”之间，两省却有了明显的分野。

在政治改革领域，浙江在广度和深度上都走在了最前列，以6个样本位居榜首，而且这些创新覆盖了政治改革的各个方向。椒江模式指向党内民主，嵊州村治试水基层民主，乐清探路人大监督，杭州则实实在在地践行了民主决策，从民主恳谈到参与式预算，温岭长达15年的创新是制度化、系统化改革的长青样本。

而广东则在社会组织成长和政社互动方面独树一帜，以7个样本一骑绝尘。市场经济孵育了有参与意愿和行动能力的公民，倒逼政府治理改弦更张，从珠海到深圳、从中山到佛山，社会组织蓬勃发育，政社亦形成良性互动，广东一步步迈入公民社会。

政治改革和社会改革是“高端”创新的两翼，浙粤两省的上榜表现某种程度上反映一个共同点，民营经济和草根活力永远是推动可持续、制度化创新的最大动力，同时也是最大保障。

而以12个样本位列第二的江苏，则仅仅在行政改革领域有些许亮点，政治改革和社会建设都乏善可陈。这与江苏的政府主导型经济发展模式不无关系，强政府下难以成长出有倒逼能力的市场经济和草根社会。

四川和湖北均以7个上榜位列第三。所不同的是，四川在政治改革方面胜出，湖北则更多在行政改革领域。

中央编译局研究员高新军分析认为，四川“政改”是用选举获得的政治合法性来弥补经济发展不足而欠缺的合法性。由此，四川的政治改革多数为一把手的政绩工程，人走政息，不可持续，缺乏制度化的条件和动力，而且没有给普通干部和民众带来好处，认同度较低。

而湖北在行政改革领域的创新集中在治庸问责和简政增效，主要来自经济发展的压力和招商引资的需要。

颇感意外的是，上海、北京、天津、山东经济发达地区却无多少创新案例涌现，分别仅有 6 个、4 个、2 个、2 个上榜。

丁开杰分析认为，浙粤等发达地区是一种承继性的创新，即经济社会的发展自然而然地到了创新的阶段，这个时候既有需求也有氛围，一个接一个的创新就出来了。创新活跃地区已经形成了有利于创新的人才储备、组织文化和政治生态，将继续保持较高的创新活跃程度。而中西部地区的创新，更多的是一种发展压力的倒逼和闯关型人物的个人抱负。

中国人民大学教授孙柏瑛则发现了一个需要警惕的现象，越是经济发达的地区行政化越厉害，因为财政充裕，可以保证一批批的人力下沉，比如北京的网格、上海的区域化党建、广东的智慧城市。反而欠发达地区无力建设北京、广东那么好的网格监控平台，只能另辟蹊径，更多选择社会自治。

梳理还发现，省级行政区发起实施的政府创新日益增多，县级行政区在过去十年中始终是最为活跃的创新主体，各类创新居首。地级市和副省级城市非常活跃，有后来居上之势。乡镇在乡财县管、行政执法权上收、机构和人员精简后，自主权日益萎缩，在各领域的创新都有趋于沉寂的倾向。

如何走向制度化

塞缪尔·亨廷顿指出，较高的制度化水平是国家和社会转型的关键所在。同样，制度化和可持续化一直是地方创新的成功密码。

梳理发现，经济发达地区唯一的可持续创新出现在温岭。1999 年民主恳谈以来，历经 5 任书记、市长、市人大常委会主任，改革一直在制度化地向深度广度推进。市场经济和草根活力倒逼改革等都是常识，在此不做赘述。梳理温岭的改革，记者发现了更有价值的东西。

温岭改革的核心是“激活人大”，充分利用现有体制中未被开发的空间，而非另起炉灶，在法律上避开了风险。

2005年前后，民主恳谈到了一个瓶颈，作为体制外的渠道，不定期和难以承载繁杂事务使其难以为继，民主恳谈的存在还使得体制内的人大进一步虚化。温岭人发现，激活人大不仅可以降低改革的成本，减少改革的阻力，而且可以直接推动原有体制的改革，于是把体制内外两种渠道的融合点锁定在“参与式公共预算”。

改革最终需要人去落实，官员群体的共识是温岭创新成功的重要保证。高新军曾跟踪调研过温岭，他清楚记得新河镇刚开始搞参与式预算时，当时的镇长心里很紧张。但是几次下来，他感到这样做对他的工作是有好处的，预算的执行也得到民众的理解。在极强的示范效应下，改革创新在其他乡镇也蔚然成风。

高新军表示，不可否认，温岭许多干部搞改革创新有政绩心，但温岭决策层很好地将政绩冲动与改革结合在一起，非常智慧地引导和“利用”了这种心理。改革既能解决问题，又被默认在政绩中，遂成为温岭干部的普遍共识。

同时，改革还给当地经济社会的发展带来了实实在在的好处。让更多的民众分享改革创新的红利，是改革创新可持续的又一个重要保证。

“民主恳谈已经成为一种习惯，停不下来了。”2013年，温岭的官员告诉媒体说，这不仅因为它已经成为政府的一种工作方式，更成为老百姓一种生活方式。

中西部地区唯一的可持续样本出现在安徽省会合肥。2006年合肥市“大折违”以来，外界对合肥的印象是大规模的城市建设和高速的经济发展。其实，合肥的制度创新建设一直与城市发展同步进行。投融资机制创新、公共资源交易改革、城市基建工程“六分开”、公务员大轮岗等，合肥的改革任务被分解到一项项制度建设上。这些年来，随着创新带来的多重利好，一系列制度逐渐内化为政府运行的机理和规范动作。与温岭一样，合肥的创新从受惠者和服务对象的支持中获得强大力量，无形中抵制了压力和质疑，从而保证了持续不间断。

合肥如何避免“人走政息”？因为创新带来切切实实的好处，后来者和绝大多数官员都能从中受惠，继续创新与其政绩追求丝毫不矛盾，从而使制度获得了持久的生命力。更重要的是，因为改革的巨大利好，在体制内获得了极大认同，不仅重塑了官员的思想观念和官场生态，还储备了大批敢闯敢干的改革生力军。

参考文献

1. 毛泽东,《毛泽东选集》，人民出版社，1991 年版。

2. 邓小平,《邓小平文选》，人民出版社，1993 年版,（第三卷），1994 年版（第一至二卷）。

3. 习近平,《习近平谈治国理政》，外文出版社，2014 年版。

4. 习近平,《之江新语》，浙江人民出版社，2007 年版。

5. 习近平,《干在实处　走在前列——推进浙江新发展的思考与实践》，中共中央党校出版社，2006 年版。

6.《〈中共中央关于全面深化改革若干重大问题的决定〉辅导读本》，人民出版社，2013 年版。

7. 全国干部培训教材编审指导委员会组织编写,《领导力与领导艺术》，人民出版社、党建读物出版社，2015 年版。

8. 胡月星,《胜任领导》，国家行政学院出版社，2012 年版。

9. 刘峰,《新领导力》，国家行政学院出版社，2014 年版。

10. 约翰 · 科特,《领导变革》，机械工业出版社，2015 年版。

11. 詹姆斯 · 麦格雷戈 · 伯恩斯,《领袖》，常健、孙海云等译，中国人民大学出版社，2016 年版。

12. 理查德 · 尼克松,《领袖们》，施燕华、洪雪因、黄钟青等译，海南出版社，2012 年版。

13. 罗斯 · 特里尔,《毛泽东传》，胡为雄、郑玉臣译，中国人民大学出版社，2006 年版。

14. 傅高义,《邓小平时代》, 冯克利译, 生活·读书·新知三联书店, 2013 年版。

15. 理查德·里夫斯,《里根: 想象的胜利》, 梁卿译, 商务印书馆, 2014 年版。

16. 玛格丽特·撒切尔,《通往权力之路》, 李宏强译, 国际文化出版公司, 2009 年版。

17. 李侃如,《治理中国: 从革命到改革》, 胡国成、赵梅译, 中国社会科学出版社, 2010 年版。

18. 吴敬琏,《当代中国经济改革教程》, 上海远东出版社, 2010 年版。

19. 萧功秦,《超越左右激进主义——走出中国转型的困境》, 浙江大学出版社, 2012 年版。

20. 胡鞍钢、王绍光、周建明主编,《第二次转型: 国家制度建设》, 清华大学出版社, 2009 年版。

21. 田国强、陈旭东,《中国改革: 历史、逻辑和未来——振兴中华变革论》, 中信出版社, 2014 年版。

22. 华生,《中国改革: 做对的和没做的》, 东方出版社, 2012 年版。

23. 郑永年,《中国模式: 经验与困局》, 浙江人民出版社, 2010 年版。

24. 燕继荣,《国家治理及其改革》, 北京大学出版社, 2015 年版。

25. 李凯林,《中国改革的哲学解读》, 高等教育出版社, 2006 年版。

26. 凌志军,《变化: 1990—2002 年中国实录》, 中国社会科学出版社, 2003 年版。

27. 俞可平主编,《政府创新的中国经验: 基于"中国地方政府创新奖"的研究》, 中央编译出版社, 2011 年版。

28. 托马斯·海贝勒、舒耕德、杨雪冬主编,《"主动的"地方政治: 作为战略群体的县乡干部》, 中央编译出版社, 2013 年版。

29. 周黎安,《转型中的地方政府: 官员激励与治理》, 格致出版社、上海人民出版社, 2008 年版。

30. 吕日周,《长治, 长治: 一位市委书记的自述》, 中国工人出版社, 2003 年版。

31. 李克军,《县委书记们的主政谋略》, 广东人民出版社, 2014 年版。

32. 马立诚,《历史的拐点: 中国历朝改革变法得失》, 浙江人民出版社, 2008 年版。

33. 吴晓波,《历代经济变革得失》, 浙江大学出版社, 2013 年版。

34. 魏加宁、王莹莹等,《改革方法论与推进方式研究》, 中国发展出版社, 2015

年版。

35. 戴维・奥斯本、特德・盖布勒,《改革政府：企业家精神如何改革着公共部门》，周敦仁等译，上海译文出版社，2006 年版。

36. 詹姆斯・库泽斯、巴里・波斯纳,《领导力：如何在组织中成就卓越》（第 5 版），徐中、周政、王俊杰译，电子工业出版社，2013 年版。

37. 伊恩・帕尔默等,《组织变革管理》（第 2 版），金永红、奚玉芹译，中国人民大学出版社，2009 年版。

38. 史蒂文・凯尔曼,《发动变革：政府组织再造》，扶松茂译，格致出版社、上海人民出版社，2013 年版。

39. 彼得・圣吉,《第五项修炼：学习型组织的艺术与实践》，张成林译，中信出版社，2009 年版。

40. 保罗・C. 莱特,《持续创新：打造自发创新的政府和非营利组织》，张秀琴译，中国人民大学出版社，2004 年版。

后 记

今日之中国，正处于历史上“三千年未有之变局”，堪称世界上最为罕见的“改革国家”。1978 年，在全球化、现代化的巨大浪潮中，由邓小平启动的改革开放的战略决策与实践探索，翻开了中华民族自 1840 年以来最辉煌的历史篇章。甚至可以说，任何一件影响中国人日常生活的事物，都是由改革缔造、引致或深受改革的影响。回过头看，“三十八年过去，弹指一挥间”，其间经历了无数的激流险滩、曲折回环。然而，正所谓“世上无难事，只要肯登攀”，党和人民书写的“中国改革奇迹”，令全世界为之瞩目、惊叹。在澎湃的时代洪流中，中国这艘“改革号”巨轮，正劈波斩浪、奋勇向前。

这本小册子取名《领导变革》，自然是想沾约翰·科特的光。作为变革领导力研究的权威，他提出了领导变革的八个步骤，发现了成功变革的模式——“目睹—感受—变革”。这些观点具有很强的洞察力和操作性。我这里借用“领导变革”一词，则是试图以现实关怀、问题导向，把握当前中国改革的演进逻辑，阐明中国化变革领导力的生成规律，为中国改革提供知识和智慧支持。孙中山曾言：“我所治者乃革命之学问。一切学术凡有助于提高我革命的知识及能力的，我都用来作为研究的原料，以组成我的革命学。”杰克·韦尔奇也说：“在当今时代里，我们每一天每一分钟都必须讨论变革。”今日之“改革学”或曰变革领导力，不同于一般的书斋式研究，而是要将改革持续推动下去。也即本着“问题”意识，针对全面深化改革，给出新的看法说法，促成新的改革共识，提升领导变革能力，推动举措落地生根。

2013 年 11 月 12 日，党的十八届三中全会作出《关于全面深化改革若干重大问题的决定》，首次提出“推进国家治理体系和治理能力现代化”，且把 2020 年作为“取得决定性成果”的时间节点。转瞬之间，新一轮改革已推进 1000 多天；遥望前路，仍有不少阻力和障碍尚待破解。如何踢好中国改革的“下半场”？我们必须增强紧迫感，承担成本、释放红利；必须有智慧有定力，稳健灵活、坚韧不拔。基于这些考虑，本书设计为八个部分，包括“领导与变革”“变革型领导者”“共启变革愿景”“凝聚变革力量”“关键在于落实”“消除变革阻力”“用好考核指挥棒”“推动持续变革”。前四章，主要聚焦宏观论述，更侧重于探析变革领导力的大本大源，尤其是下一步改革的大趋势、大方向；后四章，主要聚焦微观铺陈，更侧重于讨论变革方法论与推进方式，尤其是地方和基层改革的操作难题及其破解之策。

衷心感谢胡月星教授的教诲与提携。他在干部人事制度、领导心理学等领域造诣精深，能在他的指导下攻读博士学位，实乃我之幸运、福分。他给予我很多探索的空间与自由，始终勉励我“努力、努力、再努力”。正是由于他的期许和督促，我才下决心完成本书的创作。感谢刘峰教授的点拨与呵护。通过拜读、领悟他的《新领导观》，我萌生了对领导学的浓厚兴趣。本书中的一些思想火花，也源自他在课堂内外的悉心传授。感谢范文教授、许耀桐教授、孙晓莉教授、李拓教授、褚松燕教授等诸位师长的辅导与启发。他们开阔的学术视野、严谨的治学态度，令我钦佩、给我激励、促我奋进。

感谢安徽省委全面深化改革领导小组办公室领导的关心和帮助。在外界看来，“深改组”“深改办”既低调又神秘。他们为我的实践与研究，提供了力所能及的便利，增添了我创作本书的信心。感谢安徽省政府发展研究中心领导以及《决策》杂志全体同仁的厚爱与支持。在编辑部的十年磨砺，是我人生的宝贵财富。这段时期，我访谈了数以千计的官员、学者、民众和企业家，几乎涵盖了变革光谱的所有方面，包括诸多的一线改革者和利益相关方。他们的智慧、经验和洞见，对我的研究同样助益良多。

本书部分章节曾发表于《光明日报》《学习时报》《领导科学》等刊物，有的还被人大复印报刊资料全文转载。在此，也向靳昊、兰文飞、王翠娟、介明菊等老师一并致谢。

“纸上得来终觉浅，绝知此事要躬行。”由于我的学识与经验所限，本书难免有疏漏和错误之处。我的邮箱是：hehaifeng8@163.com，敬请关心时代变革的研究者和实践者不吝赐教！

贺海峰

2016 年秋于国家行政学院